中国地方政府发展能力报告

（2017）

主编：翟磊

副主编：李晨光

顾问：朱光磊

南开大学出版社

天　津

图书在版编目(CIP)数据

中国地方政府发展能力报告. 2017 / 翟磊主编. —
天津：南开大学出版社，2018.11
 ISBN 978-7-310-05675-0

 Ⅰ. ①中… Ⅱ. ①翟… Ⅲ. ①地方政府－行政管理－
研究报告－中国－2017 Ⅳ. ①D625

 中国版本图书馆 CIP 数据核字(2018)第 229386 号

版权所有　侵权必究

南开大学出版社出版发行
出版人：刘运峰
地址：天津市南开区卫津路 94 号　　邮政编码：300071
营销部电话：(022)23508339　23500755
营销部传真：(022)23508542　　邮购部电话：(022)23502200
＊
北京建宏印刷有限公司印刷
全国各地新华书店经销
＊
2018 年 11 月第 1 版　　2018 年 11 月第 1 次印刷
170×230 毫米　16 开本　21.75 印张　1 插页　353 千字
定价：65.00 元

如遇图书印装质量问题，请与本社营销部联系调换，电话：(022)23507125

序

作为发展中大国，中国的发展路径与西方发达国家相比具有相当的独特性。一个基本的判断就是在国家和地区发展中，政府发挥了至关重要的作用。当前中国在治理上要面对现代化、后现代化叠加的问题，也就是说，既要面对现代化的问题，又要面对后现代化的问题。现代化阶段主要解决的是管理问题；后现代化阶段主要解决的是服务问题。在两化叠加的特殊时期，各级政府的职责如何配置，政府与市场的关系如何划分，如何真正做到"有限""有为"是各级政府一直以来不断深化改革的目标。

如何才能实现"因地制宜"的差异化改革与发展？其前提首先是地方政府能力的"可视化"，即客观地评价和比较地方政府的地区发展和自身发展的能力，这也一直是学术界试图解决的重要课题。

近年来，从学术研究的角度来看，人们已经开始关注地方政府能力的评价，即"可视化"问题，并相应提出了若干有关地方政府能力的指标测度或分析体系。但这些方法或体系大多从某一侧面进行研究，例如从政府自身发展、电子政务或者公共服务等视角出发，并开展了部分实证研究工作。但如何从总体上，以"发展"的眼光看待地方政府的能力构成，从而设计出具有整体性的指标体系和评价方法是本研究希望解决的主要问题。我们应当看到，为"地方政府发展能力"制定出客观标准是一项艰巨的任务。社会问题和社会科学复杂性、或然性的特点，在认识论意义上关于对社会政治与行政问题的认知、分析的滞后性特点，都决定了完全意义上的客观标准并不存在，而现实工作中对所谓客观标准又有着急切的需要。我们的看法是，虽然地方政府发展能力受到历史、政治、经济、人口、文化等因素影响而存在着许许多多难以度量的方面，但在某一个特定时期和特定环境条件下，通过重点关注其相对稳定的状态，截取若干"剖面"和"点"，借助现代社会科学的研究工具和通过细致扎实的调研工作，对其进行一定程度上相对客观的测量、对照和分析还是可行的，至少是可以探讨的。

对中国的地方政治、政府职能转变、地方政府管理、地方政府过程、府际关系、机构编制、行政区划等问题进行技术性分析，是南开大学中国政府与政策教学和科研团队一贯的努力方向。本书是这一方向上的阶段性和综合性研究成果之一。本书的特点主要体现在五个方面。第一，融合了本团队的研究特色，兼具系统性与可操作性特征，在指标的选取上，充分吸纳了政府过程、服务型政府方面的相关研究成果，并对具体概念进行了操作化处理，中观的内容比较多。第二，从地区发展和地方政府自身发展两个方面构建指标体系，使地方政府发展指数既能反映地方政府发展的结果性指标，即地区发展状况，又能反映地方政府自身发展的能力，最终构建了由 6 个一级指标、14 个二级指标和 60 个三级指标构成的指标体系。在结果呈现方面，本书在比较项目较多时采用了图例与图中比较项目保持顺序一致的方式，方便读者阅读。第三，综合运用了多种研究方法，采用主观与客观相结合的方式对资料和数据进行收集和统计分析，形成了本研究所使用的操作方法体系。第四，绝对量与相对量平衡，由于研究选择的是"发展"的视角，因此既要看"存量"，又要看"增量"，存量是增量的基础，增量是地方政府努力的体现。第五，为今后的研究工作拓展预留了空间，尽可能注意了指标体系的开放性和延展性。

不可否认，一项关涉地方政府的研究报告，很可能会对现实政治产生影响。本报告无意于给地方政府"排座位"，而是希望通过这种新的工作方式，为地方政府发展能力的衡量和发展能力的提升提供一份多少有些价值的参考依据，从而为推动中国发展贡献一点力量。

本研究已经有两年的研究基础，2015 年和 2016 年研究报告收录于《中国地方政府发展研究报告》之中，2017 年在南开年度报告项目和南开大学"双一流建设"出版资助的支持下独立出版。所有作者大多都很年轻，虽然研究工作已经具有了相当好的基础，成果积累也十分可观，但毕竟水平和能力有限，报告中肯定存在着这样或那样的不足。因此，在向工作伙伴表示衷心感谢的同时，也恳请学界同仁和实务界的朋友们对我们的工作多多给予指导和批评。

中国地方政府发展能力报告课题组

2018 年 9 月

目 录

第一部分 中国地方政府发展能力研究的理论分析

第二部分 中国地方政府发展能力评估结果的综合分析

第四部分　中国地方政府发展能力提升的热点问题

第一部分　中国地方政府发展能力研究的理论分析

充分调动市场、社会和政府的力量，推进经济社会的全面、健康、可持续发展，是地方政府的基本任务。如何观察、衡量和比较地方政府完成这一任务的程度，一直是学术界试图解决的重要课题[①]。

改革开放以来，我国一直注重地方经济发展，当前可持续发展和经济与社会全面协调发展，成为地方政府发展能力提升与内涵持续丰富的外部环境动力；公务员素质的提升与政府改革的不断深化则成为地方政府发展能力提升的内在动力。与此同时，地方政府发展能力还具有地域、层级和能力结构等方面的不平衡性，这就决定了不同的地方政府发展能力提升路径应当是"差异性"而非"同一性"的。如何评价并直观地展现出当前中国地方政府发展能力的现状，在"可视化"的基础上通过分析研究最终实现地方政府发展能力的持续提升，是本研究拟解决的关键问题。

---

① 朱光磊. 中国政府发展研究报告（2015）[M]. 北京：中国人民大学出版社，2015：319-321.

第一章　理论分析与指标体系的构建和完善

指标体系的构建是测度地方政府发展能力的基础性工作，而理论层面的梳理与分析又是指标体系科学性的保证。国内外学者已经提出了若干有关地方政府能力的指标体系或分析框架，并开展了区域性的实证研究工作，但从源头来看，目前学术界对于"政府能力"等关键概念的界定尚未达成一致。因此必须从核心概念的界定和基础理论分析开始，通过理论分析链条的完整性来保证地方政府发展能力指标体系的科学性。

一、政府发展能力的概念界定

对"发展"的追求是政府工作目标的集中体现，在这一点上，不同国家、不同层级政府间具有较强的共性。但是发展什么，即发展的具体内涵和重点，则会受到历史条件、自然环境、政治背景、地域范围以及全球化等诸多因素的影响。因此在研究中国政府发展能力的内涵时，必须结合我国国情，充分考虑历史和未来发展对政府能力的要求。

界定政府发展能力的概念，需要循序渐进地从政府、政府能力、政府发展等概念的分析与界定开始。首先是对于政府的理解，从狭义来看，政府能力可理解为国家行政机关的能力。持此观点的学者认为：政府的能力与公共政策相关联，政府能力就是制定和执行政策的能力[1][2]。从广义来看，政府能力基本与国家政权的能力相吻合，本研究将采用与绝大部分文献相

---

① 任维德. 中国社会转型时期的政府能力开发与建设[J]. 中国行政管理，2001（11）：14-16.
② 金东日. 政府能力的政策学视角[J]. 山西大学学报，2005（4）：10-13.

一致的广义视角。

（一）政府能力

在政府能力方面，国内外相关研究均给予了充分的关注，其概念界定的差异性也最大。首先，可以从概念界定的着眼点将相关概念分为两个大类，一类是从全社会的范围出发，认为政府能力是政府运用公共权力及公共资源，履行政府职能，以有效地治理社会、实现地域社会发展和稳定的潜在和现实的功能性能量和力量的总和[1][2]。另一类是从政府组织内部出发研究政府自身发展能力，认为政府能力是由政府的人员、结构、制度、流程、文化等各方面要素形成的整体素质决定的[3]。汪永成将政府能力的构成要素概括为人力资源、财力资源、权力资源、权威资源、文化资源、信息资源、制度资源（管理水平）七个大类[4]。黄仁宗则进一步从发展行政角度入手，提出政府自我管理还包括推动"自我优化更新的能力"[5]。

虽然从政府组织内部发展建设视角出发来定义政府能力略显狭隘，但不可否认政府组织自身建设的确是政府能力的重要构成部分，因此政府能力应当包括以上两个层面。有学者已经关注到了这个问题，黄仁宗认为政府能力应包括发展行政能力和行政发展能力[6]，施雪华也提出政府能力是维持本组织的稳定存在和发展，有效治理社会的能量和力量的总和[7]。因此政府能力系统总体上是由两个子系统构成的：一是政府对自身的治理能力；二是政府对社会的治理能力[8]。

由于第一个层面，即从全社会范围出发研究政府能力是大多数学者的选择，并且从这个层面对政府能力的概念进行界定具有更强的复杂性特征，因此必须对相关概念进行进一步细化，以厘清这些概念之间的共性与差异。汪永成分别从行政主体角度、行政环境（客体）角度、政府与环境互动关

---

① 吴家庆，徐容雅. 地方政府能力刍议[J]. 湖南师范大学社会科学学报，2004（2）：37-42.
② 施雪华. 政府权能理论[M]. 杭州：浙江人民出版社，1998：309.
③ 李国青. 政府能力的多维审视与重新解读[J]. 求索，2011（9）：89-91.
④ 汪永成. 政府能力的结构分析[J]. 政治学研究，2004（2）：103-112.
⑤ 黄仁宗. 政府能力研究的新趋势：从发展行政到行政发展[J]. 宁夏社会科学，2010（1）：4-7.
⑥ 黄仁宗. 政府能力研究的新趋势：从发展行政到行政发展[J]. 宁夏社会科学，2010（1）：4-7.
⑦ 施雪华. 论政府能力及其特性[J]. 政治学研究，1996（1）：63-68.
⑧ 方盛举. 对政府能力内涵与结构的再认识[J]. 云南行政学院学报，2004（3）：42-45.

系角度、政府政策（手段、工具）的角度、政府活动的结果的角度以及政府职能的角度对相关概念进行了分类分析[①]；刘兆鑫等将其归纳为四种学说，即政府领导力说、政策能力说、社会动员说和服务回应说[②]；李国青将其分为目标论、职能论、政策论、互动论、效果论等几种观点[③]。

其中认可度最高的概念是从政府职能角度出发。陈国权的概括是最具有代表性的，他提出，政府能力是指政府在管理社会的过程中所实际拥有的能量和能力，如果政府职能是政府"想干什么"或"要干什么"，政府能力则是政府"能干什么""会干什么"[④]。刘世军认为，政府能力是政府在行使其功能，实现其意志过程中体现出的政府绩效，具体可表述为政治绩效、经济绩效、文化绩效、社会绩效四个基本向度，并认为这几个方面绩效的大小强弱反映的是政府能力的大小强弱[⑤]。施雪华则提出政府能力构成表现为"多项政府能力之间的有机联系构成'群结构'"[⑥]。

另一个认可度较高的视角是从政策角度出发。沈荣华、谢庆奎等认为，政府能力就是指政府能不能制定一个切合实际的政策，能不能有效地推行和贯彻这种政策，能不能持续稳定地将这种政策引向深入的能力，也就是"制定"和"执行"政策的能力[⑦][⑧]，其所表达的核心思想是应该从政策过程出发来理解政府能力[⑨]。

也有学者参考一般组织能力的定义，基于资源基础理论界定政府能力，从资源获取和能力运用的角度将政府能力分为政府集体行动的能力和政府获取集体行动资源的能力[⑩]，王绍光等则将政府能力概括为汲取财政能力、

---

① 汪永成. 中国现代化进程中的政府能力——国内学术界关于政府能力研究的现状与展望[J]. 政治学研究，2001（4）：79-88.

② 刘兆鑫，高卫星. 政府能力建设的四维要素论[J]. 河南社会科学，2011（1）：139-142.

③ 李国青. 政府能力的多维审视与重新解读[J]. 求索，2011（9）：89-91.

④ 陈国权. 论政府能力的有限性与政府机构改革[J]. 求索，1999（4）：41-44.

⑤ 刘世军. 现代化过程中的政府能力[J]. 理论学习月刊，1997（2）：33-37.

⑥ 施雪华. 政府权能理论[M]. 杭州：浙江人民出版社，1998：309-323.

⑦ 沈荣华. 关于转变政府职能的若干思考[J]. 政治学研究，1999（4）：54-60.

⑧ 谢庆奎，等. 中国政府体制分析[M]. 北京：中国广播电视出版社，1995：155.

⑨ 金东日. 政府能力的政策学视角[J]. 山西大学学报（哲学社会科学版），2005（4）：10-13.

⑩ 胡宁生，张成福，等. 中国政府形象战略[M]. 北京：中共中央党校出版社，1998：207、240、340、335.

宏观调控能力、合法化能力、强制能力四种①。

还有一个角度值得关注，即从发展的角度定义政府能力。认为政府能力是指一个政府能够符合时代的趋势，具有国际上的竞争力与合作力，增进国民生产力，提升社会水平的整体能力，是政府顺应时代发展要求，具有国际上的竞争力和合作力，增进国民生产力，提升社会水平的整体能力②。这一角度强调的是以发展的眼光看待政府能力的建设问题，这与本研究的核心概念"政府发展能力"具有相当的契合度。

（二）政府发展

另一个相关的概念是政府发展，本研究认为政府发展是社会发展的产物，指的是政府能在多大程度上通过自我调整以适应周边环境的挑战③，是政府为了提高行政效率和对外界环境的适应性，以改革和创新作为基本手段，通过科学方法和先进技术的使用，推动行政系统不断优化，行政活动方式和行政关系不断改善，是政府活力和政府能力不断提升的过程④。由此可见政府发展的概念实质上是从政府组织自身能力建设的角度，从发展的视角对政府能力提升的探讨。

（三）政府发展能力

综合上述相关概念的界定，可以对本研究的核心研究问题，即"政府发展能力"形成更为清晰的认识。首先，政府发展能力既包括促进地区全面发展的能力，也包括政府自身发展的能力；其次，政府促进地区发展的能力指的是政府适应环境的挑战、满足公共需要的程度⑤；最后，政府自身的发展能力是指政府能力的增长和能力结构的变动⑥。在综合考虑既有研究成果和指标选取原则的前提下，政府发展能力的内涵可界定为：地方政府动员、协调市场与社会力量，以较低成本、恰当方式设定和履行自身

① 王绍光，胡鞍钢. 中国国家能力报告[M]. 沈阳：辽宁人民出版社，1993：222.
② 张世贤. 公共政策析论[M]. 台北：中国台湾五南图书出版公司，1986：149-151.
③ 谢庆奎. 论政府发展的涵义[J]. 北京大学学报（哲学社会科学版），2003（1）：16-21.
④ 方盛举. 论政府发展[J]. 云南行政学院学报，2005（6）：8-12.
⑤ 胡宁生，张成福. 中国政府形象战略[M]. 北京：中共中央党校出版社，1998：222.
⑥ 王文友. 政府能力发展论[J]. 学术论坛，2006（3）：8-12.

职责，实现地区全面发展和自身发展的能力。

二、地方政府发展能力研究的目标

地方政府发展能力指数研究是一项典型的理论与实践相结合的工作，既需要通过相关理论支撑构建起科学的研究框架和方法体系，又需要以此对地方政府的实践开展实证研究，并通过实证研究进一步完善研究框架和方法体系，形成一个良性循环系统。具体的研究目标可以分为以下四个方面。

（一）构建完整的地方政府发展能力研究框架和方法体系

对地方政府发展能力的测度需要理论和方法体系的共同支撑。因此地方政府发展能力指数构建的基础性目标，即为形成完整的地方政府发展能力研究框架和方法体系。其中地方政府发展能力研究框架具体包括地方政府发展能力的构成体系和地方政府发展能力的评价指标体系。地方政府发展能力研究的方法体系则包括权重设置方法、数据收集整理方法和统计分析方法，其中数据收集又分为主观数据和客观数据收集两个部分。在主观数据收集的过程中，需要问卷设计、抽样及问卷调查等具体方法工具的支撑。上述目标也是本研究的理论研究目标。

（二）实现对中国地方政府发展能力的测度

客观、科学地反映中国地方政府发展能力的现状是本研究在实践领域要实现的首要目标。除了对某一地方政府的总体发展能力的测度之外，还可以全方位地对其能力构成、优势劣势等形成清晰的认识，从而实现地方政府能力"可视化"的目标。但需要特别说明的是，地方政府发展能力评价的目的并非简单地开展"排位赛"，由于各地的历史条件、自然环境以及辖区规模等具有较大的差异性，因此简单地对地方政府的发展能力进行排位将具有必然性的系统误差。本研究对地方政府发展能力测度的目的是客观展现其真实状态，反映其特征，并从不同角度开展分析研究工作。

（三）构建地方政府发展能力数据库

数据分析处理能力的强弱需要数据库的支撑，尤其是具有时间序列连续性的数据库。截至 2017 年，中国地方政府发展能力数据收集已经连续开展了三年，其中 2015 年首次收集的数据覆盖全国 23 个城市，有效问卷数量为 574 份，2016 年收集的数据覆盖全国 119 个城市，有效问卷数量达到 11756 份，2017 年在对问卷收集方式进行调整后，收集数据覆盖城市的数量为 62 个，有效问卷的数量为 3903 份。通过连续三年的数据收集与整理，目前已形成了相对稳定的指标体系，并且培养了相对稳定的主、客观数据收集整理队伍。在此基础上，课题组拟委托专门机构搭建数据库平台，从而使数据库的建设工作日益完善，为研究工作提供有力支撑。

（四）通过数据分析发展问题并尝试提出解决方案

在客观反映中国地方政府发展能力变化的同时，本研究将逐步从不同层级、不同区域、不同地区类型、不同能力要素等角度出发，对地方政府发展能力通过比较分析、案例分析等方法开展研究工作，构建多角度的分析框架，从而总结当前中国地方政府发展能力提升过程中积累的宝贵经验，同时归纳当前存在的问题并尝试提出解决路径。从目前的研究工作进展来看，2015—2017 年的分析重点是城市政府，其主要原因在于城市政府数量适中且差异性较大，数据资料收集具有较强的可行性。在积累经验的基础上，2017 年的分析样本中包括了 5 个自治州，同时本年度开始尝试对县级政府开展分析工作，未来还将尝试从更多角度出发，从而对提升地方政府发展能力的实践起到更大的支撑作用。

三、地方政府发展能力指标体系构建的原则及理论基础

地方政府发展能力指数本身就是从发展的眼光看问题，是动态的而非静态的，因此基于时间序列的比较分析对于本项研究将具有特殊重要的意义。这就意味着本研究工作将具有长期性和持续性的特征，而不是"一次性"的研究工作，因此明确指标体系构建原则和理论基础对于研究工作的

持续开展尤其重要。

（一）地方政府发展能力指标体系构建的原则

本研究所构建的地方政府发展能力指标体系是以发展的眼光全面地审视地方政府能力，为了确保指标体系满足研究的需要，必须遵循以下原则。

1. 主观与客观指标相结合

由于地方政府发展能力本身包含两种不同的形态，一是通过客观数据所表现出来的地区发展的绝对值与相对值；二是民众对地方政府发展能力的评价，即民众对地方政府发展能力的主观感受。为避免主观与客观数据各自存在的缺陷，在评价指标体系设计中将遵循主、客观指标相结合的原则，将各项二级指标进一步划分为若干主观与客观指标，通过主、客观指标协同分析的方式，增强评估结果的信度和效度，同时也可对主、客观指标之间的差异性进行比较分析。

2. 静态与动态指标相结合

静态指标属于结果性指标，主要衡量的是地方政府各项活动所取得的成绩，即某项指标的绝对数；而动态指标属于过程性指标，主要衡量的是该地区本年度各项指标的变化情况，反映的是当地政府的努力程度，即某项指标的增量，这类指标更能反映"发展"的情况。由于两类指标具有关联关系，即如果绝对数小，则增长的可能性和幅度相对较高，而绝对数大，则增长的可能性和幅度则相对较低。因此不能简单地以单一的静态或动态指标进行评价，而应当采用静态与动态相结合的方式。

3. 注重调研对象的广泛性

政府发展能力不仅关系到地方政府自身的不断改进与完善，还关系到整个地区的发展，更关系到居民的切身利益。因此在对地方政府发展能力开展主观评价的过程中，应当充分关注各类人群的意见与感受。在指标体系设计，尤其是问卷开发和问卷发放的过程中，应当充分考虑到调研对象的广泛性。

4. 兼顾指标数据的可得性

在客观数据选择的过程中，应当兼顾指标的可获得性。从 2015 年首次开展地方政府发展能力指数评价的实践中发现，由于各城市统计公报及统计年鉴所包含的数据不完全一致，导致部分指标无法获取全部样本城市的数据信息，从而造成统计分析的困难。也有个别指标难以获得数据支撑，例如衡量城乡差距的数据信息，虽然具有研究价值，但无法获得相关数据信息。因此在设计指标体系的过程中，应当兼顾指标的可获得性和统计的可操作性。

（二）政府发展能力指标体系构建的理论依据

根据前文的概念界定，本研究将地方政府发展能力分为两个方面，即地区发展能力和政府自身发展能力。在政府发展能力指标体系构建中，地区发展能力方面的具体指标选择将主要依据政府职能理论，政府自身发展能力方面的具体指标选择将主要依据组织能力理论和政府发展理论。

1. 政府职能理论

对于政府职能的研究由来已久，从动态时间序列分析，20 世纪西方政府职能理论发展经历了市场失灵和凯恩斯主义、政府失灵与公共选择、公共行政思想危机与政府再造几个理论阶段[①]。可见政府职能不是一成不变的，而是根据不同时期的任务和形势的变化而变化。我国市场经济建立过程中，西方古典自由主义、多中心理论、公共选择学派、新公共管理理论、新公共服务理论、社会资本观念、行政生态学、系统论、制度经济学乃至营销理论的元素等，都曾对我国政府职能研究提供过有价值的启发[②]。在借鉴西方理论的基础上我国学者再造了许多新的政府职能理论，其中服务型政府理论对当前地方政府的改革与实践具有突出的指导意义。

从静态的角度，即站在某一特定的历史时期研究政府职能问题，其关注的焦点主要在于政府职能的内涵及其未来的发展趋势。本研究拟借鉴政府职能理论构建地方政府在地区发展层面的评价指标体系，因此必须重点关注当前我国地方政府职能的内涵与发展趋势问题。

江泽民在十六大报告中明确指出："要转变政府职能，逐步实现从管制政府向服务政府转变。"朱镕基在 2002 年政府工作报告中明确将政府职能归为四类，即"经济调控、市场监管、社会管理、公共服务"。党的十八

---

① 张劲松. 论西方政府职能理论在我国的本土化[J]. 江汉大学学报（人文科学版），2004（6）：82-86.
② 毛寿龙，景朝亮. 近三十年来我国政府职能转变的研究综述[J]. 天津行政学院学报，2014（4）：12-18.

大明确提出，"推动政府职能向创造良好发展环境、提供优质公共服务、维护社会公平正义转变"。十八届三中全会通过的《中共中央关于全面深化改革若干重大问题的决定》把政府职能转变列为改革的重要内容，明确要求"必须切实转变政府职能，深化行政体制改革，创新行政管理方式，增强政府公信力和执行力，建设法治政府和服务型政府"。同时还指出，经济体制改革仍然是全面深化改革的重点，经济体制改革的核心问题仍然是处理好政府和市场的关系，而政府与市场关系的关键在于市场在资源配置中发挥决定性作用，这一重大理论突破，为政府职能转变确立了全新的坐标。十八届三中全会确定的国家治理现代化目标，进一步从政府治理现代化和政府权责结构性转变意义上，形成了政府职能转变的新的改革逻辑，即从政府职权切入推进政府职能的转变，以政府职权职责的改革推进政府职事的合理调整，以政府职事的合理调整促成政府职能的转变到位①。十八届四中全会通过的《中共中央关于全面推进依法治国若干重大问题的决定》，把依法全面履行政府职能确定为深入推进依法行政和加快建设法治政府的首要任务，明确指出"加快建设职能科学、权责法定、执法严明、公开公正、廉洁高效、守法诚信的法治政府"。

从上述文件中可以看出"转变""发展"两个关键词在我国当前政府职能的理论研究与实践操作中的重要性。地方政府应从"全面挺进"到"有进有退"，从"无处不在"到"有所为有所不为"，其中的核心就是打破"全能行政"观念②。在转变和发展的过程中，还有一个需要强调的关键问题就是必须基于治理理论研究地方政府发展能力，必须处理好政府与社会的关系，进而实现多元主体对社会的治理③。从地位上来讲，政府不再居于中心地位，而是与多元社会治理主体较为平等地存在；从管理的手段上来讲，政府不再只是控制和支配，而是规则的制定者和合作行为的推动者和激励者，政府的能力由此有了新的内涵阐释，即一种有边界、有限制、有效能的元治理的能力④。多元社会治理主体间的合作并不意味着政府能力的减弱或治理行为的弱化，政府能力的发挥应当基于有限制的权力行使，

---

① 王浦劬. 论转变政府职能的若干理论问题[J]. 国家行政学院学报，2015（1）：31-39.

② 朱光磊. 政府既要"有限"，更要"有为"[N]. 人民日报，2014-1-16.

③ 朱光磊. 共筑政府与社会的"双强"模式[N]. 北京日报，2015-1-5.

④ 张宇. 合作性治理语境中的政府能力厘定及其提升路径[J]. 南京社会科学，2014（8）：95-100.

政府能力的外显应当是有效能的元治理公共角色①。

2. 组织能力理论

组织能力理论是基于资源基础理论提出的，认为组织能力是一个组织通过使用组织资源，执行一系列互相协调的任务，以达到某个具体目标的能力，也可以说是一种解决问题的能力，它属于组织资源范畴②。基于资源基础理论的演化过程，可以将组织能力区别为静态能力和动态能力，其中静态能力集中表现为组织实力，而动态能力集中表现为组织活力③，一般组织的能力结构如图 1-1 所示。对于营利性组织来说，独特的资源和能力才可以保证组织取得持久的竞争优势，并且这些资源必须是有价值的、稀有的、难以模仿的、难以替代的等④。由于地方政府与营利性组织具有显著差异性，因此张钢等结合地方政府组织特征，对组织能力的静态与动态能力构成进行调整，构建了地方政府能力评价指标体系，并开展了实证研究工作⑤。

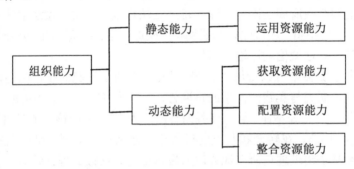

图 1-1　一般组织能力的结构⑥

① 张宇. 合作性治理语境中的政府能力厘定及其提升路径[J]. 南京社会科学，2014（8）：95-100.

② Nelson R. S. An Evolutionary Theory of Economic Change[M]. Cambridge: Harvard University Press，MA. 1982.

③ 黄培伦，尚航标，李海峰. 组织能力：资源基础理论的静态观与动态观辨析[J]. 管理学报，2009（8）：1104-1110.

④ Isenhardt K M, Martin J A. Dynamic Capabilities: What Are They?[J]. Strategic Management Journal, 2000, 21(4): 1105-1121.

⑤ 张钢，徐贤春，刘蕾. 长江三角洲 16 个城市政府能力的比较研究[J]. 管理世界，2004（8）：18-27.

⑥ 张钢，徐贤春. 地方政府能力的评价与规划——以浙江省 11 个城市为例[J]. 政治学研究，2005（2）：96-107.

在组织能力构成研究的基础上，学者们开始关注组织能力的动态提升问题，并提出了动态能力的概念，认为组织的动态能力是"利用学习能力和转化能力获得新知识，通过新旧知识整合来改进组织常规能力和提高效率"①。

从上述分析可以看出，组织能力主要是从组织自身发展的角度开展研究，在构建地方政府发展能力指标体系的过程中，可以借鉴相关理论研究提出地方政府自身发展能力的具体指标构成。

3. 政府发展理论

政府发展（The Development of Government）的概念是谢庆奎于1991年在《当代中国政府》一书中首先提出来的，认为政府发展"就是政府能力的发展"②。此后学者们从更加广义的视角对政府发展的概念进行了归纳，认为政府发展是政府为了提高行政效率和对外界环境的适应性，以改革和创新作为基本手段，通过使用科学方法和先进技术，推动行政系统不断优化，行政活动方式和行政关系不断改善，政府活力和政府能力不断提升的过程③。政府发展的内涵包括：第一，政府发展应该是政府系统（或政府体制）的发展，是系统变迁的过程；第二，政府发展是指政府本身沿着一定的方向运作，国家权力及国家权力机关逐步过渡到和谐化、高效化、职能化和现代化；第三，政府发展是系统之间相互作用的过程；第四，政府发展表明了政府职能的分殊化；第五，政府发展意味着政府体系功能的增强；第六，政府发展不仅是政府现代化的过程，也是民主化的过程④。

从上述概念和内涵的分析中可以发现，政府发展强调政府的变革过程，关注政府能力的与时俱进和不断提升。并且对政府发展的理解是广义的，也就是说政府发展不仅仅是政府内部的能力提升，同时也是政府的指导能力、动员能力、分配能力、适应能力、利益综合能力、管理能力、协调能力、监督能力、服务能力、维持秩序能力不断提升的结果⑤。在中国地方政府发展能力指标体系的构建中，将借鉴政府发展的相关理论和研究成果，

① 张肖虎，杨桂红. 组织能力与战略管理研究：一个理论综述[J]. 经济问题探索，2010（10）：65-69.
② 谢庆奎. 当代中国政府[M]. 沈阳：辽宁人民出版社，1999.
③ 方盛举. 论政府发展[J]. 云南行政学院学报，2005（6）：8-12.
④ 谢庆奎. 县政府管理[M]. 北京：中国广播电视出版社，1994.
⑤ 谢庆奎. 论政府发展的涵义[J]. 北京大学学报（哲学社会科学版），2003（1）：16-21.

从改革、发展和需求变化的角度出发展开研究工作。

四、政府发展能力指标体系的构建和完善

对于政府发展能力评价的研究总体上是在不断发展变化的，其原因有二：一是社会需求多样化、公民意识增强等环境要素的不断变化；二是政府职能转变、加强执政能力建设、加强依法治国等，对政府发展能力提出了更高的要求。从技术上来看，要根据指标体系构建的特点来选择合适的指标。其一，基于现实的可测量性，评价应倾向于对实然的考察，但也要吸纳应然的结构性要素；其二，基于测量的广泛性与科学性，能力评价包括的属性应在保持科学性的前提下尽可能全面；其三，基于指标的代表性，因成本的限制，在三级指标的选取上，不宜求全求多，而重在指标结构的合理化。

（一）地方政府发展能力的影响因素与核心发展能力分解

本研究的目的是构建地方政府发展能力测量的指标体系，从而实现对地方政府发展能力指数的测度，因此在明确概念的基础上，需要进一步通过文献梳理以厘清地方政府发展能力的构成及其影响因素。

1. 政府发展能力的影响因素

综合现有研究成果，有关政府发展能力影响因素的研究观点可以分为两类：其一，政府发展能力要素说。李江涛认为政府发展能力是由财政、控制、协调、危机处理、组织动员等五种要素组成的结构化体制能力[1]。这一观点采用列举的方式对政府发展能力的决定因素进行了探讨，但这种方式不具备灵活性和适应性，容易出现缺漏，不少要素无法涵括其中。其二，政府发展能力的组织影响说。这类观点将政府视为一类特殊的组织，从组织理论出发，认为地方政府管理理念、职能、管理方式、行为、政府人员的能力和政府信息化程度[2]等影响了其发展能力。其三，政府发展能

---

[1] 李江涛. 论政府能力[J]. 开放时代，2002（3）：107-113.

[2] 吴家庆，徐容雅. 地方政府能力刍议[J]. 湖南师范大学社会科学学报，2004（2）：37-42.

力的环境匹配说。认为政府能力发展与社会经济发展不协调是影响政府发展能力的主要因素，其观点认为我国地方政府能力强化的速度和效力明显跟不上社会和经济发展以及市场规模扩张的要求①。其四，综合说。李国青在梳理了前人的诸种内涵后，提出政府发展能力的决定因素可以分为三类，即外在衡量标准、内在依据、政府对社会的治理方式，从而实现了对既往研究的综合②。

此外，学者们还对政府职能与发展能力之间的关系进行了研究，其观点可以分为两种类型：一是职能决定能力。此观点认为能力应以职能为基础，政府能力就是实施自己承担职能的实际程度③，认为"政府能力大小的程度=政府能力/政府职能"④。二是能力决定职能。是政府实现目标的限度和效度要求职能进行调整和配置⑤，强调"政府在管理社会的过程中所实际拥有的能量和能力"⑥。实然层面没有提供结构化的细分，不免也陷入了简单而宏大的陷阱。

以上对地方政府发展能力影响因素的相关研究虽然侧重点各异，但却为本研究的指标体系构建提供了参考和借鉴。

2. 地方政府核心发展能力分解

在分析政府发展能力构成时，学者们的分析视角仍然可以分为地区发展和政府自身发展两个层次。

从地区发展的视角来分析，虞崇胜等认为政府能力是政府把国家目标转化为现实的能力，包括经济社会发展能力与政治调控能力两个方面⑦，其中社会发展能力包含汲取社会资源能力、增加社会资源能力和配置社会资源能力三大要素；政治统治能力则包含合法化能力、公共行政能力和政

① 唐兵. 我国政府能力建设中的三个不协调及策略选择[J]. 中共福建省委党校学报，2012（9）：36-40.

② 李国青. 政府能力的多维审视与重新解读[J]. 求索，2011（9）：89-91.

③ 施雪华. 论政府能力及其特性[J]. 政治学研究，1996（1）：63-68.

④ 金太军. 政府能力引论[J]. 宁夏社会科学，1998（6）：27-32.

⑤ 沈荣华. 关于转变政府职能的若干思考[J]. 政治学研究，1999（4）：54-60.

⑥ 陈国权. 论政府能力的有限性与政府机构改革[J]. 求索，1999（4）：41-44.

⑦ 虞崇胜，黄毅峰. 跳出政府能力跛脚式发展的怪圈——基于经济发展与政治稳定关系的视角[J]. 行政论坛，2010（4）：12-16.

治冲突调控能力三大要素①。黄燕等从公共服务型政府建设对地方政府的要求出发，提出政府能力的构成应包括公共保障能力、公共环境能力、公共行政能力、公共服务能力②。

从政府自身发展的视角来分析，王绍光等认为可以将政府发展能力分为汲取财政能力、宏观调控能力、合法化能力以及强制能力③。唐贤兴把政府能力分为创造能力、生产能力、改造能力、适应能力、贯彻能力、自律能力六个方面④。王绍光从政府的八项基本职能出发，提出政府应具备强制能力、汲取能力、濡化能力、监管能力、统领能力、再分配能力、吸纳能力及整合能力⑤。

也有学者将上述两个视角综合起来，提出政府发展能力的构成包括社会抽取能力、社会规范能力、维持社会秩序的能力、社会整合能力、维持社会公正能力、创新能力、宏观调控能力和自我更新能力⑥。魏明等的观点与之类似，认为地方政府能力应包括执行能力，汲取能力，转化能力，维持政府机构内部控制、监管与协调的统领能力，维护地方安全与秩序的强制能力和维护经济与社会发展的监管能力。⑦

基于本研究对地方政府发展能力的定义，在将地方政府的发展能力分解为若干核心发展能力时同样采用综合说，即从地区发展和地方政府自身发展两个层次分析和讨论地方政府的核心发展能力的构成。

在地区发展方面，将主要依据政府职能分解得出核心发展能力。党的十六大对政府职能做了概括，包括经济调节、市场监管、公共服务、社会管理这四大职能，这四项职能的描述是对中央政府而言。对于地方政府而言,其所从事的实际上是经济发展(微观经济调节和市场监管)、社会发展、公共服务三项基本的职能，因此可以将地区发展能力概括为三项核心发展

---

① 黄毅峰. 再论政府能力及其提升的路径选择[J]. 社会科学，2011（1）：33-42.

② 黄燕，杨振斌，孟繁邨. 对广东省21个地市政府能力的检验与分析[J]. 科技管理研究，2007（5）：91-93.

③ 王绍光，胡鞍钢. 中国国家能力报告[M]. 沈阳：辽宁人民出版社，1993：3.

④ 唐贤兴. 论政府能力与社会进步[J]. 晋阳学刊，1994（6）：11.

⑤ 王绍光. 安邦之道：国家转型的目标与途径[M]. 上海：新知三联书店，2007：538、541.

⑥ 金太军. 政府能力引论[J]. 宁夏社会科学，1998（6）：27-32.

⑦ 魏明，储建国. 地方政府能力提升之道——基于中国地方政府治庸行动的分析[J]. 学习与实践，2011（8）：75-80.

能力，即经济发展能力、社会发展能力和服务提供能力。

政府自身发展能力的分解将综合采用组织能力理论和政府发展理论进行分析，将其概括为三个方面的核心发展能力，即资源利用能力、科学履职能力和学习创新能力。如图1-2所示。

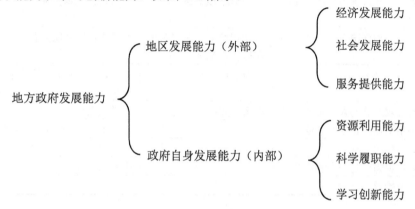

图1-2　地方政府核心发展能力的构成

（二）相关指标体系的构成分析

将地方政府发展能力构成确定为地区发展能力和政府自身发展能力这两个部分是本研究构建具体指标体系的基础。经过搜集整理，相关的指标体系也可分为两类，一类关注地区发展，另一类关注政府自身发展。

1. 关注地区发展的相关指标体系

地区发展狭义上指的是区域经济发展的问题，而广义上则包括经济、社会、政治等各个方面。由于地方政府发展能力指标体系中所包含的地区发展类指标主要是从政府职能的角度对政府履职效果的考察，因此在筛选和借鉴相关指标时并未将那些从经济学视角出发研究地区发展的指标体系纳入主要参考范围，而是选择了从地方政府或广义社会发展角度出发进行相关研究。

其一是地区发展指数，该指数是孟加拉国学者基于孟加拉国不同地区发展的实际情况开发的，该指数包含了地区发展的不同侧面，并针对18个西孟加拉地区开展了实证研究工作，其指标体系构成如表1-1所示。

表 1-1   地区发展指数的指标体系构成[①]

增长指标	基础设施发展指标	社会发展指标
人均收入	道路可达性	卫生设施覆盖率
农业占地区国内生产总值的比重	已铺道路和土路	农村自来水覆盖率
工业占地区国内生产总值的比重	商业银行分支机构数量和信贷存款率	医院床位数和医生数
粮食生产力	供电覆盖率	小学、中学每所学校的学生数和师生比
男性农业劳动人口工资水平	灌溉覆盖率	大学的数量
小型工业、企业的就业情况		识字率（总体、男性、女性）
贫穷状况		婴儿死亡率
就业保障计划资金利用率		少数民族发展
失业指数		

其二是中山大学何艳玲等从地方政府公共服务提供角度，提出的中国城市政府公共服务能力测评指标体系，对地方政府满足公共服务需求的现状与能力进行评价。该指标体系总体上是从地区公共服务发展的角度，即外部视角对政府能力开展的评价，但该指标体系中也包含了部分政府自身发展能力的评价内容，即对政府学习成长能力的评价，如表 1-2 所示。

表 1-2   中国城市政府公共服务能力测评指标体系[②]

一级指标	二级指标
需求识别	1. 信息透明
	2. 渠道便利
	3. 回应有效
服务供给	1. 社会保障
	2. 基础教育
	3. 就业保护

---

① Biswajit Chatterjee, Dilip Kumar Ghosh. In Search of A District Development Index[R]. State Institute of Panchayats & Rural Development, West Bengal, Kalyani.

② 何艳玲. 中国城市政府公共服务能力评估报告（2016）[M]. 北京：社会科学文献出版社，2016.

一级指标	二级指标
	4. 医疗卫生
	5. 公共安全
	6. 食品安全
	7. 交通运输
	8. 环境保护
	9. 文化休闲
	10. 住房保障
	11. 市场环境
学习成长	1. 行政能力
	2. 决策改进
	3. 学习提升

2. 关注政府自身发展的相关指标体系

该类指标体系是将地方政府视为一个组织，从组织内部视角对地方政府自身的发展能力进行评价。

典型的指标体系包括两个，一是基于一般组织能力理论提出的，将地方政府能力分为资源获取能力、资源配置能力、资源整合能力和资源运用能力四个维度，并分别对长江三角洲 16 个城市和浙江省 11 个城市的政府能力进行评估排序和分析[1][2]，具体指标体系如表 1-3 所示。由于地方政府与一般组织在组织能力结构方面具有典型的差异性，因此在该指标体系的资源整合和资源运用两个能力的具体指标设置中，包含了一系列地区发展类的具体指标。

---

① 张钢，徐贤春，刘蕾. 长江三角洲 16 个城市政府能力的比较研究[J]. 管理世界，2004（8）：18-27.
② 张钢，徐贤春. 地方政府能力的评价与规划——以浙江省 11 个城市为例[J]. 政治学研究，2005（2）：96-107.

表 1-3　地方政府能力评价指标体系

目标层	准则层	指标层
政府能力	资源获取能力	A1：财政收入占 GDP 比重
		A2：利税总额占 GDP 比重
		A3：公共图书馆藏书量
		A4：互联网用户比重
	资源配置能力	B1：政府人均财政支出
		B2：电子政务水平
	资源整合能力	C1：第三产业从业人员比重
		C2：财政支出占 GDP 比重
		C3：社会中介组织发育水平
		C4：科学教育事业费占 GDP 比重
	资源运用能力	D1：人均生活用电量
		D2：人均社会保险承保额
		D3：人均绿地面积
		D4：工业废水排放合格率
		D5：每万人医生拥有数
		D6：每万人公共汽电车拥有量

　　其二是从组织的计划与执行能力角度出发对地方政府执行力的研究。其指标包括计划确定力、组织运行力、资源整合力、领导影响力和控制实施力[1]，具体如表 1-4 所示。

---

① 宋煜萍，王生坤. 地方政府执行力评估指标体系研究[J]. 江海学刊，2010（6）：229-233.

表 1-4　地方政府执行力指标体系

计划确定力	目标转化能力
	方案制定能力
组织运行力	专业化程度
	规范化程度
	协调程度
	组织学习力
资源整合力	人力资源效力
	财务资源效力
	信息资源效力
领导影响力	领导号召力
	领导前瞻力
	领导风格
控制实施力	标准确定力
	绩效衡量力
	偏差纠正力

（三）政府发展能力指标体系的构建

根据地方政府发展能力构成分析，本研究将重点放在外部和内部两个维度。在外部维度，本研究从政府职能理论出发，从经济、社会、公共服务的测量来反映政府发展能力。在内部维度，将政府看作一个动态的过程，从过程的视角来测量政府自身，此时的政府发展能力体现为动态性。在借鉴其他相关指标体系经验的基础上，课题组于 2015 年构建了初步的政府发展能力指标体系，并于 2016 年对该指标体系进行了进一步的调整与修正。总结前两年研究过程中的经验和不足，2017 年课题组从指标的代表性、有效性和从可获得性的角度对指标体系进行了再次调整，最终构建出的地方政府发展能力指标体系如表 1-5 所示。

表 1-5　地方政府发展能力指标体系

地方政府发展能力（指数）	一级指标（核心能力）	二级指标（分解能力）	三级指标（主、客观数据）	三级指标性质
	经济发展能力	保证生产能力	地区生产总值	客观指标
			地区生产总值增长率	客观指标
			有效引导地方经济健康运行的能力	主观指标
			有效改善当地基础设施建设的能力	主观指标
		促进消费能力	城镇居民人均可支配收入增长率	客观指标
			居民消费价格指数	客观指标
			社会消费品零售总额	客观指标
			稳定当地物价水平的能力	主观指标
			有效搭建消费平台的能力	主观指标
			提高家庭消费水平的能力	主观指标
		推动转型能力	第三产业比重	客观指标
			促进产业升级的能力	主观指标
			促进民营企业发展的能力	主观指标
			促进科技创新的能力	主观指标
	社会发展能力	推动发展能力	预期寿命	客观指标
			当地生活的幸福感	主观指标
			参与公共事务的渠道	主观指标
			当地社会组织在公共事务中发挥的作用	主观指标
		秩序维护能力	城镇登记失业率	客观指标
			城乡居民可支配收入比	客观指标
			对社会治安状况的评价	主观指标
			化解社会矛盾能力	主观指标
			对个人发展机会公平的评价	主观指标
	服务提供能力	保障基本公共服务的能力	千人口卫生技术人员数	客观指标
			千人口医疗床位数	客观指标
			政府在教育方面的财政支出占比	客观指标

		就业、养老等公共保障制度建设	主观指标
		公共服务设施建设	主观指标
		教育、卫生等社会事业的发展	主观指标
	均等化区域公共服务的能力	公共服务设施均等化程度	主观指标
		医疗服务均等化程度	主观指标
		教育资源均等化程度	主观指标
	环境保护能力	城市建成区绿地率	客观指标
		城市空气质量达二级以上的天数	客观指标
		城市污水处理率	客观指标
		环境质量	主观指标
		环境治理能力	主观指标
资源利用能力	资源获取能力	税收收入增长率	客观指标
		一般性公共服务支出占财政支出的比重	客观指标
		财政收入增长率	客观指标
		吸引外来人才的能力	主观指标
		有效引进项目的能力	主观指标
	资源整合能力	财政支出占 GDP 的比重	客观指标
		与智库展开有效合作的能力	主观指标
		与媒体构建良好关系的能力	主观指标
		与企业实施有效协作的能力	主观指标
科学履职能力	政策制定能力	全年发布政策文件数量	客观指标
		决策的科学性	主观指标
		政策制定过程中公众参与的有效性	主观指标
	政策执行能力	环境支持度指数	客观指标
		机构设置合理性	主观指标
		各部门的工作效率	主观指标
		工作人员服务态度	主观指标
学习创新能力	主动学习能力	公务员年度参加培训次数	客观指标
		公务员每年用于学习提升的时间	客观指标
		激励公务员学习措施	主观指标
		组织内部信息共享机	主观指标
	管理和服务的创新能力	公务员年度创新建议数量	客观指标
		政府对创新的重视程度	主观指标
		政府的创新意识	主观指标

本年度确定的地方政府发展能力指标体系共包含 6 个一级指标（即 6 项核心能力）、14 个二级指标和 60 个三级指标。其中前三项一级指标，即经济发展能力、社会发展能力和服务提供能力属于外部维度，即对地区发展能力的评价。后三项一级指标，即资源利用能力、科学履职能力和学习创新能力属于内部维度，即对地方政府自身发展能力的评价。

1. 经济发展能力

经济发展能力是指地方政府是否具有保证经济持续稳定发展的能力。传统经济发展指标认为生产和消费是经济的两个面向，因此将经济发展能力进一步划分为：保证生产能力和促进消费能力。

当前地方工作的重点是推动经济的转型，从这个角度出发，推动转型能力也是地方政府发展经济能力的重要组成部分。在对政府的经济发展能力进行考量的过程中，一方面要汲取传统的经济发展指标的优势，对地方的经济总体发展情况进行评价，另一方面也要对其结构转型情况进行考量。

2. 社会发展能力

近年来无论是中央政府还是地方政府，在社会发展方面均给予了高度的重视。十七大报告提出："完善社会管理，维护社会安定团结""要健全党委领导、政府负责、社会协同、公众参与的社会管理格局，健全基层社会管理体制。最大限度激发社会创造活力，最大限度增加和谐因素，最大限度减少不和谐因素"[①]。也就是说，地方政府进行的社会管理活动的目的是在维护政治和社会秩序的基础上，最大限度地激发社会活力，这与政治学意义上的"福利、安全和自由"的政治目标相吻合。在十八届三中全会《关于全面深化改革若干重大问题的决定》中，在"创新社会治理体制"的小标题下，用了 1000 字左右的一段话，阐述了一个新的执政理念——社会治理[②]。地方政府层面在社会治理领域的创新实践也取得了十分突出的成绩，这些充分体现了本研究所关注的"发展"问题。从发展的角度分析政府在社会进步中的职能构成，可以将地方政府的社会发展能力分为两个二级指标：推动发展能力和秩序维护能力。两个二级指标一个侧重衡量发

---

① 胡锦涛. 高举中国特色社会主义伟大旗帜，为夺取全面建设小康社会新胜利而奋斗——在中国共产党第十七次全国代表大会上的报告 [EB/OL]. 新华网. http://news.xinhuanet.com/mrdx/2007-10/25/content_6942644.htm，2007 年 10 月 25 日.

② 唐钧. 社会治理的四个特征[N]. 北京日报，2015-3-2.

展的效果，一个侧重关注发展过程中的社会安定程度。

3. 服务提供能力

当前中国政府正处于向"服务型政府"转变的历史阶段。所谓"服务型政府"是指"以公共服务为基本目标"①的政府，当前中国政府工作的重点应该放到公共服务的提供上来。

根据"中国城市公共服务指数"②的描述，公共服务的内容可以分为：基础设施、健康安全、就业社保、科教文化、环境保护这五个方面。其中核心公共服务和部分的基本公共服务具有一定的可比较性，基本公共服务支持能力是一个重要的测量指标。但基本公共服务只能反映基础面，不能反映差异面，除了对绝对值的衡量外，公共服务提供的相对量也应纳入评价范围，当前城乡之间的差距需要引入"以服务促公平"的价值观，均等化公共服务能力是服务提供能力的另一项关键指标。最后，环境保护作为当前中国政府的一项公共服务职责，其能力大小也应纳入评价指标当中。

4. 资源利用能力

资源基础理论是组织能力理论相关研究的出发点，借鉴其研究框架设计，可以将地方政府配置资源过程分为资源获取和资源整合两个环节。

政府运作需要资源支撑，政府决策能力客观上首先体现为对这些资源的获取能力。政府需要输入的资源可分为人、财、物和信息。在资源可自由流通的现代社会，"物"的作用大为降低，在某种程度上体现在"财"上。而各地方政府内部人力资源的数据获取难度较大，且难以进行操作化，例如如果仅根据学历水平来测量政府雇员的素质显然有失偏颇。故拟根据政府财务资源和信息资源的获取情况，来推断地方政府的资源获取能力。

关于资源整合能力的评价可以理解为评价地方政府的输入与输出之间的转换能力，可以从财政、人员、信息等方面对政府的资源转换能力进行评价。

5. 科学履职能力

借鉴已有的关于政府执行力含义的分析，结合本研究对政府发展能力的评判原则，可以将科学履职能力解释为地方政府结合自身环境，有效贯

---

① 朱光磊，孙涛. "规制——服务型"地方政府：定位、内涵与建设[J]. 中国人民大学学报，2005（1）：103-111.

② 陈宪，康艺凡. 中国城市公共服务指数·2010[J]. 科学发展，2011（2）：30-37.

彻、落实决策的能力，拟从"政策制定能力"和"政策执行能力"两个维度对政府的履职能力进行评价。政策制定能力既包括政策制定的数量指标，又包括政策制定的质量指标。政策执行能力则侧重考察政府相关的政策是否具有可操作性，并对其实际执行过程和执行效果进行评价。

6. 学习创新能力

从现有相关研究来看，政府创新就是政府部门所进行的、以有效解决社会经济政治问题，完善自身运行，提高治理能力为目的的创造性活动。杨雪冬（2008）根据性质的不同，将政府创新划分为"制度创新"和"技术创新"两大类[1]。其中，制度创新主要通过政府创新奖以及政府是否进行价值构建（例如提出创新性的口号等）来评价。由于技术创新很难获得直接数据，因此本研究选择了主动学习能力作为二级指标，从相对动态的角度衡量地方政府及其公务员的学习频率及强度等。另一个二级指标则选择了结果性指标，对地方政府的管理和创新能力进行评价，以反映地方政府学习和创新的成果。

上述指标体系是 2017 年度确定的用于开展分析研究工作的最终版指标体系，但前期用于数据收集的指标体系包含了更多的三级指标，在完成数据收集工作后，课题组根据数据指标的代表性、数据可获得性以及交叉分析结果删减了部分的三级指标，从而使最终的指标体系构成更具科学性和可操作性。

（作者单位：南开大学周恩来政府管理学院）

---

① 杨雪冬. 简论中国地方政府创新研究的十个问题[J]. 公共管理学报，2008（1）：16-26.

第二章 研究框架与评估方法的延续和改进

李晨光

地方政府发展能力具有延续性和动态性，在诸多内外部因素的影响下不断发展变化，因此，如果要揭示其发展的内在规律，就需要开展持续的观测与研究，即采用纵贯研究的策略，这样既可以切片式描述每一年度的发展状况，又可以整体式展现连续若干年的发展趋势。但这一研究策略也具有挑战性，那就是随着经验的积累和技术的进步，在研究框架保持相对稳定的同时，研究方法需要做出相应的改进。而这样的特点也使得本研究不仅关注地方政府发展能力这一核心问题，也力图从方法论层面进行持续的探索。

一、地方政府发展能力研究的基本框架及其演化

本研究对于我国地方政府发展能力的评估是在结合政府职能理论、组织能力理论和政府发展理论的基础上，通过梳理国内外现有的研究成果，对地方政府发展能力的内涵进行分解和细化，建立了一套涵盖六个方面三个层次的评价指标体系，进而通过特定的方法和程序选取研究案例并搜集相关数据，最后通过统计分析等综合方法对地方政府在一定时期内的发展能力进行衡量。

具体的研究框架如图 2-1 所示，从 2015 年以来的三个年度研究，既有传承又有革新，传承的是指标体系的构建和完善，革新的是案例选取和数据采集的方法与程序、指标权重的确定和优化方法，以及数据分析的视角和切入点。具体来看，2015 年的年度研究，聚焦于相关专业领域的专家、学者和政府及企事业单位的工作人员，通过滚雪球抽样的方法开展网络调

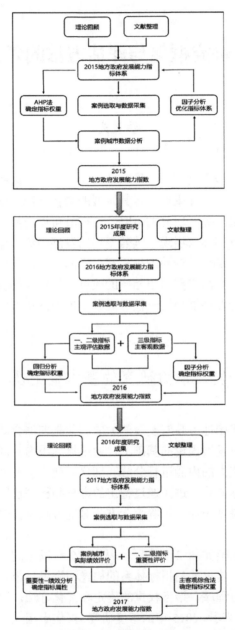

图 2-1　地方政府发展能力研究框架 2015—2017 年度演化

查问卷获取主观指标的评价数据，按照满足问卷采样数量标准来确定样本城市，再通过统计年鉴、政府报告等资源获取客观数据，并采用了传统的层次分析法（Analytic Hierarchy Process，简称 AHP）确定指标的权重，通过因子分析法（Factor Analysis）优化指标体系。在数据分析上，聚焦于整体的发展状况，采用聚类分析对样本城市进行分组比对，初步构建了我国地方政府发展能力的总体轮廓。2016 年的年度研究则在 2015 年年度成果的基础上，扩大了问卷调查对象的范围，注重其多样性和代表性。指标权重的确定方法结合了由下而上的因子分析赋权法和由上而下的回归分析赋权法，将主观评价和客观评价结合了起来，同时平衡了由上而下的指标体系和由下而上的数据架构。数据分析也拓展了视角，从区域、城市群、行政级别、人口规模、资源禀赋等方面对地方政府的发展能力做了深入分析。2017 年度则更进一步，采用主客观综合赋权法来确定指标的权重，并引入了重要性—实际绩效分析（Important Performance Analysis，简称 IPA）来细化指标属性，形成更加深入翔实的数据分析。后文将对本年度的研究方法做详细的论述和说明。

二、地方政府发展能力的评估方法

本研究中，对地方政府发展能力的评估是一个数据导向的过程，即先通过大规模的问卷调查广泛采集主观数据，按照问卷回收情况，设定样本城市选取标准并确定样本城市，再根据城市名单收集客观数据，最后将主、客观数据整合分析，确定各指标的权重，获取样本城市的各级指标得分和综合指数，从而直观地呈现研究案例地方政府发展能力各方面的表现和总体的水平。在此基础上，进一步通过数据挖掘和统计分析，从不同视角对各种类型的地方政府发展能力进行比较，揭示其内在的逻辑、规律及联系。

（一）数据收集方法

1. 数据架构及来源

经过 2015、2016 年两个年度研究的积累和改进，建立了 2017 年度地方政府发展能力指标体系，该体系由上而下地将地方政府发展能力逐级分解为 6 项一级指标（核心发展能力），14 项二级指标（分解发展能力），60 项三级指标（主、客观数据）。

在三级指标中，如表 2-1 所示，包括 36 项主观指标和 24 项客观指标。主观指标又分为外部评价指标（20 项）和内部评价指标（16 项），分别通过针对当地居民和政府工作人员的调查问卷获取数据。客观指标又分为三类，一是常规统计数据，通过统计年鉴和政府网站等资源查询获取；二是非常规统计数据，通过调查问卷采集；三是综合数据，是由课题组定义的指数，根据第三方数据进行计算获得。

表 2-1　地方政府发展能力指标类型和数据来源

一级指标（核心能力）	二级指标（分解能力）	三级指标（主、客观数据）	指标类型	数据来源
经济发展能力	保证生产能力	地区生产总值	客观指标	统计年鉴
		地区生产总值增长率	客观指标	统计年鉴
		有效引导地方经济健康运行的能力	主观指标	居民调查问卷
		有效改善当地基础设施建设的能力	主观指标	居民调查问卷
	促进消费能力	城镇居民人均可支配收入增长率	客观指标	统计年鉴
		居民消费价格指数	客观指标	统计年鉴
		社会消费品零售总额	客观指标	统计年鉴
		稳定当地物价水平的能力	主观指标	居民调查问卷
		有效搭建消费平台的能力	主观指标	居民调查问卷
		提高家庭消费水平的能力	主观指标	居民调查问卷
	推动转型能力	第三产业比重	客观指标	统计年鉴
		促进产业升级的能力	主观指标	居民调查问卷
		促进民营企业发展的能力	主观指标	居民调查问卷
		促进科技创新的能力	主观指标	居民调查问卷

一级指标（核心能力）	二级指标（分解能力）	三级指标（主、客观数据）	指标类型	数据来源
社会发展能力	推动发展能力	预期寿命	客观指标	统计年鉴
		当地生活的幸福感	主观指标	居民调查问卷
		参与公共事务的渠道	主观指标	居民调查问卷
		当地社会组织在公共事务中发挥的作用	主观指标	居民调查问卷
	秩序维护能力	城镇登记失业率	客观指标	统计年鉴
		城乡居民可支配收入比	客观指标	统计年鉴
		对社会治安状况的评价	主观指标	居民调查问卷
		调节社会矛盾能力	主观指标	居民调查问卷
		对个人发展机会公平评价	主观指标	居民调查问卷
服务提供能力	保障基本公共服务能力	千人口卫生技术人员数	客观指标	统计年鉴
		千人口医疗床位数	客观指标	统计年鉴
		政府在教育方面的财政支出占比	客观指标	统计年鉴
		就业、养老等公共保障制度建设	主观指标	居民调查问卷
		公共服务设施建设	主观指标	居民调查问卷
		教育、卫生等社会事业的发展	主观指标	居民调查问卷
	均等化区域公共服务能力	公共服务设施均等化程度	主观指标	居民调查问卷
		医疗服务均等化程度	主观指标	居民调查问卷
		教育资源均等化程度	主观指标	居民调查问卷
	环境保护能力	城市建成区绿地率	客观指标	统计年鉴
		城市空气质量达二级以上的天数	客观指标	统计年鉴
		城市污水处理率	客观指标	统计年鉴
		环境质量	主观指标	居民调查问卷
		环境治理能力	主观指标	居民调查问卷

续表

一级指标（核心能力）	二级指标（分解能力）	三级指标（主、客观数据）	指标类型	数据来源
资源利用能力	资源获取能力	税收收入增长率	客观指标	统计年鉴
		一般性公共服务支出占财政支出的比重	客观指标	统计年鉴
		财政收入增长率	客观指标	统计年鉴
		吸引外来人才的能力	主观指标	公务员调查问卷
		有效引进项目的能力	主观指标	公务员调查问卷
	资源整合能力	财政支出占 GDP 的比重	客观指标	统计年鉴
		与智库展开有效合作的能力	主观指标	公务员调查问卷
		与媒体构建良好关系的能力	主观指标	公务员调查问卷
		与企业实施有效协作的能力	主观指标	公务员调查问卷
科学履职能力	政策制定能力	全年发布政策文件的数量	客观指标	政府网站
		决策的科学性	主观指标	公务员调查问卷
		政策制定过程中公众参与的有效性	主观指标	公务员调查问卷
	政策执行能力	环境支持度指数	客观指标	课题组开发指标
		机构设置合理性	主观指标	公务员调查问卷
		各部门的工作效率	主观指标	公务员调查问卷
		工作人员服务态度	主观指标	公务员调查问卷
学习创新能力	主动学习能力	公务员年度参加培训次数	客观指标	公务员调查问卷
		公务员每年参加学习培训的天数	客观指标	公务员调查问卷
		激励公务员学习措施	主观指标	公务员调查问卷
		组织内部信息共享机制	主观指标	公务员调查问卷
	管理和服务的创新能力	公务员年度创新建议数量	客观指标	政府网站
		政府对创新的重视程度	主观指标	公务员调查问卷
		政府的创新意识	主观指标	公务员调查问卷

2. 调查问卷设计

本研究的调查问卷包括了八个部分：卷首语、答卷人的人口学信息、对所在地方政府发展能力的总体评价、对一级指标的实际绩效评价、对二级指标的实际绩效评价、对三级指标的实际绩效评价、对二级指标的重要性评价，以及对一级指标的重要性评价。卷首语对调查问卷的目的、数据的用途、个人信息的保护等均做了说明；人口学信息涵盖了性别、受教育程度、户籍状况、居住情况和工作单位性质等多项指标；随后是对所在地方政府发展能力的总体评价，以及对一、二级指标实际表现的综合评价；继而是对所在城市三级指标的实际表现进行评价，根据被调查人的工作属性，在政府和事业单位工作的被调查人会对外部指标之外的内部指标进行评价，而且要提供两项客观指标数据：公务员年度参加培训次数和每年参加学习培训的天数；最后分别就一级指标和二级指标的重要性做出评价。指标体系中由于二级指标内容较多因此仍然采用量表的方式进行提问，一级指标自身内容较少可以采取排序的方式进行提问，由此课题组可以更好地明确城市市民对不同指标的重要性排位与取舍。

所有的主观评价问题均采用 5 级李克特量表（Likert-scale）。在进行正式的问卷前，课题组做了小范围的预调研，对量表题目理解的一致性做了检验，并根据反馈情况对问卷做了调整。同时问卷根据相关部门的要求进行了微调以此更好地在网络等公开环境中进行传播，并形成最终的调查问卷。

3. 问卷调查方式

问卷调查采用了网络问卷的方式，基于国内最大的网络调研平台问卷星（www.sojump.com）发布，充分利用网络调研的低成本、高效率、易扩散等优势，在有限的时间内获取尽可能多的样本。同时，由经过培训的南开大学、天津商业大学和天津师范大学的相关专业学生担任调研员，通过电子邮件、微信、微博等 SNS 媒介方式推送问卷，并利用寒假返回原籍开展针对性问卷调查，要求调查对象必须涵盖政府和事业单位工作人员、国有及私营企业工作人员、社会组织从业人员和自由职业者等，以确保调查对象的多样性。另外，由调研员开展的调查也可以提高问卷的实际填答率及样本的相关性和专业性。

4. 样本城市的选取与客观数据的采集

由于三级指标中对地方政府发展能力的评价包含以市民为对象的外部评价和以政府公务员为对象的内部评价两个部分，这种将内部评价和外部评价相结合的方式，决定了样本城市的选取必须满足两类问卷的数量要求。根据 2017 年度调查问卷的回收情况，共计 5086 份问卷，涵盖 90 个城市，按照每个样本城市原则上至少包含 20 份以上有效问卷，而且至少 5 份有效问卷是由政府工作人员填写，确定了 62 座样本城市。如表 2-2 所示，共涵盖 4 个直辖市，3 个计划单列市，10 个副省级城市，13 个省会城市，27 个普通地级市，5 个少数民族自治州，纳入统计的有效问卷共 3903 份。

表 2-2　62 个样本城市及调查问卷数量

城市等级	样本城市	公务员问卷	居民问卷	总问卷数	城市等级	样本城市	公务员问卷	居民问卷	总问卷数
直辖市	北京市	93	234	327		大庆市	6	14	20
	天津市	118	308	426		晋城市	6	14	20
	上海市	6	33	39		雅安市	10	10	20
	重庆市	17	28	45		淮安市	11	10	21
计划单列市	厦门市	14	14	28		平顶山市	8	13	21
	大连市	9	24	33		遂宁市	9	12	21
	深圳市	6	30	36		信阳市	8	13	21
10 个副省级城市	杭州市	8	13	21		营口市	10	14	24
	广州市	7	18	25		广安市	19	6	25
	长春市	14	8	22	27 个普通地级市	钦州市	17	17	34
	武汉市	7	18	25		周口市	16	9	25
	哈尔滨市	5	22	27		许昌市	7	19	26
	沈阳市	6	25	31		丽水市	5	22	27
	南京市	7	32	39		保定市	6	23	29
	成都市	16	44	60		临汾市	19	11	30
	西安市	24	36	60		珠海市	11	21	32
	济南市	23	31	54		无锡市	10	27	37
						忻州市	27	16	43
						邢台市	33	10	43

续表

13个省会城市					泸州市	27	19	46

13个省会城市	拉萨市	26	6	32
	乌鲁木齐市	12	19	31
	海口市	13	9	22
	太原市	5	16	21
	合肥市	9	26	35
	福州市	27	14	41
	呼和浩特市	20	21	41
	长沙市	9	39	48
	贵阳市	26	23	49
	昆明市	32	38	70
	兰州市	48	50	98
	石家庄市	107	100	207
	郑州市	79	139	218

泸州市	27	19	46
莱芜市	42	5	47
衡水市	13	40	53
廊坊市	11	51	62
沧州市	28	47	75
秦皇岛市	16	67	83
临沂市	57	40	97
淄博市	116	336	452

5个少数民族自治州	怒江傈僳族自治州	8	17	25
	红河哈尼族彝族自治州	24	9	33
	延边朝鲜族自治州	15	24	39
	凉山彝族自治州	13	32	45
	黔南布依族苗族自治州	75	41	116

　　针对62个样本城市，通过文献资料搜集数据，具体渠道包括2016年各类统计年鉴、官方网络数据平台、政府工作报告、公开发表的学术论文和研究报告，以及第三方权威评估成果等资源。

　　对少数城市难以获得的数据，采用以下方法按照优先级代替：①该城市该指标近三年的平均值代替，②该城市该指标地理邻近的周边城市均值代替，③该城市所在省份该指标均值代替。另外，有些数据非常重要，但又难以直接获得，因此，本研究团队专门开发了诸如环境支持度指数，作为政策支持度的三级客观指标。环境支持度指数具体的操作方法为：选取城市级别、区位条件和资源禀赋，这三个综合指标作为环境支持度指数的核心指标，在权重选取上，城市级别占 40%，区位条件占 30%，资源禀赋占 30%。三个指标的赋值标准是：①城市级别。直辖市 10 分，副省级市 8 分，省会城市 6 分，一般地级市 4 分；②区位条件，参照由锦秋财智咨询（BBIC）发布的《中国各省资源禀赋及战略地位》的结论进行赋值；③资源禀赋，根据国务院公布的资源型城市分类名单赋值。其中：成熟型 10 分，成长型 8 分，再生型 6 分，非资源型城市 5 分，衰退型 4 分。

（二）数据分析方法

本研究在采用基本的描述性统计分析方法基础上，进一步引入重要性—绩效分析法和主客观综合赋权法，对数据进行深入挖掘，并提高整体研究的科学性。

1. 重要性—绩效分析法

重要性—绩效分析法是广泛应用于服务行业领域，用于评判某项服务或设施的实施或使用效果，继而指导企业有针对性地进行服务改进的方法。重要性—绩效分析法的核心理念在于：服务对象对某项服务或设施的满意程度是其对该项服务或设施的某些重要属性的期望值和对相应属性的实际绩效评判的函数。重要性—绩效分析法的数据呈现和分析方法如图 2-2 所示。

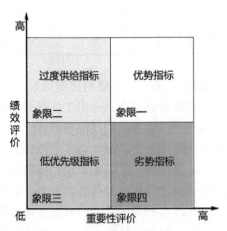

图 2-2　重要性—绩效分析法（IPA）四象限图

在由重要性评价为 x 轴和绩效评价为 y 轴的二维坐标系上，将每个评价指标依据其重要性和绩效评价值绘入相应位置，形成二维散点图。根据研究需要确定四象限图分割线的位置，再根据每个指标所落入的象限来判断指标属性（优势指标、劣势指标、过度供给指标和低优先级指标），继而形成评价结论。相较于传统的针对绩效的满意度评价，这种方法可以获取更全面深入的数据，一是考察指标设置的合理性并为具体的分析提供帮助，二是通过对不同指标的重要性的分析，考察居民的关注对象，以此就居民普遍关注的部分进行进一步的指标增补修订，为今后的调查研究提供完善的空间。

2. 主客观综合赋权法

传统的指标体系赋权方法分为两类：一类称为主观赋权法，即根据专业人士对各指标的主观重视程度赋权，如 Delphi 法、二项系数法、AHP法等；另一类为客观赋权法，即根据客观信息数据进行赋权，如主成分分析法、熵值法、差异系数法等。前者能够反映专家、学者、决策者和参与者的意志，但权重结果具有很大的主观随意性。后者具有较强的数学理论依据，可以避免评估结果的主观随意性，但是同时又难以体现专业人士的意愿。因此，主、客观赋权法具有各自的特点，但都存在一定的局限性。

基于以上的原因，本研究采用了主客观相结合的综合赋权法。一方面，通过问卷调查，获取了调查对象对 6 项一级指标的相对重要性排序，根据排序结果，给定对应序列值得分，本研究按照排名第一得 5 分，第二得 4分，第三得 3 分，第四得 2 分，第五得 1 分，第六得 0 分，可计算得到每一项的重要性得分，经过归一化处理，得到基于主观赋权法的 6 项一级指标的权重。另一方面，将 62 个样本城市的三级指标数据进行标准化，利用差异系数法，求得每一项三级指标的权重，通过求和可得各项二级指标权重，继而得到基于客观赋权法的 6 项一级指标权重。最后，将两种方法得到的一级指标权重进行均值处理，得到最终的一级指标权重，而后利用回归系数法，求出二级指标和三级指标权重。在结果呈现方面，由于本书涉及多个 6 项一级指标的对比分析图，在灰度区分的基础上，本书采用了图例与图中比较项目保持顺序一致的方式，方便读者阅读。

（作者单位：南开大学周恩来政府管理学院）

第三章　近三年中国地方政府发展能力研究回顾

赵志远　高珺珺

中国地方政府发展能力研究从 2015 年开始，2016 年是第二年度，2017 年是第三年度。初步积累的数据与资料，为比较分析创造了条件。2015 至 2017 年度，对于地方政府发展能力的测量与分析主要存在：首先，三年研究所覆盖的城市不尽相同，并且涉及城市数量差异较大；其次，三年的指标体系也在不断调整，在大的结构保持稳定的同时，基于数据的有效性和可得性，三级指标变化较大，而指标的权重也随着赋权方法的更新不断趋于科学合理。

一、样本城市数量及分布变化

（一）样本城市地区分布的变化

2015 年至 2017 年度，本研究所选取的样本城市的数量分别为 23 个、119 个、62 个。表 3-1 为三个年度覆盖城市的具体分布。所有覆盖的城市可以被归类在四个地区，即东部地区（包括北京、天津、河北、上海、江苏、浙江、福建、山东、广东）、中部地区（包括山西、安徽、江西、河南、湖北、湖南）、西部地区（包括内蒙古、广西、重庆、四川、贵州、云南、西藏、陕西、甘肃、青海、宁夏、新疆）和东北地区（包括辽宁、吉林、黑龙江）。总的来看，每一年度的研究都覆盖了我国主要地区的城市。

表 3-1　2015—2017 年度样本城市地区分布

年份	地区	样本城市分布省份	样本城市
2015	东部地区	北京、天津、河北、上海、江苏、浙江、福建、山东、广东	石家庄、福州、南京、杭州等 11 个城市
	中部地区	山西、安徽、江西、河南、湖北、湖南	长沙、郑州、南昌 3 个城市
	西部地区	内蒙古、广西、重庆、四川、贵州、云南、西藏、陕西、甘肃、青海、宁夏、新疆	呼和浩特、南宁、兰州、重庆等 6 个城市
	东北地区	辽宁、吉林、黑龙江	沈阳、长春、哈尔滨 3 个城市
2016	东部地区	北京、天津、河北、上海、江苏、浙江、福建、山东、广东	北京、天津、上海、广州等 43 个城市
	中部地区	山西、安徽、江西、河南、湖北、湖南	太原、合肥等 34 个城市
	西部地区	内蒙古、广西、重庆、四川、贵州、云南、西藏、陕西、甘肃、青海、宁夏、新疆	呼和浩特、南宁等 31 个城市
	东北地区	辽宁、吉林、黑龙江	沈阳、长春、哈尔滨等 11 个城市
2017	东部地区	北京、天津、河北、上海、江苏、浙江、福建、山东、广东	北京、天津、上海、广州等 26 个城市
	中部地区	山西、安徽、江西、河南、湖北、湖南	太原、合肥等 11 个城市
	西部地区	内蒙古、广西、重庆、四川、贵州、云南、西藏、陕西、甘肃、青海、宁夏、新疆	呼和浩特、南宁等 19 个城市
	东北地区	辽宁、吉林、黑龙江	沈阳、长春、哈尔滨等 6 个城市

（二）样本城市行政层级的变化

从行政层级的角度来看，研究所涵盖的城市集中在直辖市、副省级城市和普通地级市三个行政层级。之所以没有将"省会城市"这一项放在分类中，一方面是因为省会城市并不能严格地划分在政府的行政层级中，另一方面是因为目前中国的省会城市中有一部分是副省级市，而大多数还是地级市；同时，一部分非省会城市也属于副省级市，如果增加"省会城市"的分类，可能会造成项目之间的重叠。但是，省会城市作为一个数据分析单位还是比较重要的。

　　表 3-2 为 2015 至 2017 年度研究所覆盖的不同行政层级的样本城市。其中北京、天津、上海、重庆四个直辖市在三年中连续出现，副省级市和地级市则有一些数量上的变化。中国目前有 15 个副省级市，分别是广州、深圳、南京、武汉、沈阳、西安、成都、济南、杭州、哈尔滨、长春、大连、青岛、厦门、宁波。其中青岛、大连、宁波、厦门、深圳是计划单列市，其他的都是省会城市。2015 年研究所涵盖了 9 个副省级市；2016 年覆盖了 14 个，缺失了宁波市的数据；2017 年覆盖了 13 个，缺失了宁波市和青岛市。

　　通过比较，可以得到三年来连续观测的城市：包括 4 个直辖市（北京、天津、上海、重庆），9 个副省级市（沈阳、长春、哈尔滨、南京、杭州、广州、成都、厦门、深圳）以及分布在东部（石家庄、福州）、中部（长沙、郑州）和西部地区（兰州、呼和浩特、贵阳）的 7 个地级市，这也将是本研究长期关注的样本城市。

表 3-2　2015—2017 年不同行政层级样本城市分布

年份	行政层级	样本城市
2015	直辖市	北京、天津、上海、重庆 4 个城市。
	副省级市	沈阳、长春、哈尔滨、广州、杭州等 9 个城市。
	地级市	石家庄、南宁、福州、兰州、贵阳等 10 个城市。
2016	直辖市	北京、天津、上海、重庆 4 个城市。
	副省级市	沈阳、长春、哈尔滨、广州、杭州、大连等 14 个城市（除去宁波）。
	地级市	石家庄、南宁、福州、兰州、贵阳等 101 个城市。
2017	直辖市	北京、天津、上海、重庆 4 个城市。
	副省级市	沈阳、长春、哈尔滨、广州、杭州、大连等 13 个城市（除去青岛和宁波）。
	地级市	石家庄、南宁、福州、兰州、贵阳、平顶山等 45 个城市。

二、地方政府发展能力指标体系的变化

（一）地方政府发展能力指标体系的重构

地方政府的实际运行是一个动态的过程，相应对地方政府发展能力的评估也应伴随其实际运行状况而具有动态性特征。重构地方政府发展能力指标体系，其原因有二：

一是研究和评估地方政府发展能力的实际需要。党的十八大以来，中央政府持续推进行政体制改革和结构性改革，以简政放权、放管结合、优化服务作为转变政府职能的突破口①。以此为契机，2015 至 2017 年度，地方政府在行政体制改革、职能转变和发展能力提升方面也取得积极进展。由于地方政府发展能力的新变化，促使评价指标的选取和体系构建相应做出了改变；二是修正和补充原有指标和评价体系的需要。2015 年度的指标体系，包含 6 项一级指标、14 项二级指标和 49 项三级指标。2016 年度的指标体系，包含 6 项一级指标、14 项二级指标和 66 项三级指标。2017 年度的指标体系，包含 6 项一级指标、14 项二级指标和 60 项三级指标。

如图 3-1 所示，三年来指标体系的数量变化集中于三级指标上。由于地方政府发展能力在纵向和横向、内部和外部方面的体现统一于动态、静态两个维度上，并且三年来各城市间的样本规模与分布也一直在变化，所以指标体系尤其是三级指标也一直处于动态变化中，以更好地适应数据采集和分析的需求，增加报告的科学性。

---

① 中华人民共和国国民经济和社会发展第十三个五年规划纲要[N]. 人民日报，2016-03-18.

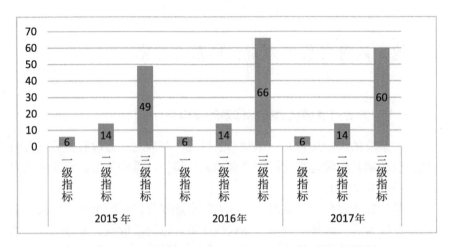

图3-1   2015—2017年度一、二、三级指标数量变化

（二）具体指标构成的变化

1. 一级指标（核心发展能力）

一级指标共有6项，三年来，出于有比较分析的意义和整体布局的把握，一级指标的数量设定上没有做出调整，但指标名称在具体表述上在不断完善。2015年度一级指标分别为发展经济能力、社会治理能力、提供服务能力、资源调配能力、科学履职能力和组织学习创新能力。其中前3项为静态指标，后3项为动态指标。静态指标是针对地方政府实际运行效果的测量和评估，动态指标是对地方政府有效运行和决策、施政等环节的考察。

2016年度一级指标分别为发展经济能力、管理社会能力、提供服务能力、配置资源能力、科学履职能力和学习创新能力。相较于2015年有3项做出了调整。

2017年一级指标分别为经济发展能力、社会发展能力、服务提供能力、资源利用能力、科学履职能力和学习创新能力。相较于2016年又有3项做出了调整。调整一级指标的名称表述，体现了三年来研究团队对于地方政府、政府发展等概念不断深刻的把握与理解，对于指标主体本身与其权责更加明晰，增强了指标的针对性，使基本概念的内涵更加全面和精准。

2. 二级指标（分解发展能力）

根据 6 项一级指标，二级指标共分解为 14 项。2015 年，发展经济能力分解为保证生产能力、促进消费能力和推动转型能力 3 项指标。这一方面借鉴了传统发展指标的优势，另一方面也突出了结构转型这一工作重点；根据《关于全面深化改革若干重大问题的决定》对"创新社会治理体制"的论述，社会治理能力分解为社会发展能力和秩序维护能力，体现了地方政府进行社会管理活动的目的；提供服务能力分解为基本公共服务支持能力、均等化区域公共服务能力和环境保护能力。这种分类适应了服务型政府建设的目标和要求，平衡了基本公共提供服务能力的基本面和差异面，也体现了"五位一体"的发展布局；出于动态评估和把握过程的考虑，将资源调配能力分解为资源获取能力和资源整合能力，实际上是区分了政府配置资源过程的两个基本环节；科学履职能力作为主观指标和动态指标，分解为支持度和运行力两项指标，区分了履职主体、履职对象和履职环境多种因素的不同作用；组织学习创新能力分解为制度创新能力和组织学习能力，适应了"治理水平和治理能力现代化"的要求，是具有时代性内涵的重要指标。

2016 年，二级指标的设置方式和基本格局与上一年度基本一致。但在一些指标名称表述上进行了调整。其中，上一年度一级指标"科学履职能力"下设"支持度"和"运行力"两项，而在此年度指标体系中，这两项二级指标名称调整为"政策支持度"和"政策执行力"；上一年度一级指标"组织学习创新能力"下设"制度创新能力"和"组织学习能力"两项，此年度将这两项二级指标调整为"管理和服务创新能力"和"主动学习能力"。

2017 年，上一年度一级指标"管理社会能力"下设"社会发展能力"，而在此年度指标体系中，这项指标名称调整为"推动发展能力"；上一年度一级指标"提供服务能力"下设"基本公共服务支持能力"，而在此年度指标体系中，这项指标名称调整为"保障基本公共服务的能力"；上一年度一级指标"科学履职能力"下设"政策支持度"和"政策执行力"两项，而在此年度指标体系中，这两项指标名称调整为"政策制定能力"和"政策执行能力"。二级指标名称上的变化反映了考察和测量侧重点的变化，符合指标体系开放性和延展性特征。

3. 三级指标（主、客观数据）

三年来，在地方政府发展能力评价体系中，一、二级指标内容框架相对稳定，重点对三级指标进行了调整和重构。2015 年度的三级指标共有 49 项，其中客观指标 37 项，主观指标 12 项；2016 年度的三级指标增加到了 66 项，其中客观指标调整为 26 项，主观指标调整为 40 项；2017 年度的三级指标为 60 项，其中，客观指标 23 项，主观指标 37 项。

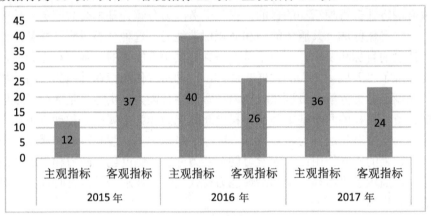

图 3-2   2015—2017 年度三级指标中主、客观指标数量变化

如图 3-2 所示，三年来，客观指标逐渐减少，主观指标在 2016 年度迅速增加。在客观指标上的变化，体现了指标体系整体的完善，数量的精简。一方面提高了资料搜集效率，另一方面其相关性也大大提高。设立不同的三级主观指标，是问卷调查对象变化导致评价方法变化的结果。细化和区分三级主观指标，正是评价方法优化的体现。设立不同的三级主观指标，也是进一步区分主、客观研究对象的需要。通过设立客观指标和主观指标，一定程度上区分了主、客观研究对象。当研究对象更为广泛多样时，就需要在主、客观对象内部做进一步区分。通用指标和内部评价指标的设立，明确了两种评价方式，进一步区分了主观指标内部的差异，也使得研究结果更为准确明晰。

（三）指标权重的变化

基于指标赋权方法的改进，三个年度的研究中，各指标的权重也有变化。2015 年度，采用了传统的 AHP 专家赋权法，选取 24 位最高学历为博士的专家进行调查，男性与女性各 12 位；居住在东部地区 4 位，中部地区 13 位，西部地区 7 位。结果如表 3-3 所示，2015 年度权重最高的一级指标为服务提供能力（0.19），而发展经济能力（0.14）的权重最低，二级指标中资源整合能力（0.10）最高，推动转型能力（0.04）最低。总体来看，各项指标的权重较为均衡。

表 3-3　2015 年度一级指标与二级指标的权重

一级指标		二级指标	
发展经济能力	0.14	保证生产能力	0.05
		促进消费能力	0.05
		推动转型能力	0.04
社会治理能力	0.17	社会发展能力	0.08
		秩序维护能力	0.09
服务提供能力	0.19	基本公共服务支持能力	0.07
		均等化区域公共服务能力	0.06
		环境保护能力	0.06
资源调配能力	0.18	资源获取能力	0.08
		资源整合能力	0.10
科学履职能力	0.15	环境支持度	0.07
		运行力	0.08
组织学习创新能力	0.17	制度创新	0.08
		组织学习能力	0.09

2016 年度，结合了回归系数法和因子分析权数法，有效平衡了由上而下的指标体系和由下而上的数据架构。结果如表 3-4 所示，权重最高的一级指标为管理社会能力（0.251），最低一项为学习创新能力（0.052），二级指标最高的为社会发展能力（0.127），最低的是基本公共服务支持能力（0.013），指标间的权重差异很大。尽管有基数庞大的问卷调查为基础，但这一尝试也证明了单纯基于主、客观数据的赋权方法，会放大数据的差异。

表 3-4　2016 年度一级指标与二级指标的权重

一级指标		二级指标	
发展经济能力	0.216	保证生产能力	0.096
		促进消费能力	0.015
		推动转型能力	0.105
管理社会能力	0.251	社会发展能力	0.127
		秩序维护能力	0.124
服务提供能力	0.109	基本公共服务支持能力	0.013
		均等化区域公共服务能力	0.046
		环境保护能力	0.050
配置资源能力	0.180	资源获取能力	0.086
		资源整合能力	0.094
科学履职能力	0.192	政策支持度	0.095
		政策执行力	0.097
学习创新能力	0.052	管理和服务创新能力	0.031
		主动学习能力	0.021

　　2017 年度，采用了主客观相结合的综合赋权法，具体方法见本书第二章第二节。结果如表 3-5 所示，权重最高的一级指标是服务提供能力（0.240），最低的是学习创新能力（0.109），二级指标相对较高的是保障基本公共服务能力（0.133）和资源获取能力（0.127），最低的是环境保护能力（0.014）。纵观三年的变化，随着对于地方政府发展能力认知的不断加深，指标权重在总体趋于均衡的同时，也体现了差异性。

表 3-5　2017 年度一级指标与二级指标的权重

一级指标		二级指标	
经济发展能力	0.196	保证生产能力	0.077
		促进消费能力	0.031
		推动转型能力	0.089

一级指标		二级指标	
社会发展能力	0.125	推动发展能力	0.072
		秩序维护能力	0.054
服务提供能力	0.240	保障基本公共服务的能力	0.133
		均等化区域公共服务能力	0.093
		环境保护能力	0.014
资源利用能力	0.192	资源获取能力	0.127
		资源整合能力	0.064
科学履职能力	0.137	政策制定能力	0.062
		政策执行能力	0.075
学习创新能力	0.109	管理和服务创新能力	0.032
		主动学习能力	0.077

（作者单位：南开大学周恩来政府管理学院）

第二部分　中国地方政府发展能力评估结果的综合分析

　　本篇内容是对 2017 年中国地方政府发展能力评估结果的综合分析，首先从总体上将评估数据按照指标体系架构进行描述性分析，而后针对62个研究样本的核心发展能力（一级指标）进行分析，最后通过聚类分析将研究样本分类，比对不同类型之间的发展能力特点。

第四章 地方政府发展能力评估数据总体情况

杨佳谡

一、数据收集的总体情况

通过问卷调查数据的收集分析，确定符合分析条件的 62 个样本城市后，组织课题组的成员对这些城市的统计数据进行收集整理。统计数据的主要来源包括各个城市的统计公报、统计年鉴、政府官方网站等。

（一）问卷调查数据收集情况

1. 问卷调查数据的基本信息

通过问卷采集，共获得来自全国所有省份主要城市的 5086 份问卷。根据问卷回收与城市分布情况，原则上按照该城市的问卷数大于 20 份，公务员与事业单位公职人员的问卷数大于 5 份的标准筛选有效城市，最终得到 62 个城市 3903 份有效问卷，其中政府及事业单位公职人员问卷 1471份，占全部有效问卷的 11.8%。有效问卷的城市分布情况如表 4-1 所示。

表 4-1 地方政府发展能力指数问卷回收数量表

城市	问卷数	城市	问卷数	城市	问卷数
保定	29	拉萨	32	太原	21
北京	327	莱芜	47	天津	426
沧州	75	兰州	99	乌鲁木齐	31
成都	60	廊坊	62	无锡	37
大连	33	丽水	27	武汉	25

城市	问卷数	城市	问卷数	城市	问卷数
大庆	20	凉山彝族自治州	45	西安	60
福州	41	临汾	30	忻州	43
广安	25	临沂	97	信阳	21
广州	25	泸州	46	邢台	43
贵阳	49	南京	39	许昌	26
哈尔滨	27	怒江傈僳族自治州	25	雅安	20
海口	22	平顶山	21	延边朝鲜族自治州	39
杭州	21	黔南布依族苗族自治州	116	营口	24
合肥	35	钦州	34	长春	22
衡水	53	秦皇岛	83	长沙	48
红河哈尼族彝族自治州	33	厦门	28	郑州	218
呼和浩特	41	上海	39	重庆	45
淮安	21	深圳	36	周口	25
济南	54	沈阳	31	珠海	32
晋城	20	石家庄	207	淄博	452
昆明	70	遂宁	21		

2. 调查问卷的可靠性与一致性分析

本研究采用统计学方法——克朗巴哈系数（Cronbach's alpha）来检测问卷内容的可靠性。问卷调查结果可以划分为三个维度，即对一级指标的综合评价、对二级指标的综合评价以及对三级指标的实际表现评价。本研究对此三个维度进行可靠性分析，使用 SPSS 软件来进行测算，结果如表4-2所示。

表 4-2　调查问卷的内部一致性分析结果

维度		克朗巴哈系数	项数
对一级指标的综合评价		0.973	6
对二级指标的综合评价		0.987	14
对三级指标的实际表现评价	公务员	0.979	36
	非公务员	0.990	34

通常可以接受的克朗巴哈系数的值为≥0.8，本研究所使用的问卷各个维度的值均大于 0.97，结果表明本调查问卷的内容可靠性和内部的一致性达到了很高的水准。

3. 调查对象的人口信息分析

人口信息描述性分析的目的是了解本次调查对象的基本信息及其覆盖范围能否满足实际需要。

性别指标主要用来评估调查对象的性别分布状况及其所作评价的性别差异。如图 4-1 所示，在参与本研究的 3903 位调查对象中，1660 位（占总数的 42.5%）为男性，2243 位（占总数的 57.5%）为女性，男女比例相对均衡，这在很大程度上减少了调研结果所产生的性别偏差，也有利于在样本量相近的情况下，评估男性与女性对各项指标评价的差异。

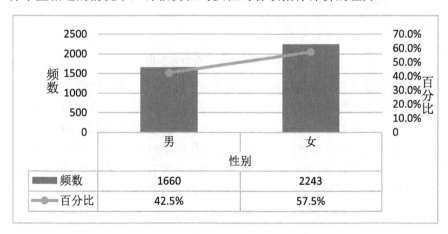

图 4-1　调查对象性别分布情况

　　本次问卷调查对象的年龄分布如图 4-2 所示。在 3903 位调查对象中，343 位（占总数的 8.8%）为 20 岁以下，1389 位（占总数的 35.6%）为 20～35 岁，1877 位（占总数的 48.1%）为 36～50 岁，271 位（占总数的 6.9%）为 51～65 岁，23 位（占总数的 0.6%）为 65 岁以上。年龄分布的广泛性在很大程度上减少了调查结果的年龄偏差，也有利于分析不同年龄层次调查对象对各项指标评价的差异。

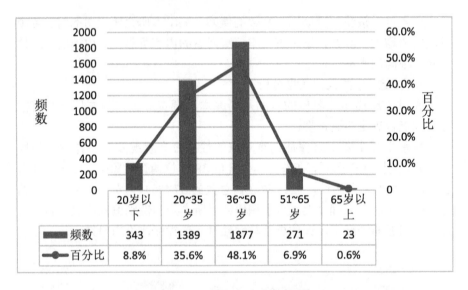

图 4-2　调查对象年龄分布情况

　　本次问卷调查对象的学历分布如图 4-3 所示。在 3903 位调查对象中，175 位（占总数的 4.5%）为初中及以下学历，438 位（占总数的 11.2%）为高中学历，2802 位（占总数的 71.8%）为大专及本科学历，415 位（占总数的 10.6%）为硕士学历，73 位（占总数的 1.9%）为博士学历。调查对象学历分布具有较强的代表性，减少了调研结果所产生的学历偏差，也有利于分析不同学历层次的调查对象对各项指标评价的差异。

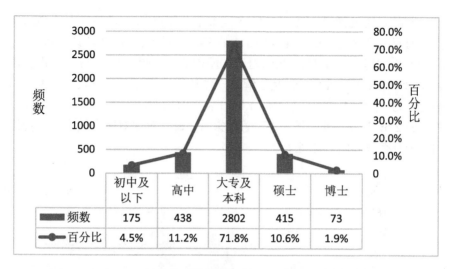

图 4-3　调查对象学历分布情况

　　本次问卷调查对象所在城市生活时长的分布情况如图 4-4 所示。在 3903 位调查对象中，449 位（占总数的 11.5%）为 5 年以下，455 位（占总数的 11.7%）为 6～10 年，415 位（占总数的 10.7%）为 11～15 年，517 位（占总数的 13.2%）为 16～20 年，2066 位（占总数的 52.8%）为 20 年以上，这无疑保证了调查对象对所在城市各项指标评价的可靠性。

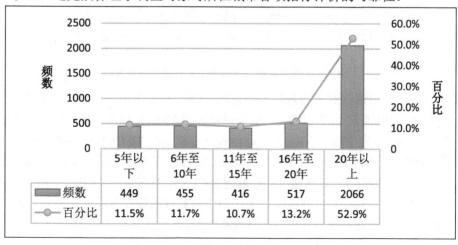

图 4-4　调查对象生活城市时长分布情况

本研究通过调查对象对其所在城市了解程度的主观评价来检测本次问卷调查的可信度。如图 4-5 所示，在参与本研究的 3903 位调查对象中，834 位（占总数的 21.4%）表示对所在城市非常了解，有 1555 位（占总数的 39.8%）表示对所在城市是了解的，1347 位（占总数的 34.5%）表示了解程度为一般，67 位（占总数的 1.7%）表示对所在城市不了解，100 位（占总数的 2.6%）表示非常不了解。总体来看，调查对象对所在城市各项指标的评价具有较高的可靠性。

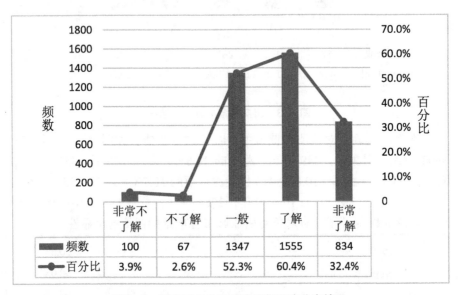

	非常不了解	不了解	一般	了解	非常了解
■■ 频数	100	67	1347	1555	834
●— 百分比	3.9%	2.6%	52.3%	60.4%	32.4%

图 4-5   调查对象生活城市了解程度分布情况

本次问卷调查对象的月收入分布状况如图 4-6 所示。在 3903 位调查对象中，584 位（占总数的 15.0%）月收入为 1500 元以下，681 位（占总数的 17.4%）为 1500～3000 元，1213 位（占总数的 31.1%）为 3000～5000 元，693 位（占总数的 17.8%）为 5000～7500 元，336 位（占总数的 8.6%）为 7500～10000 元，210 位（占总数的 5.4%）为 10000～15000 元，186 位（占总数的 4.8%）为 15000 元以上。调查对象收入分布较广泛，有利于评估不同收入调查对象对各项指标评价的差异。

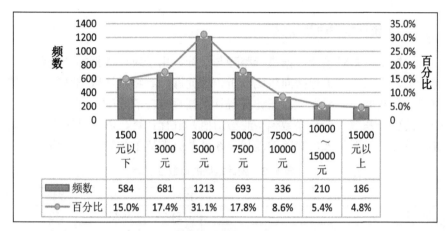

图 4-6　调查对象月收入分布情况

本次问卷调查对象的单位性质分布状况如图 4-7 所示。在 3903 位调查对象中，453 位（占总数的 11.6%）就职于政府部门工作，1018 位（占总数的 26.1%）就职于事业单位，709 位（占总数的 18.2%）就职于国有企业，751 位（占总数的 19.2%）就职于私企，51 位（占总数的 1.3%）就职于社会组织，317 位（占总数的 8.1%）为自由职业者，604 位（占总数的 15.5%）从事其他职业。调查对象工作性质差异显著，有利于评估不同单位性质的调查对象对各项指标评价的差异。

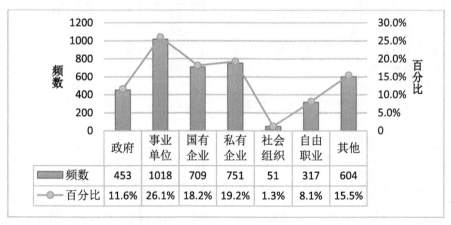

图 4-7　调查对象工作单位性质分布情况

（二）统计数据收集情况

课题组首先对统计数据进行整理与统计，由于统计数据的计量单位差异较大，无法直接进行横向对比分析，因此课题组将统计数据特征分析的重点放在数据的离散性上。在计算统计数据标准差的基础上，分别对不同指标的变异系数（变异系数=标准差/均值）进行计算，以此克服由于数据计量单位差异而带来标准差的差异。统计数据的离散性如表 4-3 所示。

表 4-3　统计数据的离散性

	均值	标准差	变异系数
地区生产总值	5354.65	5982.89	1.12
地区生产总值增长率	8.19	2.44	0.30
城镇居民人均可支配收入增长率	8.76	3.69	0.42
居民消费价格指数	101.81	0.91	0.01
社会消费品零售总额	2298.48	2408.74	1.05
第三产业比重	49.08	12.72	0.26
预期寿命	77.17	2.61	0.03
城镇登记失业率	3.02	0.77	0.26
城乡居民可支配收入比	2.32	0.51	0.22
千人口卫生技术人员数	13.06	34.42	2.64
千人口医疗床位数	9.21	17.18	1.86
政府在教育方面的财政支出占比	15.20	5.25	0.35
城市建成区绿地率	39.02	8.48	0.22
城市空气质量达二级以上的天数	257.02	64.14	0.25
城市污水处理率	89.92	6.68	0.07
税收收入增长率	6.31	11.43	1.81
一般性公共服务支出占财政支出的比重	13.07	15.82	1.21
财政收入增长率	6.70	7.14	1.07
财政支出占 GDP 的比重	19.32	9.85	0.51
全年发布政策文件数量	1393.58	3640.22	2.61
环境支持度指数	4.77	1.01	0.21
公务员年度参加培训次数	16.24	8.56	0.53
公务员每年用于学习提升的时间	3.70	2.05	0.55
公务员年度创新建议数量	33.75	12.17	0.36

从各三级指标的变异系数来看，千人口卫生技术人员数（2.64）与全年发布政策文件数量（2.61）这两项指标的变异系数最大，这说明我国城市公共卫生服务的供给和不同城市地方政府所管辖的事务复杂程度具有较大差异。

千人口医疗床位数（1.86）、税收收入增长率（1.81）、一般性公共服务支出占财政支出的比重（1.21）、地区生产总值（1.12）、财政收入增长率（1.07）、社会消费品零售总额（1.05）这几项指标变异系数也存在较大差异。这说明我国城市的经济基础与财政基础的差异较大，这种差异将对基础设施建设水平及公共服务均等化等造成影响。如何通过转移支付等各种方式平衡政府发展能力的基础，是中国城市地方政府与中央政府应当共同面对的问题。

城市污水处理率（0.07）、预期寿命（0.03）、居民消费价格指数（0.01）这几项指标的变异系数差别很小。主要是我国的城市污水处理率基本上都超过90%，预期寿命主要受到国家总体发展情况的影响，而居民消费价格指数也与国家整体的货币发行与经济发展状况密切相关，因此城市间的差别不大。

综上所述，通过统计数据的分析，城市地方政府应当加强公共卫生服务的均等化，同时积极提升自身的发展基础，促进我国城市的多中心发展，缓和当前大城市的体量过大等问题。

二、样本城市评估数据总体分析

基于地方政府发展能力指标体系和收集数据的方法，最终获得的数据包括：受访者对样本城市地方政府发展能力的总体评价和总体满意度，6项一级指标的重要性评价和样本城市的绩效评价，14项二级指标的重要性评价和样本城市的绩效评价，36项主观三级指标的样本城市绩效评价和24项客观三级指标的样本城市数据。因此，本节就从以上四个层级对数据进行总体分析。

（一）地方政府发展能力总体评价和总体满意度

通过问卷调查获取数据时，问题的设定和表述方式可能会影响获取的结果。结合本研究以获取调研对象对当地地方政府发展能力的评价为目标，因此，在调查问卷中，分别采用了总体评价和总体满意度两种方式，请答卷人就居住地的地方政府发展能力做主观评价。62个样本城市的统计结果如表4-4所示。

表4-4　样本城市地方政府发展能力总体评价和总体满意度的基本情况

	极小值	极大值	均值	标准差
对当地政府发展能力的总体评价	2.76	4.11	3.3289	0.26145
对当地政府发展能力的总体满意度	2.67	4.08	3.3153	0.25708

通过配对样本T检验，比较两种提问方式的均值，可以发现，如表4-5所示，总体评价与总体满意度的相关系数达到0.901，在统计上显著相关，而且并不存在显著不同（P=0.358）。因此，可以得到结论，即从统计学上来看，"对当地政府发展能力的总体评价"和"对当地政府发展能力的总体满意度"这两种提问方式，并不会对最终的结果产生显著影响。

表4-5　两种提问方式的均值比较配对样本T检验

成对样本相关系数		N	相关系数	显著性	相关系数 Bootstrap[a]			
					偏差	标准误差	95% 置信区间	
							下限	上限
对1	总体评价&总体满意度	62	0.901	0.000	-0.002	0.026	0.843	0.945
a. 除非另行注明，bootstrap 结果将基于 1000 bootstrap samples								

成对样本检验							t	df	显著性（双尾）
	成对差分								
		均值	标准差	均值的标准误	差分的95%置信区间				
					下限	上限			
对1	总体评价&总体满意度	0.01355	0.11526	0.01464	-0.01572	0.04282	0.926	61	0.358

（二）核心发展能力（一级指标）评估数据分析

问卷调查获取了调查人对一级指标的重要性排序，按照排名第一得 5 分，第二得 4 分，第三得 3 分，第四得 2 分，第五得 1 分，第六得 0 分的标准，通过分值转化得到重要性得分，结果如表 4-6 所示。调查对象对六个指标的重要性排序依次为：经济发展能力、社会发展能力、提供服务能力、资源利用能力、学习创新能力、科学履职能力。由此可见调查对象首先关注城市经济发展情况与社会发展，其次是公共服务，最后是政府的实际运行情况。其原因在于指标与调查对象之间关系的密切程度。调查对象自身的体会越强、关联越大的指标越会被排在相对重要的位置，而调查对象自身的体会越弱、关联越小的指标则会被排在不重要的位置。在 62 个样本城市中，对学习创新能力的重要性排序差异性最大，标准差达到了 0.39，而对社会发展能力的重要性排序差异性最小，这也说明不同城市的居民对地方政府核心发展能力的重要性评价表现出了明显的不同，受到了调查对象所处环境的影响。

表 4-6　样本城市一级指标重要性评估结果

	最大值	最小值	均值	标准差
经济发展能力	4.20	2.60	3.45	0.34
社会发展能力	3.58	2.55	3.16	0.25
服务提供能力	3.44	1.84	2.64	0.33
资源利用能力	2.65	0.86	1.90	0.33
科学履职能力	2.85	0.95	1.71	0.35
学习创新能力	2.82	0.75	1.76	0.39

问卷调查也获取了被调查人对一级指标的实际绩效评价，结果如表 4-7 所示，六个指标在不同城市中的最大值与最小值较为接近，且数据离散程度也较为接近。从具体的指标评价来看，社会发展能力在所有一级指标评价中的均值最高，达到 3.38，这说明调查对象对城市地方政府的社会发展能力相对最为满意。资源利用能力的均值最低，为 3.22，这说明调查对象认为城市地方政府的科学履职能力尚有较大的提升空间。

从标准差来看，经济发展能力的标准差最高，达到 0.31，这说明不同城市间的调查对象对政府的经济发展能力评价的差异性较大，其可能的原因是由于经济发展的成果分配问题、城市自身经济总量的问题、与周围城市发展速度比较的问题等，造成调查对象对城市地方政府的经济发展能力的认知具有较大差异性。服务提供能力与资源运用能力的标准差最低，为 0.24，说明调查对象对政府服务提供能力与资源利用能力的评价差异性较小。对于政府资源运用能力与服务提供能力这两个指标，调查对象的评估结果差异也相对较小。因此，未来城市地方政府在自身经济发展的同时，还应当加强区域合作、区域一体化和协同发展的进程。

表 4-7　样本城市一级指标实际绩效评估结果

	最大值	最小值	均值	标准差
经济发展能力	4.28	2.67	3.26	0.31
社会发展能力	4.03	2.62	3.38	0.28
服务提供能力	4.00	2.86	3.35	0.24
资源利用能力	3.81	2.72	3.22	0.24
科学履职能力	3.86	2.67	3.25	0.25
学习创新能力	4.03	2.76	3.27	0.25

（三）分解发展能力（二级指标）评估数据分析

问卷调查获取了调查对象对居住城市地方政府发展能力二级指标的实际绩效评价和重要性评价，均采用了五级李克特量表，结果如表 4-8 所示。具体来看，二级指标中的社会发展能力（3.40）与基本公共服务支持能力（3.46 分）的均值较高，说明样本城市的调查对象对城市地方政府在社会发展与公共服务建设方面较为满意，而城市地方政府的环境保护能力（3.18）与推动转型能力（3.23）均值较低，特别是城市地方政府的环境保护能力在所有能力的评价中均值最低，说明调查对象高度重视城市环境发展情况，并对当前政府所采取的措施存在不满，对城市地方政府治理环境的举措有更多要求。而推动转型能力则直接影响城市发展的未来潜力，因此城市地方政府在做好经济发展与公共服务环境构建的基础上，还要积极推动环境建设与自身转型能力，为城市未来发展奠定基础。

从标准差方面来看，环境保护能力的离散程度最高，标准差达到 0.35，其原因主要是 62 个样本城市的地理分布不均，环境质量存在较大差别，因此评价分数可能会由此而分散。不同城市的调查对象对政策执行能力（0.24）、保证生产能力（0.25）、政策制定能力（0.25）、资源获取能力（0.25）的评价相对较为集中，这说明城市地方政府在主抓经济建设与政府运行等方面建设能力的公众感知差异较小，也就是说城市地方政府在这些二级指标方面所采取的措施可能具有较高的同质性。

表 4-8　样本城市二级指标重要性—绩效评估结果

			最大值	最小值	均值	标准差
经济发展能力	保证生产能力	绩效	4.11	2.90	3.37	0.25
		重要性	4.17	3.00	3.57	0.23
	促进消费能力	绩效	4.22	2.57	3.37	0.28
		重要性	4.10	2.90	3.53	0.24
	推动转型能力	绩效	4.19	2.48	3.23	0.28
		重要性	4.15	3.00	3.58	0.23
社会发展能力	推动发展能力	绩效	4.14	2.67	3.40	0.27
		重要性	4.11	3.00	3.60	0.24
	秩序维护能力	绩效	3.92	2.52	3.35	0.27
		重要性	4.22	3.04	3.64	0.25
服务提供能力	保障基本公共服务能力	绩效	4.14	2.88	3.46	0.27
		重要性	4.18	2.92	3.64	0.23
	均等化区域公共服务能力	绩效	3.86	2.62	3.30	0.27
		重要性	4.20	3.00	3.59	0.23
	环境保护能力	绩效	3.97	2.38	3.18	0.35
		重要性	4.29	3.00	3.66	0.27
资源利用能力	资源获取能力	绩效	3.94	2.80	3.30	0.25
		重要性	4.04	3.00	3.58	0.22
	资源整合能力	绩效	4.14	2.76	3.26	0.27
		重要性	4.18	3.12	3.61	0.23

			最大值	最小值	均值	标准差
科学履职能力	政策制定能力	绩效	3.92	2.67	3.32	0.25
		重要性	4.10	3.05	3.63	0.22
	政策执行能力	绩效	3.86	2.76	3.30	0.24
		重要性	4.17	3.12	3.67	0.23
学习创新能力	主动学习能力	绩效	4.00	2.76	3.29	0.26
		重要性	4.15	3.04	3.62	0.23
	管理和服务的创新能力	绩效	4.00	2.67	3.30	0.27
		重要性	4.17	3.00	3.64	0.24

从表中的数据可以看出，调查对象对二级指标的重要性排序依次为：环境保护能力、维护秩序与公平的能力、均等化区域公共服务的能力、保障基本公共服务能力、资源整合能力、政策执行能力、管理和服务的创新能力、保证生产能力、推动转型能力、主动学习能力、社会发展能力、促进消费能力、政策制定能力、资源获取能力，这与各指标所属的一级指标的排序基本一致。

二级指标的重要性排序与一级指标排序略有不同的是，调查对象认为环境保护指标和公共服务能力指标的重要性较为突出，说明调查对象对细化的更加清晰的指标有不一样的要求。从表4-8可以看出调查对象除了重视政府的经济发展能力以外，如何得到更好的环境与公共服务也是市民考察城市地方政府的重要标准，城市地方政府应当在环境保护与公共服务方面给予足够的重视。

（四）主、客观数据（三级指标）总体分析

1. 主观数据总体分析

主观数据是对地方政府发展能力三级指标的绩效评价，本研究根据发放的对象的类型差异分成两个部分进行探讨，分别是针对所有对象的通用指标与对公务员的内部指标。

本研究的三级通用指标共有 36 个，在问卷中以城市市民对该政府发展能力指标的满意度评价的方式呈现，经过回收统计 62 个样本城市的基本情况如表 4-9 所示：

表 4-9　政府发展能力三级通用指标综合评价的基本情况

			最大值	最小值	均值	标准差
经济发展能力	保证生产能力	有效引导地方经济健康运行的能力	4.19	2.71	3.29	0.28
		有效改善当地基础设施建设的能力	4.33	2.84	3.46	0.30
	促进消费能力	稳定当地物价水平的能力	3.70	2.36	3.17	0.28
		有效搭建消费平台的能力	4.03	2.81	3.33	0.24
		提高家庭消费水平的能力	3.72	2.57	3.23	0.24
	推动转型能力	促进产业升级的能力	4.19	2.57	3.24	0.29
		促进民营企业发展的能力	4.06	2.63	3.25	0.28
		促进科技创新的能力	4.36	2.38	3.21	0.35
社会发展能力	社会发展能力	当地生活的幸福感	4.08	2.71	3.46	0.26
		参与公共事务的渠道	3.89	2.38	3.23	0.27
		当地社会组织在公共事务中发挥的作用	3.94	2.62	3.25	0.27
	维护秩序与公平能力	社会治安状况（安全感）	4.32	2.90	3.62	0.27
		有效调解社会矛盾的能力	4.00	2.67	3.39	0.23
		个人发展机会的公平性	3.89	2.38	3.23	0.27
提供服务能力	保障基本公共服务能力	就业、养老等公共保障制度建设	4.04	2.62	3.36	0.28
		公共服务设施建设	4.32	2.84	3.44	0.30
		教育、卫生等社会事业的发展	3.85	2.62	3.33	0.29
	均等化区域公共服务能力	公共服务设施均等化程度	3.86	2.67	3.31	0.26
		医疗服务均等化程度	3.80	2.52	3.23	0.28
		教育资源均等化程度	3.79	2.38	3.18	0.29
	环境保护能力	环境质量（水、空气等）	4.08	2.14	3.16	0.49
		环境治理能力	4.11	2.24	3.13	0.38

			最大值	最小值	均值	标准差
资源利用能力	资源获取能力	吸引外来人才的能力	4.22	2.53	3.19	0.32
		有效引进项目的能力	4.17	2.74	3.26	0.29
	资源整合能力	与智库展开有效合作的能力	4.11	2.71	3.23	0.28
		与媒体构建良好关系的能力	4.03	2.80	3.35	0.25
		与企业实施有效协作的能力	4.00	2.87	3.30	0.25
科学履职能力	政策制定能力	决策的科学性	3.81	2.67	3.25	0.26
		政策制定过程中公众参与的有效性	3.74	2.33	3.16	0.27
	政策执行能力	机构设置合理性	3.78	2.71	3.29	0.24
		各部门的工作效率	3.78	2.57	3.22	0.27
		工作人员服务态度	3.86	2.62	3.29	0.27
学习创新能力	主动学习能力	激励公务员学习措施	5.00	1.00	3.39	0.79
		组织内部信息共享机制	5.00	1.00	3.31	0.74
	管理和服务的创新能力	政府对创新的重视程度	4.11	2.71	3.34	0.27
		政府的创新意识	4.08	2.71	3.31	0.27

　　从具体的指标来看，社会治安状况（安全感）（3.62）与当地生活的幸福感（3.46）的评分最高，而政府的环境治理能力（3.13）与环境质量（水、空气）（3.16）得分偏低，与二级指标相近的是公众对政府社会发展的评价较高，而对政府治理环境的评价偏低，说明近年来政法在改善民生与促进社会与经济平衡发展方面做出较大贡献，但是城市经济发展与环境发展如何平衡是未来地方政府必须面对的问题。

　　从标准差的方面来看，激励公务员学习措施（0.79）、组织内部信息共享机制（0.74）的标准差最大，其次环境质量（水、空气）（0.49）与政府环境治理能力（0.38）的标准差也较大，有效调解社会矛盾的能力（0.23）的标准差相对较小，同时大部分的三级指标的标准差都较为接近并处在0.3以下。由于对公务员的学习与培训在不同城市中存在较大的差别，同时不同城市的公务员对接受培训与学习态度也存在较大的差别，这共同决定了两项涉及公务员的三级指标呈现较大的离散性。三级指标与二级指标的离散程度相似的是，由于各城市的环境情况差异较大，公众对地方政府治理环境的评价差异也较大，而调节社会矛盾是地方政府的重要工作，各城市的公众评价相对较为一致。

2. 客观数据总体分析

课题组首先对客观数据进行整理与统计，由于客观数据的计量单位差异较大，无法直接进行横向的相互对比，因此课题组将客观数据特征分析的重点放在数据的离散性上。

对于数据离散性的分析，课题组在计算客观数据标准差的基础上，分别对不同指标的变异系数（变异系数=标准差/均值）进行计算，以此克服由于数据计量单位差异而带来的标准差差异。客观数据的基本情况如表4-10所示。

表 4-10　客观指标数据基本情况统计表

	均值	标准差	变异系数
地区生产总值（亿元）	5354.65	5982.89	1.12
地区生产总值增长率	8.19	2.44	0.30
城镇居民人均可支配收入增长率	8.76	3.69	0.42
居民消费价格指数	101.81	0.91	0.01
社会消费品零售总额（亿元）	2298.48	2408.74	1.05
第三产业比重	49.08	12.72	0.26
预期寿命	77.17	2.61	0.03
城镇登记失业率	3.02	0.77	0.26
城乡居民可支配收入比	2.32	0.51	0.22
千人口卫生技术人员数	13.06	34.42	2.64
千人口医疗床位数	9.21	17.18	1.86
政府在教育方面的财政支出占比	15.20	5.25	0.35
城市建成区绿地率	39.02	8.48	0.22
城市空气质量达二级以上的天数	257.02	64.14	0.25
城市污水处理率（%）	89.92	6.68	0.07

	均值	标准差	变异系数
税收收入增长率	6.31	11.43	1.81
一般性公共服务支出占财政支出的比重	13.07	15.82	1.21
财政收入增长率	6.70	7.14	1.07
财政支出占 GDP 的比重	19.32	9.85	0.51
全年发布政策文件数量	1393.58	3640.22	2.61
环境支持度指数	4.77	1.01	0.21
公务员年度创新建议数量	33.75	12.17	0.36
公务员年度参加培训次数	16.24	8.56	0.53
公务员每年用于学习提升的天数	3.70	2.05	0.55

从各个三级客观指标的变异系数来看，千人口卫生技术人员数（2.64）与全年发布政策文件数量（2.61）这两项指标的变异系数最大，这说明我国城市公共卫生服务的供给差别仍存在巨大差异，同时不同地方政府所管辖的事务复杂程度具有较大差异，因此不同类型的城市发布的政策文件数量差别较大。

另外千人口医疗床位数（1.86）、税收收入增长率（1.81）、一般性公共服务支出占财政支出的比重（1.21）、地区生产总值（亿元）（1.12）财政收入增长率（1.07）、社会消费品零售总额（亿元）（1.05）这几项指标也存在较大差异，这说明我国城市的经济基础与财政基础仍存在巨大差异，这也是未来政府提供公共服务与提升政府能力受到制约的重要因素，如何通过转移支付等各种方式提升政府发展能力，是中国地方政府与中央政府应当共同面对的问题。

与此相对的是城市污水处理率（0.07）、预期寿命（0.03）、居民消费价格指数（0.01）这几项指标的差别很小。主要是我国的城市污水处理率基本超过90%，同时预期寿命和国家发展情况相关，同时居民消费价格指数也与国家整体的货币发行与经济发展状况密切相关，因此城市间的差别不大。

综上所述，通过客观数据的分析，地方政府应当首先加强公共卫生服务的均等化，同时积极提升自身的发展基础，以求得减少不同地区的地方政府发展能力的差异，这可以促进我国城市的多中心发展，缓和当前大城市体量过大的问题。

（五）样本城市地方政府发展能力指数与总体排名

基于 62 个样本城市的数据，通过主客观综合赋权法，得到各级指标的权重，结果如表 4-11 所示。

表 4-11　指标体系中各级指标权重

综合指数	一级指标（核心能力）	权重	二级指标（分解能力）	权重	三级指标（主、客观数据）	权重
地方政府发展能力（指数）	发展经济能力	0.196	保证生产能力	0.077	地区生产总值	0.00382
					地区生产总值增长率	0.00591
					有效引导地方经济健康运行的能力	0.04391
					有效改善当地基础设施建设的能力	0.02321
			促进消费能力	0.031	城镇居民人均可支配收入增长率	0.00077
					居民消费价格指数	0.00127
					社会消费品零售总额	0.00026
					稳定当地物价水平的能力	0.00294
					有效搭建消费平台的能力	0.01917
					提高家庭消费水平的能力	0.00637
			推动转型能力	0.089	第三产业比重	0.00340
					促进产业升级的能力	0.03761
					促进民营企业发展的能力	0.02714
					促进科技创新的能力	0.02068
	发展社会能力	0.125	推动发展能力	0.072	预期寿命	0.00189
					当地生活的幸福感	0.01472
					参与公共事务的渠道	0.03296

综合指数	一级指标 （核心能力）	权重	二级指标 （分解能力）	权重	三级指标 （主、客观数据）	权重
					当地社会组织在公共事务中发挥的作用	0.02202
			秩序维护能力	0.054	城镇登记失业率	0.00474
					城乡居民可支配收入比	0.00226
					对社会治安状况的评价	0.01772
					调节社会矛盾的能力	0.00999
					对个人发展机会公平的评价	0.01915
	服务提供能力	0.240	保障基本公共服务的能力	0.133	千人口卫生技术人员数	0.00025
					千人口医疗床位数	0.00140
					政府在教育方面的财政支出占比	0.00699
					就业、养老等公共保障制度建设	0.04320
					公共服务设施建设	0.06684
					教育、卫生等社会事业的发展	0.01449
			均等化区域公共服务的能力	0.093	公共服务设施均等化程度	0.06780
					医疗服务均等化程度	0.00922
					教育资源均等化程度	0.01597
			环境保护能力	0.014	城市建成区绿地率	0.00043
					城市空气质量达二级以上的天数	0.00216
					城市污水处理率	0.00025
					环境质量	0.00193
					环境治理能力	0.00886
	资源利用能力	0.192	资源获取能力	0.127	税收收入增长率	0.00140
					一般性公共服务支出占财政支出的比重	0.00582

续表

综合指数	一级指标 （核心能力）	权重	二级指标 （分解能力）	权重	三级指标 （主、客观数据）	权重
					财政收入增长率	0.00942
					吸引外来人才的能力	0.04071
					有效引进项目的能力	0.07002
			资源整合能力	0.064	财政支出占 GDP 的比重	0.00153
					与智库展开有效合作的能力	0.04875
					与媒体构建良好关系的能力	0.00619
					与企业实施有效协作的能力	0.00772
	科学履职能力	0.137	政策制定能力	0.062	全年发布政策文件数量	0.00240
					决策的科学性	0.04530
					政策制定过程中公众参与的有效性	0.01445
			政策执行能力	0.075	环境支持度指数	0.00914
					机构设置合理性	0.02914
					各部门的工作效率	0.02643
					工作人员服务态度	0.01057
	学习创新能力	0.109	主动学习能力	0.077	公务员年度参加培训的次数	0.00702
					公务员每年用于学习提升的时间	0.02570
					激励公务员学习措施	0.03610
					组织内部信息共享机制	0.00815
			管理和服务的创新能力	0.032	公务员年度创新建议数量	0.00032
					政府对创新的重视程度	0.00045
					政府的创新意识	0.03158

　　将样本城市的主、客观数据（三级指标）标准化，再加权求和，可以得到分解发展能力（二级指标）、核心发展能力（一级指标）和地方政府发展能力指数。为了便于直观比较，本研究按照功效系数法将样本城市的标准化数值转换成 5～95 的数据列，转换公式如下所示：

$$Z_i = \frac{X_i - X_{min}}{X_{max} - X_{min}} \times 90 + 5$$

Z_i：第 i 项三级指标的转化得分；

X_i：第 i 项三级指标的标准化得分；

X_{min}：样本城市中该三级指标的最低标准化得分；

X_{max}：样本城市中该三级指标的最高标准化得分；

　　最终，计算可得 62 个样本城市的政府发展能力指数，如表 4-12 所示。

表 4-12　62 个样本城市的地方政府发展能力指数及排名

排名	地方政府所在地名称	地方政府发展能力指数	排名	地方政府所在地名称	地方政府发展能力指数
1	深圳市	95.00	32	拉萨市	47.96
2	杭州市	85.94	33	大连市	47.06
3	淄博市	82.79	34	乌鲁木齐市	46.59
4	大庆市	75.56	35	延边朝鲜族自治州	46.28
5	临沂市	74.52	36	信阳市	45.95
6	厦门市	71.85	37	郑州市	45.39
7	营口市	70.19	38	秦皇岛市	44.67
8	无锡市	69.52	39	忻州市	43.09
9	钦州市	68.75	40	福州市	43.00
10	上海市	67.81	41	哈尔滨市	42.36
11	重庆市	66.76	42	保定市	41.21
12	南京市	65.96	43	廊坊市	40.99
13	武汉市	64.62	44	邢台市	40.72
14	广州市	63.62	45	雅安市	40.68
15	天津市	63.59	46	红河哈尼族彝族自治州	40.51
16	合肥市	63.56	47	丽水市	39.90

排名	地方政府所在地名称	地方政府发展能力指数	排名	地方政府所在地名称	地方政府发展能力指数
17	黔南布依族苗族自治州	62.33	48	遂宁市	38.59
18	长沙市	62.06	49	呼和浩特市	37.73
19	成都市	60.93	50	太原市	37.11
20	沧州市	60.91	51	沈阳市	36.50
21	怒江傈僳族自治州	59.93	52	济南市	33.10
22	晋城市	57.35	53	淮安市	32.01
23	许昌市	56.89	54	衡水市	31.54
24	北京市	56.03	55	西安市	30.82
25	珠海市	54.89	56	海口市	28.01
26	莱芜市	53.65	57	泸州市	26.07
27	石家庄市	52.90	58	兰州市	25.75
28	贵阳市	52.49	59	周口市	23.51
29	临汾市	51.26	60	昆明市	18.10
30	广安市	49.82	61	凉山彝族自治州	17.93
31	长春市	48.87	62	平顶山市	5.00

（作者单位：南开大学周恩来政府管理学院）

第五章　地方政府核心发展能力（一级指标）总体分析

蒋　源

本研究将我国地方政府发展能力分解为六项核心发展能力，即 6 个一级指标，可以从政府施政结果和政府内部运行效果两个层面综合呈现政府的发展能力。在政府施政结果层面，用经济发展能力、社会发展能力和服务提供能力作为衡量指标；政府内部运行效果层面，则选择资源利用能力、科学履职能力和学习创新能力作为衡量标准。本章试图对地方政府核心发展能力进行分析，具体包括由三级指标标准化后加权求和所得的客观绩效评价，以及由问卷调查获得的对核心发展能力的主观绩效评价和重要性评价三个部分。

一、地方政府核心发展能力的客观绩效评价

（一）评价结果总体情况

本研究通过主、客观综合法，最终确定了各级指标的权重；通过三级指标的加权汇总得出地方政府核心发展能力指标的最终得分；考虑到数据之间量纲的差异和各地区经济发展水平的差异，对数据进行了 Z 值标准化处理。为了更直观地反映数据，用功效系数法将地方政府核心发展能力指标的最终得分转换成分值分布区间为 5~95 的数据列（见表 5-1）。

表 5-1　地方政府核心发展能力得分基本情况

指标	最大值城市	最小值城市	均值	标准差
经济发展能力	深圳市	平顶山市	41.50	16.76
社会发展能力	深圳市	平顶山市	56.66	16.69
服务提供能力	杭州市	平顶山市	53.15	19.55
资源利用能力	深圳市	周口市	38.67	17.28
科学履职能力	杭州市	平顶山市	53.25	18.85
学习创新能力	深圳市	平顶山市	62.87	16.51

从最终的结果来看，地方政府核心发展能力指标间存在一定差异。其中，学习创新能力的均值最高，而资源利用能力的均值最低。在 62 个样本城市中，深圳市的地方政府核心发展能力指标表现最为突出，除服务提供能力和科学履职能力不是最大值外，其余四项均为最大值；而平顶山市除资源利用能力不是最小之外，其余五项均为最小值。在同一指标各样本城市的差异方面，差异最大的是服务提供能力，差异最小的是学习创新能力。

（二）分析样本城市差异的原因

在地方政府核心发展能力指标中，得分差异最大的是服务提供能力。究其原因，可能与各城市服务型政府建设所处的阶段密切相关。服务提供能力是本课题具有特色的指标之一，将公共服务分为基本公共服务支持能力和均等化公共服务能力，并加入了环境治理的指标。在"现代化与后现代化"的影响下，不同地区将会面临不同程度的"两化叠加"情况：比如东部沿海发达地区在率先步入现代化建设的条件下，已经逐渐将工作重心逐步向处理后现代化问题转移；而中西部一些社会经济水平较为落后的地区，虽然同样面临着提升地区公共服务水平的社会诉求，但其政府工作重心仍然侧重于现代化建设。这也是由公共服务体系建设的经济基础和管理技术条件所决定的。

在均等化公共服务能力指标方面，杭州市、厦门市、深圳市、南京市、无锡市等位居前列，此外还有大庆市、淄博市等城市；而排名相对靠后的是平顶山市、昆明市、西安市、兰州市等中西部城市。在基本公共服务支持能力方面，厦门市、深圳市、杭州市等位于前列，而周口市、衡水市、兰州市、海口市等相对靠后。在环境治理方面，深圳市、厦门市、丽水市、杭州市等位于前列，而郑州市、西安市、廊坊市、济南市等相对靠后。

　　从服务提供能力指标排名来看，东部沿海的城市排名较高，而中西部的大多数城市排名相对靠后。这说明，不同地区的城市尚处于不同的发展阶段，对应的地方政府也相应处于不同的发展阶段。有些城市主要的任务是发展地方经济，稳定社会秩序，刺激地方经济的快速发展，而在促进基本公共服务均等化和治理环境方面能力有些欠缺。而有些城市因长期的经济发展已经集聚了大量的资源，经济依然处于稳定发展阶段。受服务型政府和国家治理体系现代化等执政理念的影响，这些城市开始重视服务型政府建设，促进地区经济和地区公平均衡发展，实现又快又好、可持续的发展。

二、地方政府核心发展能力的主观绩效评价

（一）评价结果总体情况

　　通过调查问卷的形式可以获取各级指标的主观评价，其中地方政府核心发展能力指标评价的基本情况见表 5-2。从数据结果来看，地方政府核心发展能力指标的评价差异不大，社会发展能力评价最高，资源利用能力评价最低；从各城市差异来看，经济发展能力评价差异最大，而服务提供能力评价差异最小。

表 5-2　地方政府核心发展能力指标总体评价情况

核心发展能力总体评价		极小值	极大值	均值	标准差
地方政府发展能力	经济发展能力	2.67	4.28	3.26	0.309
	社会发展能力	2.62	4.03	3.38	0.275
	服务提供能力	2.86	4.00	3.35	0.240
	资源利用能力	2.72	3.81	3.22	0.242
	科学履职能力	2.67	3.86	3.25	0.253
	学习创新能力	2.76	4.03	3.27	0.249

从表 5-2 可以看出，受访者对当地政府的评价相对满意，均值均大于 3 分（满分 5 分）。这说明，当前地方政府在经济发展、社会治理、提供服务、科学履职等方面所做的努力得到了公众的认可和支持。为进一步支持这一结论，对地方政府核心发展能力指标进行了单样本 T 检验（检测值为 3），结果如表 5-3 所示。受访者对当地政府的评价基本满意，地方政府核心发展能力的指标，均通过了检测值为 3 的单样本 T 检验。

表 5-3 地方政府核心发展能力指标单样本 T 检验（检测值=3）

核心发展能力总体评价		检验值=3			
		t	df	显著性（双尾）	均值差值
地方政府发展能力	经济发展能力	6.581	62	0.000	0.256
	社会发展能力	11.112	62	0.000	0.385
	服务提供能力	11.599	62	0.000	0.351
	资源利用能力	7.339	62	0.000	0.224
	科学履职能力	8.003	62	0.000	0.255
	学习创新能力	8.659	62	0.000	0.271

（二）受访者评价的差异性检验

尽管地方政府核心发展能力的指标均通过了单样本 T 检验，但受访者对地方政府能力的评价仍然存在着一定的差异。为探求这种差异，接下来将对地方政府核心发展能力指标的总体评价和性别、教育年限、收入等进行独立样本 T 检验。在所比对的变量中：年龄变量，35 岁为分割点；受教育年限变量，硕士为分割点；居住年限变量，15 年为分割点；收入变量，7500 元为分割点；了解程度变量，4 分为分割点；居住辖区变量，市辖区为一组，其余为一组。结果如表 5-4 所示。

在对地方政府核心发展能力指标进行主观评价时，男性和女性没有显著差异（如表 5-4 所示）。35 周岁以上的受访者对政府社会发展能力和政府学习创新能力的评价低于 35 周岁以下的受访者，均值差异分别为 0.002 和 0.072，在其他指标方面则不存在显著差异。研究生学历的受访者对社会发展能力、科学履职能力和学习创新能力的评价要低于研究生以下学历的

表 5-4   受访者人口学特点与评价结果独立样本 T 检验

		经济发展能力	社会发展能力	服务提供能力	资源利用能力	科学履职能力	学习创新能力
性别	T	0.621	0.125	0.601	1.576	0.659	0.856
	显著性	0.534	0.901	0.548	0.115	0.51	0.392
年龄	T	-1.387	-0.08	-1.479	-1.913	-1.457	-2.735
	显著性	0.165	0.936	0.139	0.056	0.145	0.006
教育程度	T	-1.48	-2.165	-1.572	-1.816	-3.293	-2.777
	显著性	0.139	0.031	0.117	0.069	0.001	0.006
居住年限	T	0.368	1.942	1.723	0.254	0.728	-0.571
	显著性	0.713	0.052	0.085	0.799	0.467	0.568
收入	T	2.258	0.392	0.119	0.548	-0.012	-0.558
	显著性	0.024	0.695	0.905	0.584	0.99	0.577
单位性质	T	-0.982	-2.994	-2.935	-2.114	-1.671	-1.796
	显著性	0.326	0.003	0.003	0.035	0.095	0.073
了解程度	T	8.231	7.48	7.381	5.963	5.838	5.815
	显著性	0	0	0	0	0	0
居住区类型	T	1.591	2.728	2.389	3.649	2.917	3.204
	显著性	0.112	0.006	0.017	0	0.004	0.001

受访者，均值差异为 0.045、0.027 和 0.051，其他指标不存在显著差异。居住年限大于 15 年的受访者对政府经济发展能力的评价低于居住 15 年以上的受访者，类似的指标还有资源利用能力，而在服务提供能力、科学履职能力和社会发展能力方面高于居住 15 年以上的受访者评价，在学习创新能力方面不存在显著差异。高收入群体对经济发展能力的评价高于低收入群体，均值差异为 0.046，在其他指标方面差异不明显。在政府部门、事业单位工作的受访者对政府社会发展能力、服务提供能力和资源利用能力的评价要高于在私人部门领域工作的受访者评价，均值差异为 0.082、0.079 和 0.056，在其他指标方面差异不显著。对所在城市了解程度越深的受访者对地方政府核心发展能力指标的评价越高，全部通过显著性检验，均值差异为 0.228、0.201、0.195、0.158、0.155、0.156，这个差异远大于居住年限、

收入等维度的差异。市辖区居民对地方政府核心发展能力指标的评价要低于郊县受访者的评价，除经济发展能力指标外，其他指标均通过了显著性检验，均值差异为 0.075、0.064、0.098、0.078 和 0.087。从 T 检验的结果来看，对地方政府核心发展能力指标的评价与居住年限、收入、工作单位、居住范围、居住年限等密切相关。

（三）受访者评价的 Logistic 回归分析

1. 假设与变量

"满意"是指一个人通过对一个产品可感知的效果（或结果）与他的期望值相比较后，所形成的愉悦或失望的感觉状态[①]。地方政府能力的满意度就是公众对地方政府能力的感知与他们的期望值相比较后所形成的失望或愉快的心理感受程度。对地方政府发展能力的评价就是受访者基于自身经历、直观感受和心理预期的满意度测量。因此，对地方政府核心发展能力指标的评价与地方政府实际表现、人口学特征和心理预期密切相关。鉴于地方政府的实际表现（即本报告其他章节涉及的客观数据）已然体现在地方政府能力中，而本部分着重探讨具有不同人口特征的人群对地方政府发展能力的评价差异，具体指的是对地方政府能力具有较高评价的人群具有什么特征。

发达国家的经验表明，个人及家庭收入与满意度关系显现"倒 U 形"关系，国内一些研究亦支持这类观点。但也有研究认为，不同收入的公众与收入满意度的评价存在较大差别：个人及家庭年收入在 2 万以下的人群整体上倾向于对收入不满意；随着收入增多，对收入的满意度逐渐升高，但提高的程度减缓；在年收入 10 万元以上的三个高收入区间段，收入增加并没有带来收入满意度的明显提高。[②]因此，在一些评价地方政府的研究中，往往将收入因素纳入其中。

在分析中国的许多问题时，理论界常常采用体制内和体制外的分析视角。受中国"上下对口、左右对齐"的职责同构模式，以及长时期的"官

---

①　菲利普·科特勒. 营销管理：分析、计划、执行与控制（英文版）[M]. 北京：清华大学出版社，1997：442-457.

②　郑方辉，王珺. 地方政府整体绩效评价中的公众满意度研究——以 2007 年广东 21 个地级以上市为例[J]. 广东社会科学，2008（1）：44-50.

本位""学而优则仕"等传统思想的影响，社会公众普遍推崇政府部门、事业单位等"体制内"的职位。在"体制内"任职的人员往往能够获取较高的社会地位和经济地位，能够掌握一定的社会话语权；另一方面，"体制内"的任职人员能够更切实地感受到政府运行和发展的实际情况。因此，是否具有体制内的工作往往与公众对政府的各项评价密切相关。类似的结论还有：社会地位对政府角色认知有显著影响。从事党政军机关、事业单位类工作的民众自评社会地位为中上层的比例要远高于自评为下层阶级的比例。在这些类型的单位工作的人员，毫无疑问会对国家具有很强的依赖性和认同感[1]。

与收入和职位密切相关的是教育年限，而受教育程度越高对政府的期待就越高，可能对政府各项能力的评价就越低。此外，理论界还试图研究年龄、生活时间、户籍情况等变量对地方政府发展能力的影响。

为进一步发展影响受访者评价的人口学特征，本研究进行了逻辑回归检验。因变量为"是否对地方政府核心发展能力指标满意"，将主观评价中的 1 分、2 分和 3 分定义为不满意，将 4 分和 5 分定义为满意；自变量分别为性别、年龄、学历、生活时间、户籍情况、居住辖区、对城市的了解程度、收入和单位性质。各个自变量的赋值情况与前文中 T 检验的赋值分界情况一致，如年龄为 35 岁以下赋值为 0，35 岁以上赋值为 1。

2. 数据分析结果

通过 SPSS 软件，分别对地方政府核心发展能力指标进行了 Logistic 检验，结果如表 5-5 所示。

地方政府经济发展能力。对地方政府经济发展能力评价影响显著的人口学特征变量是学历、生活时间、居住辖区、了解程度、收入和单位性质。在控制其他变量不变的情况下，本科及以下学历受访者满意的概率是研究生学历满意概率的 1.3 倍；居住时间在 15 年以下的受访者满意的概率是 15 年以上满意概率的 1.2 倍；居住在市区受访者满意的概率是居住在郊区受访者满意概率的 0.8 倍；不了解城市的受访者满意的概率是了解城市受访者概率的 0.5 倍；收入在 7500 元以下受访者满意的概率是收入在 7500 元

---

① 姬生翔，姜流. 社会地位、政府角色认知与公共服务满意度——基于 CGSS2013 的结构方程分析 [J]. 软科学，2017（1）：1-5.

以上满意概率的 0.7 倍；从事党政军机关、事业单位类工作的受访者满意的概率是从事其他工作满意概率的 1.15 倍。

表 5-5　地方政府核心发展能力 Logistic 回归检验

	经济发展能力		社会发展能力		服务提供能力		资源利用能力		科学履职能力		学习创新能力	
	B	Exp (B)	B	Exp（B）	B	Exp（B）	B	Exp（B）	B	Exp（B）	B	Exp（B）
性别	0.075	1.078	0.065	1.067	0.054	1.055	0.089	1.094	0.119	1.127**	0.099	1.104
年龄	0.104	1.109	0.09	1.094	0.159	1.172***	0.142	1.152**	0.128	1.137**	0.204	1.227***
最高学历	0.274	1.315***	0.464	1.59***	0.316	1.372***	0.264	1.302***	0.467	1.595***	0.397	1.488***
生活时间	0.158	1.171***	0.036	1.037	0.037	1.038	0.154	1.166**	0.05	1.052	0.145	1.157**
户籍情况	−0.009	0.991	−0.103	0.902	−0.053	0.949	−0.101	0.904	−0.122	0.885	0.003	1.003
居住的辖区	−0.219	0.803***	−0.185	0.831***	−0.208	0.812***	−0.36	0.698***	−0.266	0.767***	−0.236	0.79***
了解程度	−0.702	0.496***	−0.565	0.568***	−0.601	0.548***	−0.522	0.593***	−0.535	0.586***	−0.524	0.592***
月收入	−0.361	0.697***	−0.175	0.839**	−0.018	0.983	−0.127	0.88	−0.134	0.875	−0.038	0.963
单位性质	0.138	1.148***	0.218	1.243***	0.221	1.247***	0.144	1.155***	0.136	1.145**	0.201	1.222***
常量	−0.046	0.955	−0.198	0.821	−0.339	0.713	−0.452	0.637***	−0.566	0.568	−0.659	0.518

地方政府社会发展能力。对地方政府社会发展能力评价影响显著的人口学特征变量是学历、居住辖区、了解程度、收入和单位性质。在控制其他变量不变的情况下，本科及以下学历受访者满意的概率是研究生学历满意概率的 1.6 倍；居住在市区受访者满意的概率是居住在郊区受访者满意概率的 0.8 倍；不了解城市的受访者满意的概率是了解城市受访者满意概率的 0.6 倍；收入在 7500 元以下受访者满意的概率是收入在 7500 元以上满意概率的 0.8 倍；从事党政军机关、事业单位类工作的受访者满意的概率是从事其他工作满意概率的 1.24 倍。

地方政府服务提供能力。对地方政府服务提供能力评价影响显著的人口学特征变量是年龄、学历、居住辖区、了解程度和单位性质。在控制其他变量不变的情况下，35 岁以下受访者满意的概率是 35 岁以上满意概率的 1.2 倍；本科及以下学历受访者满意的概率是研究生学历满意概率的 1.4 倍；居住在市区受访者满意的概率是居住在郊区受访者满意概率的 0.8 倍；不了解城市的受访者满意的概率是了解城市受访者概率的 0.5 倍；从事党政军机关、事业单位类工作的受访者满意的概率是从事其他工作满意概率的 1.24 倍。

地方政府资源利用能力。对地方政府资源利用能力评价影响显著的人口学特征变量是年龄、学历、生活时间、居住辖区、了解程度和单位性质。在控制其他变量不变的情况下，35 岁以下受访者满意的概率是 35 岁以上满意概率的 1.15 倍；本科及以下学历受访者满意的概率是研究生学历满意概率的 1.3 倍；居住时间在 15 年以下的受访者满意的概率是 15 年以上满意概率的 1.2 倍；居住在市区受访者满意的概率是居住在郊区受访者满意概率的 0.7 倍；不了解城市的受访者满意的概率是了解城市受访者概率的 0.6 倍；从事党政军机关、事业单位类工作的受访者满意的概率是从事其他工作满意概率的 1.15 倍。

地方政府科学履职能力。对地方政府科学履职能力评价影响显著的人口学特征变量是性别、年龄、学历、居住辖区、了解程度和单位性质。在控制其他变量不变的情况下，35 岁以下受访者满意的概率是 35 岁以上满意概率的 1.14 倍；本科及以下学历受访者满意的概率是研究生学历满意概率的 1.6 倍；居住在市区受访者满意的概率是居住在郊区受访者满意概率的 0.8 倍；从事党政军机关、事业单位类工作的受访者满意的概率是从事其他工作满意概率的 1.15 倍。

地方政府学习创新能力。对地方政府学习创新能力评价影响显著的人口学特征变量是年龄、学历、居住辖区、了解程度和单位性质。在控制其他变量不变的情况下，35 岁以下受访者满意的概率是 35 岁以上满意概率的 1.23 倍；本科及以下学历受访者满意的概率是研究生学历满意概率的 1.49 倍；居住时间在 15 年以下的受访者满意的概率是 15 年以上满意概率的 1.16 倍；居住在市区受访者满意的概率是居住在郊区受访者满意概率的 0.8 倍；不了解城市的受访者满意的概率是了解城市受访者满意概率的 0.6 倍；从事党政军机关、事业单位类工作的受访者满意的概率是从事其他工作满意概率的 1.22 倍。

综上所述，学历、单位性质、了解程度和居住辖区对地方政府发展能力的地方政府核心发展能力指标均产生显著影响。学历偏低可能对地方政府各项发展能力满意；越了解地方政府实际情况的人越可能对发展能力满意；在"体制内"工作的受访者更可能对地方政府各项能力满意；居住在郊区的居民可能对地方政府各项发展能力满意；而收入因素仅对地方政府经济发展能力的评价产生显著影响，在其他能力方面并不显著；生活时间对经济发展能力、资源利用能力和学习创新能力产生显著影响；年龄对服务提供能力、资源利用能力、科学履职能力、学习创新能力的评价产生影响，年龄越低越可能满意；性别仅对科学履职能力评价产生影响，男性更可能满意。

3. 原因分析

在学历方面，学历越高越可能不满意地方政府的各项能力，这与示范效应和心理预期密切相关。一方面，研究生以上学历的评价可能受发达国家的示范效应影响。一般而言，研究生以上学历的受访者对发达国家地方政府公共服务均等化程度、发达国家公共服务供给水平、发达国家政策参与程度等问题有更多的直观感受和臆测。因此，在评价地方政府各项能力时会不自觉地受这种示范效应影响。但这种对比和评价缺乏可比性，发达国家政府各项能力不会受到现代化和后现代化同时带来的管理难题[①]的影响。这一点恰恰说明了，研究生以上学历的受访者有可能更倾向于用"后现代化"的标准来对正处于现代化发展阶段的地方政府进行评价；而研究生以下学历的受访者则更多地根据实际感受来评价地方政府的各项能力。另一方面，学历越高越可能不满意地方政府各项能力的原因，可能是心理预期有反差。学历越高的受访者可能在知识扩展面、接触国外经济社会发展水平等切身感知方面对中国政府的心理要求较高，而由于所处阶段和实际管理能力的差异，地方政府的实际表现可能不能满足受访者的心理预期，因此形成反差，这种反差就会带来负面的评价。

在职业方面，从事党政机关、事业单位等体制内工作的受访者，更可

---

① 也有学者将这种现象概括为"两化叠加"，详见朱光磊. 两化叠加：中国治理面临的大难题[N]. 北京日报，2016-10-24（013）.

能对地方政府的各项发展能力满意，这与其社会地位和了解程度密切相关。一方面，从事这些工作的人员一般获得了较高的社会地位，在社会中掌握着大量的政治资源和经济资源，因此，对"体制"有一种深刻的认同感和归属感，进而产生满意的评价。另一方面，从事党政机关、事业单位等"体制内"工作的受访者更可能了解地方政府的实际运行情况，对地方政府各项指标评价有更深刻的了解，如对地方政府学习创新能力的评价，对地方政府开展培训、与高等院校合作的情况更为了解，进而产生认同。而不在这些部门工作的受访者获取这些信息仅能从地方政府公布的信息来判断，或者更多地根据对地方政府的信任和经济表现情况进行间接评价，因此可能表现出不满意。

居住在市辖区的受访者更可能对地方政府发展能力不满意，这可能与生活成本、工作压力、竞争机会等多重因素相关。在市区居住，则要面临更严重的环境污染和高昂的生活成本，对地方政府各项能力的评价可能会受这些负面情绪的影响。而了解程度越深的受访者越可能满意各项能力，这可能与情感相关，对一个城市越是了解，说明其已经融入地方经济、地方文化之中，在社会融入中处于一种高层次融入的程度，而对城市不了解的受访者则可能更受经济融入的影响，因此产生了评价差异。

三、地方政府核心发展能力的重要性评价

（一）重要性评价结果总体情况

问卷获取了受访者对地方政府六项核心发展能力的重要性排序。通过统计分析，发现绝大多数民众认为政府经济发展能力最为重要，其次是社会发展能力，而学习创新能力最不重要（详见表5-6）。在对具有博士学位的受访者评价整理过程中，发现服务提供能力最为重要，之后由高到低依次是经济发展能力、社会发展能力、学习创新能力。

表 5-6　地方政府核心发展能力指标的重要性评价

指标	重要性评价均值	权重
经济发展能力	3.45	0.196
社会发展能力	3.16	0.125
服务提供能力	2.64	0.240
资源利用能力	1.90	0.192
科学履职能力	1.71	0.137
学习创新能力	1.76	0.109

（二）核心发展能力的重要性—绩效分析

受访者既对地方政府核心发展能力的指标进行了评价，也对地方政府核心发展能力的指标进行了重要性评价，但这两项评估结果却不一定是一致的。如受访者虽然对地方政府某项能力的评价较高，但却普遍认为该能力并不重要，这种现象可以理解为一种政府服务的"过度供给"；而对某项能力的评价较低，但却普遍认为该能力特别重要，这种现象可以理解为政府某项服务的"供给不足"。对于前者来讲，当地政府可以适当投入更多的精力到其他相对薄弱的能力建设，而对于后者，则是地方政府应当重点关注和发展的能力。

在经济发展能力方面，如图 5-1 所示，62 个样本城市总体上处在重要性认知较低，而实际绩效也不高的情况。其中杭州、淄博、临沂等城市属于过度供给，即公众对地方政府经济发展能力的评价较高，但认为其并没有那么重要；而西安、福州、济南、呼和浩特等城市则属于供给不足，即公众认为经济发展指标非常重要，但其实际工作效果并不理想。

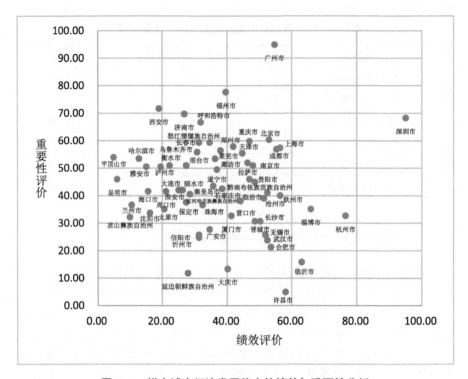

图 5-1　样本城市经济发展能力的绩效与重要性分析

　　在社会发展能力方面，如图 5-2 所示，总体上看，重要性认知普遍偏低，而绩效评价较为正面。具体来说，杭州、厦门、淄博、拉萨等城市属于过度供给，即公众对地方政府社会发展能力的评价较高，同时认为其指标重要性较低；而长春、太原和平顶山等城市属于供给不足，公众认为社会发展能力非常重要，但其实际工作成效并不突出。

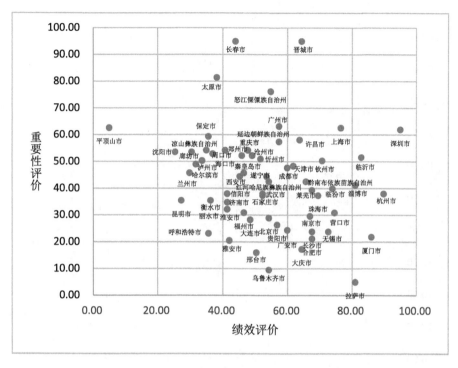

图 5-2　样本城市社会发展能力的绩效—重要性分析

　　在服务提供能力方面，如图 5-3 所示，总体上处在重要性评价较高但绩效表现较低的状况，是急需地方政府重视和发展的关键能力。杭州、长沙、广州等城市属于过度供给；而大部分城市如长春、衡水、周口和平顶山等属于供给不足，需要予以特别关注。

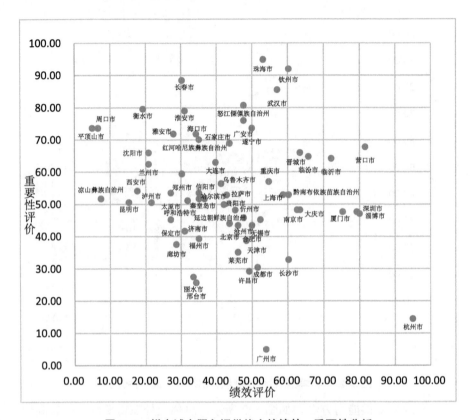

图5-3　样本城市服务提供能力的绩效—重要性分析

在资源利用能力方面，如图5-4所示，重要性认知较为一致，但是各样本城市的绩效差异却很明显，特别是如信阳、周口、平顶山、西安、衡水等城市，需要努力提升当地政府的资源获取和整合的能力。

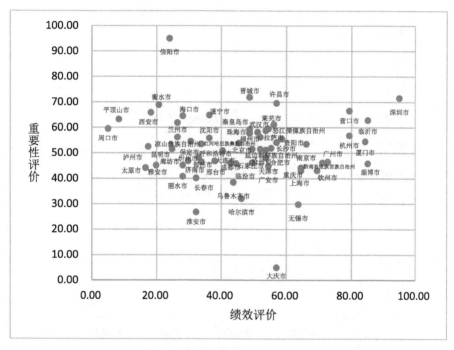

图 5-4　样本城市资源利用能力的绩效—重要性分析

在科学履职能力方面，如图 5-5 所示，样本城市的总体分布较为分散，地域差距明显。东部城市如杭州、深圳、营口、淄博等城市实际绩效评价较高，而中西部城市如平顶山、保定、雅安、周口等城市则评价较低。

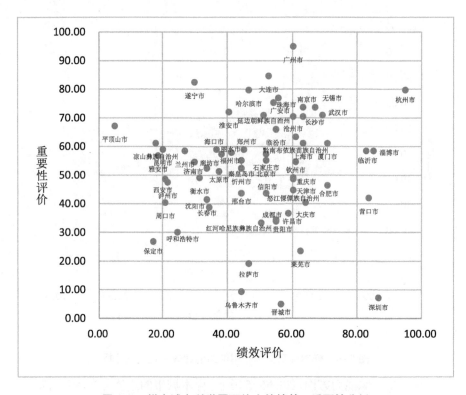

图5-5　样本城市科学履职能力的绩效—重要性分析

在学习创新能力方面，如图 5-6 所示，整体上处在一个供给不足的状况，即大多数样本城市的重要性评价较高，但普遍的绩效评价较低，是地方政府需要重点建设的能力。深圳市和杭州市在这一能力的建设上走在全国的前列，而大量的中西部城市需要进一步加强主动学习和管理服务的创新能力。

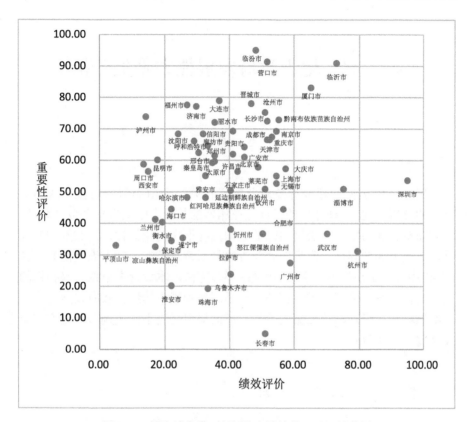

图 5-6　样本城市学习创新能力的绩效—重要性分析

　　总体来看，尽管大部分样本城市的绩效评价并不高，但对经济发展能力的重要性认知已经显著降低；社会发展能力则处在一个重要性认知低而绩效评价高的"过度供给"阶段，与学界的观点不太一致；资源利用能力的重要性认知较为集中，但实际绩效表现却极为分散，因城而异；而服务提供能力、科学履职能力和学习创新能力已经成为当前地方政府的最大短板，也就是"供给不足"的能力。

　　　　　　　　　　　　　　　（作者单位：广西民族大学政治与公共管理学院）

第六章　地方政府发展能力聚类分析

赵　岩

　　聚类分析是将物理或抽象对象的集合分组为由类似的对象组成的多种类的分析过程。这种分析的目标是在相似的基础上收集数据并以此分类，具有简单直观的特点。类别内部的数据具有很大的相似性，而类别间的数据具有很大的差异性。常见的聚类方法是系统聚类法、动态聚类法等，在SPSS 中提供了系统聚类和 K 均值聚类等方法。本章旨在根据一级指标的情况对样本城市进行分类，试图发现不同类别城市的地方政府发展能力、二级指标和三级指标等数据的差异，借此提出提高不同类别城市地方政府发展能力的对策建议。

一、样本城市的聚类分析

　　本章采取通过客观的系统聚类结果和主观的判断来确定最终的聚类数量，并采取 K 均值聚类方式确定聚类成员。首先利用 SPSS 软件对样本城市的 6 个一级指标进行系统聚类，结果如图 6-1 所示。根据系统聚类的结果，样本城市可以分为 2 类、3 类、4 类、6 类、12 类。其次根据各种分类的城市名单，综合 2015 年和 2016 年城市的聚类名单，确定最终的聚类数为 4 类。最后利用 K 均值聚类方法对样本城市进行聚类，各类的聚类中心如表 6-1 所示，ANOVA 分析如表 6-2 所示。

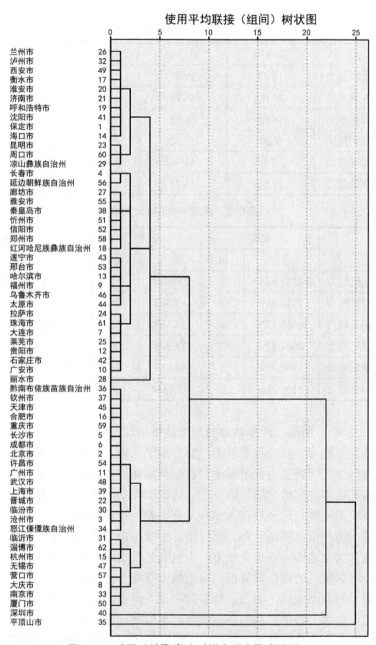

图 6-1　采用系统聚类法对样本城市聚类结果

表6-1　地方政府发展能力聚类中心

	第一类	第二类	第三类	第四类
经济发展能力	12.43	30.87	49.68	66.07
社会发展能力	24.00	46.95	63.19	84.95
服务提供能力	14.65	41.95	60.42	87.01
资源利用能力	9.26	27.32	47.15	64.79
科学履职能力	17.35	41.38	62.27	82.73
学习创新能力	35.98	56.73	69.70	75.75

表6-2　聚类 ANOVA 分析表

	聚类		误差		F	显著性
	均方	df	均方	df		
经济发展能力	4251.844	3	75.48	58	56.331	0.000
社会发展能力	4714.619	3	49.092	58	96.037	0.000
服务提供能力	6543.883	3	63.567	58	102.945	0.000
资源利用能力	4662.179	3	72.908	58	63.946	0.000
科学履职能力	5908.081	3	67.992	58	86.893	0.000
学习创新能力	2106.276	3	177.834	58	11.844	0.000

　　如表 6-1 所示，样本城市的聚类结果呈现出明显的同步增长的关系，即经济发展能力、社会发展能力、服务提供能力、资源利用能力、科学履职能力、学习创新能力都明显地表示出类别间的依次增长关系，而不是某一项或几项体现出依次增长的关系。这说明类别间的总体差异和各项指标差异都较为明显，这一点在 ANOVA 分析表中也可以看出。

　　第一类城市包括昆明市、周口市、平顶山市等在内的 4 个城市，这些城市包含欠发达地区的省会城市，也包括欠发达地区的内陆城市，资源禀赋、经济总量、地理位置等都与其他城市存在一定的差异。

　　第二类城市包括沈阳市、哈尔滨市、兰州市、拉萨市等 26 个城市，这些城市包含一些中东部的省会城市，也包括丽水、廊坊、信阳等城市，这些城市中大部分发展速度较快，已经具备了一定的基础，甚至有些城市在经济发展方面表现异常突出，但其他指标的能力表现欠佳。

第三类城市包括北京市、上海市、大连市、长沙市、天津市、重庆市等在内的 24 个城市，这类城市在经济发展、社会管理等方面都具有较好的表现。

第四类城市以深圳市、杭州市和厦门市为代表，从数据方面来看，这些城市在主观数据层面和客观数据层面都具有较为突出的表现。

二、四种类别城市的各级指标比较分析

（一）不同能力维度的比较

通过对各一级指标的得分进行分析可以发现，四类城市 6 个一级指标，即不同能力维度的表现具有显著的差异性，如图 6-2 所示。

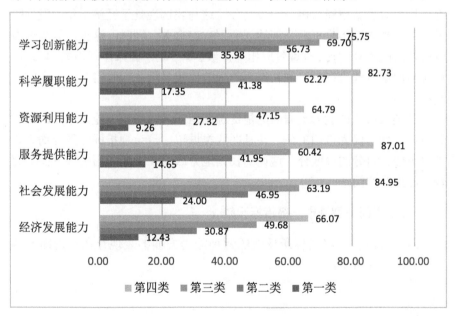

图 6-2　四类城市各一级指标的比较

从图 6-2 中可以看出四类城市之间差异性最大的指标是服务提供能力，该项能力在第一类与第四类城市之间的分差为 72.36。这就说明在政府能力提升的过程中，服务提供能力的提升速度最快。这与我国服务型政府建设和基本公共服务均等化的部署有关，也与我国不断深化改革的实践有关。

四类城市之间差异性最小的指标则是学习创新能力，该能力在第一类与第四类城市之间的分差仅为 39.77。其原因主要是不同城市政府社会管理趋同，这与我国的单一制体制有关，同时与我国的条块关系、党政关系和职责同构等都密切相关。在纵向上我国地方政府集体与中央保持一致，不同级别的地方政府拥有基本相同的政府架构，这促使地方政府在学习创新上拥有类似的能力。同时，学习创新能力中客观数据获取难度较大，更多地根据主观满意度和主观印象来赋值，使得评价趋于相近，进而导致其差距较小。

总体来看，各类城市的学习创新能力最强，在该项能力方面，四类城市得分的均值达到 59.54 分，并且在第一、二、三类城市中，该项指标的得分均为该类城市能力得分的最高分。这与我国现处于经济平稳的发展阶段有关，也与近年来不断强调的创新型政府有关。同时，这也可能与地方政府之间的相互学习、政策效应相互扩散、单一制的国家体制相关。总之，说明当前地方政府在学习创新方面的成效比较显著，同时得到了公众的广泛认可。

各类城市总体能力最弱的则是资源利用能力，在该项能力方面，四类城市得分均值仅为 37.13 分，并且在四类城市中，该项指标的得分均为该类城市能力得分的最低分。这说明我国地方政府在有效利用资源方面尚有较大的提升空间。

（二）不同类型城市一级指标比较

四类政府在一级指标所反映的六种能力方面的表现存在不均衡的特点，如图 6-3 所示。

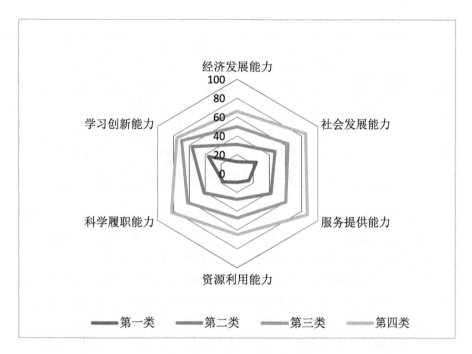

图6-3　六个一级指标雷达图

对于第一类、第二类和第三类城市而言，学习创新能力、社会发展能力相对较强，资源利用能力和服务提供能力相对较弱。第四类城市科学履职能力和服务提供能力比较突出，而经济发展能力和资源利用能力相对其他能力较弱。由于本年度评价地方政府发展能力时，各项一级指标均包含了主观与客观两类指标，因此四种类型政府在不同能力上存在差异的原因可以归纳为：其在不同能力方面的客观表现和民众对该能力的满意程度存在差异。本研究采用独立样本 T 检验的方法来检验类型间的一级指标差异的显著性，详见表 6-3 和表 6-4。

表6-3　第一类城市和其他类型城市的一级指标比较

	第一类和第二类			第一类和第三类			第一类和第四类		
	t	显著性	均差	t	显著性	均差	t	显著性	均差
经济发展能力	-4.80	0.01	-18.43	-9.55	0.00	-37.24	-8.32	0.00	-53.64

	第一类和第二类			第一类和第三类			第一类和第四类		
	t	显著性	均差	t	显著性	均差	t	显著性	均差
社会发展能力	-3.47	0.04	-22.95	-5.91	0.01	-39.19	-8.88	0.00	-60.95
服务提供能力	-6.93	0.00	-27.30	-11.64	0.00	-45.77	-17.73	0.00	-72.36
资源利用能力	-8.73	0.00	-18.06	-8.28	0.00	-37.88	-10.45	0.00	-55.52
科学履职能力	-4.79	0.01	-24.04	-9.13	0.00	-44.93	-11.26	0.00	-65.39
学习创新能力	-1.81	0.16	-20.75	-2.99	0.05	-33.72	-3.51	0.03	-39.77

从总体能力提升的角度对各类城市进行分析，建议各类城市着力提升能力的短板，实现能力的均衡发展。如表6-3所示，第一类城市和第二类城市相比，在六项一级指标上均小于第二类类型城市，差异最大的均是服务提供能力，均值差值为27.3，差异较小的均是资源利用能力和经济发展能力，差值分别为18.06和18.43，并且除学习创新能力外，均通过了显著性为0.05的统计学检验。第一类城市、第三类城市与第四类城市相比，在六项一级指标上均小于第三类城市和第四类城市，差异最大的均是服务提供能力，均值差值为45.77和72.36，差异最小的是学习创新能力，差值为33.72和39.77，所有指标均通过了显著性为0.05的统计学检验。

表6-4　第二类、第三类和第四类城市一级指标差异比较

	第二类和第三类			第二类和第四类			第三类和第四类		
	t	显著性	均差	t	显著性	均差	t	显著性	均差
经济发展能力	-8.99	0.00	-18.81	-9.17	0.00	-35.21	-4.05	0.00	-16.40
社会发展能力	-8.74	0.00	-16.24	-14.84	0.00	-38.00	-8.40	0.00	-21.76
服务提供能力	-7.87	0.00	-18.47	-17.41	0.00	-45.06	-10.31	0.00	-26.59
资源利用能力	-9.22	0.00	-19.82	-10.78	0.00	-37.46	-3.29	0.01	-17.64
科学履职能力	-9.37	0.00	-20.89	-10.88	0.00	-41.35	-5.57	0.00	-20.46
学习创新能力	-3.49	0.00	-12.97	-4.90	0.00	-19.02	-1.79	0.09	-6.05

第二类城市、第三类城市和第四类的城市的六项一级指标的差异性检验结果如表6-4所示。第二类城市和第三类城市在六项一级指标间存在明

显的差异，其中差异最大的是科学履职能力，差异最小的是学习创新能力；第二类与第四类城市在六项一级指标也存在明显的差异，差异最大的是服务提供能力，差异最小的是学习创新能力，并且都通过了显著性是 0.05 的统计学检验。而第三类城市和第四类城市中，除学习创新能力外，也体现出明显的差异，差异最大的是服务提供能力，差异最小的是经济发展能力。综上所述，四类城市之间呈现出较为明显的递增规律，即第四类城市在六项指标上高于第三类城市，第三类城市高于第二类城市，第二类城市高于第一类城市，这说明本研究的聚类结果较为理想，各类城市间存在着较为明显的差异。

（三）比较不同类型城市的二级指标

不同类型城市间的差异不仅体现在一级指标上，在二级指标上也存在着较为明显的差异，14 个二级指标的 T 检验统计，见表 6-5 和表 6-6。

表 6-5　第一类城市与其他类别城市二级指标比较

	第一类和第二类			第一类和第三类			第一类和第四类		
	t	显著性	均差	t	显著性	均差	t	显著性	均差
保证生产	-5.51	0.00	-17.96	-11.26	0.00	-37.51	-9.23	0.00	-53.35
促进消费	-3.86	0.02	-20.35	-7.52	0.00	-39.04	-8.93	0.00	-59.73
推动转型	-4.30	0.01	-18.21	-8.45	0.00	-36.48	-7.07	0.00	-51.98
推动发展	-3.36	0.04	-21.88	-6.14	0.01	-39.93	-8.96	0.00	-60.49
秩序维护	-3.52	0.03	-24.46	-5.46	0.01	-38.10	-8.58	0.00	-61.54
基本保障	-6.48	0.00	-23.02	-11.27	0.00	-40.59	-14.26	0.00	-65.82
均等化公共服务	-9.21	0.00	-31.46	-14.03	0.00	-49.58	-17.60	0.00	-74.77
环境治理	-0.78	0.48	-9.51	-1.57	0.20	-18.89	-3.11	0.04	-39.24
资源获取	-6.91	0.00	-17.20	-13.14	0.00	-37.04	-9.00	0.00	-53.02
资源整合	-6.11	0.00	-19.74	-8.41	0.00	-39.51	-13.47	0.00	-60.38
政策制定	-5.55	0.00	-26.38	-9.76	0.00	-46.75	-11.24	0.00	-66.39
政策执行	-3.66	0.03	-22.01	-11.81	0.00	-43.34	-9.86	0.00	-64.52
主动学习	-1.24	0.29	-15.10	-1.70	0.18	-20.52	-1.45	0.23	-17.93
管理创新	-4.75	0.01	-18.63	-9.74	0.00	-37.99	-9.88	0.00	-56.85

四类城市的二级指标间存在明显的差异，从直观来看呈现出明显的依次增加的趋势，即在十四项二级指标方面，第一类城市数值最小，第四类城市数值最大。如表6-5所示，这一直观表现也能得到统计学的支撑，除环境治理能力和主动学习能力外，其他十二项指标在第一类城市和第二类城市间存在明显的差异，其中差异最大的是均等化公共服务能力，差异最小的是推动发展能力；第一类和第三类城市间除环境治理和主动学习能力外，其他指标都存在显著差异，差异最大的是均等化公共服务能力，差异最小的是秩序维护能力；第一类城市和第四类城市间也存在明显的差异，除主动学习能力外，其余13个指标均存在显著差异，差异最大的是均等化公共服务能力，差异最小的是环境治理能力。

第二类城市、第三类城市和第四类城市的二级指标间也存在着显著的差异，详见表6-6。第二类和第三类城市之间，除主动学习能力外，其余13个二级指标间均存在显著的差异，其中差异最大的是政策执行能力，差异最小的是环境治理能力；第二类和第四类城市之间，除主动学习能力外，其余十三项指标均存在显著的差异，其中差异最大的是均等化公共服务能力，差异最小的是环境治理能力。第三类和第四类城市之间主动学习能力没有通过检验，而其他十三项指标均存在显著差异，其中差异最大的是秩序维护能力，差异最小的是资源获取能力。

表6-6　第二类、第三类和第四类城市二级指标差异比较

	第二类和第三类			第二类和第四类			第三类和第四类		
	t	显著性	均差	t	显著性	均差	t	显著性	均差
保证生产	-8.44	0.00	-19.55	-6.73	0.00	-35.40	-2.99	0.02	-15.84
促进消费	-7.25	0.00	-18.69	-7.97	0.00	-39.38	-5.28	0.00	-20.70
推动转型	-8.11	0.00	-18.27	-7.92	0.00	-33.77	-3.40	0.00	-15.50
推动发展	-8.57	0.00	-18.05	-13.94	0.00	-38.62	-7.48	0.00	-20.56
秩序维护	-6.51	0.00	-13.64	-13.85	0.00	-37.08	-8.54	0.00	-23.44
基本保障	-6.54	0.00	-17.56	-10.85	0.00	-42.80	-6.33	0.00	-25.23
均等化	-7.75	0.00	-18.12	-13.04	0.00	-43.31	-7.32	0.00	-25.19
环境治理	-2.12	0.04	-9.38	-5.08	0.00	-29.72	-3.65	0.00	-20.35
资源获取	-8.87	0.00	-19.84	-9.58	0.00	-35.82	-2.76	0.02	-15.98

	第二类和第三类			第二类和第四类			第三类和第四类		
	t	显著性	均差	t	显著性	均差	t	显著性	均差
资源整合	-8.76	0.00	-19.78	-8.89	0.00	-40.65	-4.36	0.00	-20.87
政策制定	-7.48	0.00	-20.37	-9.09	0.00	-40.01	-4.42	0.00	-19.64
政策执行	-9.68	0.00	-21.34	-11.58	0.00	-42.51	-6.23	0.00	-21.17
主动学习	-1.24	0.22	-5.43	-0.54	0.59	-2.83	0.53	0.60	2.60
管理创新	-7.65	0.00	-19.36	-7.75	0.00	-38.22	-3.84	0.00	-18.87

（四）不同类型城市三级指标比较

　　为了更清晰地比较不同类别城市的指标情况，本章对主要的三级指标，尤其是二级指标中差异较大的推动转型能力、政策执行能力、经济发展能力、均等化公共服务能力、政策制定能力的下属三级指标进行分析（类别间差异较大的三个指标见表 6-7），包括第三产业比重等客观数据，也包括公众对政府促进科技创新评价、对政府各部门职责分工合理性评价等主观数据。其中，第一类城市与其他类别比较见表 6-8，第二类和其他类别比较见表 6-9，第三类和第四类比较见表 6-10。

表 6-7　四类城市间差异较大的三个二级指标

	第一类	第二类	第三类	第四类
第一类		均等化公共服务的能力、政策制定、秩序维护能力	均等化公共服务的能力、政策制定、政策执行能力	均等化公共服务的能力、基本保障能力、政策制定能力
第二类			政策制定能力、政策执行能力、资源获取的能力	均等化公共服务能力、基本保障能力、政策执行能力
第三类				均等化公共服务能力、基本保障能力、秩序维护能力
第四类				

　　从表 6-8 可以看出，第一类城市和第二类城市比较方面，在选定的三级指标中，除全年发布政策文件数量、城镇登记失业率、城乡居民可支配

收入比外，其余指标均存在显著差异，差异较大的指标是医疗服务均等化程度、公共服务设施均等化程度指标；在第一类城市和第三类城市比较方面，除环境支持指数和政策文件数量外，其余指标存在较大差异，差异最大的依然是公共服务设施均等化程度、教育资源均等化程度等，此外，决策科学性评价差异较为明显；在第一类和第四类城市比较方面，除全年发布政策文件数量、政府在教育方面的财政支出占比和千人口医疗资源指标外，均存在显著差异，其中差异较大的是均等化相关指标、决策的科学性、公共服务设施建设主观评价等。

表6-8   第一类城市和其他类别城市主要三级指标比较情况

	第一类和第二类			第一类和第三类			第一类和第四类		
	t	显著性	均差	t	显著性	均差	t	显著性	均差
公共服务设施均等化程度	-9.76	0.00	-30.56	-14.65	0.00	-48.56	-18.96	0.00	-74.87
医疗服务均等化程度	-6.54	0.00	-30.68	-9.98	0.00	-47.93	-13.59	0.00	-70.49
教育资源均等化程度	-4.59	0.01	-28.88	-7.20	0.00	-44.15	-8.19	0.00	-61.12
全年发布政策文件数量	0.66	0.54	6.49	1.53	0.14	8.32	1.79	0.10	11.19
决策的科学性	-6.21	0.00	-27.05	-11.00	0.00	-48.49	-9.97	0.00	-68.78
政策制定过程中公众参与的有效性	-3.57	0.03	-24.49	-5.98	0.01	-41.30	-8.04	0.00	-58.72
城镇登记失业率	-1.24	0.24	-6.51						
城乡居民可支配收入比	-0.17	0.87	-0.72						
对社会治安状况的评价	-3.09	0.04	-20.42						
调节社会矛盾的能力	-4.37	0.02	-25.21						
对个人发展机会公平的评价	-3.00	0.05	-21.84						
环境支持度指数				-1.65	0.11	-25.73			
机构设置的合理性				-7.55	0.00	-43.89			
各部门的工作效率				-8.45	0.00	-42.46			
工作人员的服务态度				-10.73	0.00	-35.88			
千人口卫生技术人员数							-0.98	0.39	-14.27
千人口医疗床位数							-0.71	0.51	-12.89
政府在教育方面的财政支出占比							2.09	0.07	18.59
就业、养老等公共保障制度建设							-10.87	0.00	-62.67
公共服务设施建设							-12.69	0.00	-62.10
教育、卫生等社会事业的发展							-10.38	0.00	-65.58

表 6-9 第二类城市与其他类别城市主要三级指标比较情况

	第二类和第三类			第二类和第四类		
	t	显著性	均差	t	显著性	均差
全年发布政策文件数量	0.46	0.65	1.83			
决策的科学性	-7.45	0.00	-21.43			
政策制定过程中公众参与的有效性	-6.30	0.00	-16.81			
环境支持度指数	-1.80	0.08	-13.04	-0.88	0.40	-7.93
机构设置的合理性	-8.21	0.00	-21.79	-12.95	0.00	-45.61
各部门的工作效率	-6.18	0.00	-19.69	-8.32	0.00	-41.65
工作人员的服务态度	-8.35	0.00	-19.67	-9.45	0.00	-39.43
税收收入增长率	-0.51	0.61	-2.16			
一般性公共服务支出占财政支出比重	0.83	0.41	4.19			
财政收入增长率	-1.08	0.29	-4.88			
吸引外来人才的能力	-9.12	0.00	-20.30			
有效引进项目的能力	-8.64	0.00	-21.47			
公共服务设施均等化程度				-13.83	0.00	-44.32
医疗服务均等化程度				-11.69	0.00	-39.81
教育资源均等化程度				-6.14	0.00	-32.23
千人口卫生技术人员数				-0.60	0.56	-3.93
千人口医疗床位数				-1.24	0.25	-13.04
政府在教育方面的财政支出占比				0.25	0.81	1.85
就业、养老等公共保障制度建设				-10.27	0.00	-38.95
公共服务设施建设				-8.17	0.00	-40.68
教育、卫生等社会事业的发展				-9.00	0.00	-42.23

表 6-10 第三类和第四类城市主要三级指标比较情况

	t	显著性	均差
公共服务设施均等化程度	-7.78	0.00	-26.31
医疗服务均等化程度	-6.34	0.00	-22.56
教育资源均等化程度	-3.35	0.01	-16.97
千人口卫生技术人员数	-1.24	0.23	-8.06

	t	显著性	均差
千人口医疗床位数	-0.88	0.40	-9.40
政府在教育方面的财政支出占比	-0.77	0.45	-6.79
就业、养老等公共保障制度建设	-6.37	0.00	-23.56
公共服务设施建设	-4.70	0.00	-23.41
教育、卫生等社会事业的发展	-4.65	0.00	-21.46
城镇登记失业率	-1.13	0.28	-5.27
城乡居民可支配收入比	0.26	0.80	1.79
对社会治安状况的评价	-5.95	0.00	-23.58
调节社会矛盾的能力	-7.78	0.00	-22.27
对个人发展机会公平的评价	-4.60	0.00	-18.92

　　从表 6-9 可以看出，第二类和第三类城市比较方面，在选定的三级指标中除政策文件发布数量、税收收入增长率和财政收入增长率等 4 个指标没有通过显著性检验外，其余指标均存在显著的差异，差异较大的是对机构设置合理性和对决策科学性的评价。在第二类和第四类城市比较方面，在选定的三级指标中，除环境支持指数、千人口医疗床位数等 4 个指标没有通过显著性检验外，其余指标均存在显著的差异，在公共服务设施建设、公共服务设施均等化等主观评价方面差异较大。从表 6-10 可以看出，第三类和第四类城市中，千人口医疗床位数、城乡居民可支配收入比和在教育方面的财政支出占比等 5 个指标没有通过检验，而在对社会治安状况的评价、对教育卫生等社会事业的发展的评价、调节社会矛盾能力等指标存在较大差异。

三、结论

　　通过对地方政府发展能力的聚类分析可以发现，当前中国的地方政府发展能力之间存在显著的差异性，从不同类型地方政府发展能力提升的视角进行分析，可以归纳出如下提升路径。

　　第一，城市政府应通过全面提升各种能力实现总体发展能力提升。从四种类型城市的能力特征可以看出，在地方政府发展能力提升的过程中，不同能力维度呈现协同增长的特征。也就是说，在提升地方政府发展能力时，不应采取"单兵突进"方式。从不同类型政府的能力比较可以发现，虽然经济发展能力差异较大，但总体上各能力维度的增长趋势趋同。其原因与各能力维度之间的相互促进有直接关系，例如配置资源能力提升将促进经济发展，而经济发展的能力为城市政府更好地发展公共服务起到促进作用。因此，在提升地方政府发展能力的过程中，应当关注各能力维度的同步提升。

第二，着力提升公共服务提供能力，尤其是均等化区域公共服务的能力。从不同能力维度之间的差异分析可以看出，对于四种不同类型的城市政府而言，均等化区域公共服务的能力最为明显。基本公共服务均等化的目标就是促进居民消费的平等化，减少因财富、收入的不确定性而导致的消费差距过大①，尤其是教育、医疗和住房等方面的公共服务均等化。当前，我国仍面临着公共服务型政府仍未建立，公共财政制度尚不完善，地区间和城乡间公共服务差距悬殊；各级政府间的事权与财权关系划分不清，基层政府财政相当困难；转移支付制度总体设计存在缺陷，形式过多，结构不合理等问题②。自从党的十八大报告明确提出基本公共服务均等化总体实现的目标以来，各级地方政府对公共服务提供的关注程度就显著提升，但由于总体基础相对薄弱，因此未来仍有较大提升空间，尤其是在基本公共服务支持能力方面应着力提升。在均等化的内容和时间方面，"均等化"是要将公共服务差距控制在可以接受的范围之内并逐步缩小差距，而不是一步走到绝对意义上的"平均化"。基本公共服务均等化的理念应当树立，但在操作层面，还只能作为一个渐进过程，向远期目标积极努力地靠近。也就是说，不同发展阶段上，对政府责任的具体边界需要做合理的动态掌握，按照一个正确的大方向，循序渐进，既尽力而为，又量力而行，才能取得意愿方向上的较好效果。③此外，应当注意的是，公共服务提供能力不是简单的基础设施建设和维护能力，除了"硬件"之外，更应当注重"软件"的发展，包括公共服务意识的提升、服务方式的创新、服务流程的改

---

① 刘尚希. 基本公共服务均等化:现实要求和政策路径[J]. 浙江经济，2007（13）：24-27.

② 安体富，任强. 公共服务均等化：理论、问题与对策[J]. 财贸经济，2007（8）：48-53，129.

③ 贾康. 公共服务的均等化应积极推进，但不能急于求成[J]. 审计与理财，2007（8）：5-6.

进等。

第三，不同类型城市应结合自身特点在进一步突出优势的同时补足短板。从数据分析的结果可以看出，除了总体能力差异之外，不同类型城市的能力特征具有相对显著的差异性，各自的优势与短板不同。其中第一类和第二类城市的能力优势在于社会管理，短板在于资源利用和经济发展能力；第三类城市的优势在于社会管理和服务提供，短板在于资源利用；第四类城市则相对处于发展的后期，各项能力相对均衡。从地方政府发展能力不断提升的角度分析，除了全方位发展外，还应当结合自身特点，突出优势，弥补短板，从而使能力建设更为均衡。

（作者单位：湖南大学法学院）

第三部分 中国地方政府发展能力评估结果特征分析

在对地方政府发展能力进行综合分析的基础上，为了更好地认识不同类型地方政府的共性特征和差异性，本部分将使用不同的分类方式对样本城市进行分类，从而分析不同类型地方政府的能力特征。具体包括不同地区地方政府发展能力特征分析、城市群地方政府发展能力特征分析、不同行政级别地方政府发展能力特征分析以及不同人口规模城市地方政府发展能力特征分析四个部分。在分析不同类型地方政府发展能力特征的基础上，本部分还将进一步尝试提出提升不同类型的地方政府发展能力的路径，以期对实际工作有所指导。

第七章 不同地区地方政府发展能力的特征分析

陆聪颖

由于改革开放以来，我国实施的是差异化梯度区域发展战略，从非均衡发展逐步过渡到均衡发展，各地区发展水平差异较大，地方政府发展能力水平也不尽相同。目前学界对于不同地区地方政府发展能力特征的分析和研究还不成熟，学者们主要是从经济发展的角度分析不同地区经济发展方式和水平的差异，缺少基于城市政府在经济发展、社会发展、服务提供、资源利用、科学履职及学习创新等方面能力的系统分析。因此，本部分将针对不同地区地方政府发展能力的特征进行分析，以期更加全面、系统地研究我国城市政府的发展情况。

一、类型划分：不同地区的划分标准

本章主要分析不同地区地方政府发展能力的特征，对"地区"的界定，主要依据的是国家对"经济区域"的划分方法。确定这一划分依据主要是出于以下三个因素的考虑：第一，地方经济社会发展状况不仅影响地方政府发展能力，而且是其能力的一个客观呈现；第二，中国经济区域的划分，是以各地区经济社会的发展状况为主要依据的，但也考虑了地理位置因素等；第三，这一视角顺应了党中央、国务院对区域发展战略的重大部署，分析结果对各地区城市政府能力提升及其结构优化具有较强的启示意义。

按照区域经济学中对区划的说明，经济区划是根据区域经济发展水平和特征的相似性、经济联系的密切程度，或者根据国家经济社会的发展目标与任务分工，对国土进行的战略性划分。经济区域是以劳动地域分工和各具特色产业为基础的地理区域，是未来我国经济发展的主要空间组织结构。经济区域划分是结合社会劳动地域分工的特点和区域经济发展的特征，对要素空间分布状况进行的战略性划分，是研究经济发展的重要领域，对我国制定区域发展战略和各项政策具有重要意义。

　　针对经济区域划分的问题，国内学者基于不同角度以及不同的基本原则和方法，形成了若干个不同的经济区划方案。1987 年，国家"七五"计划首次提出我国经济区域按东、中、西三大经济地带或地区的划分方法，在之后的全国"九五"计划和 2010 年远景目标纲要中，国家仍采用这种划分方法。李善同、侯永志依据空间上相互毗邻、自然条件和资源禀赋结构相近等九大原则，把中国大陆划分为 8 大经济区域，包括东北地区、北部沿海地区、东部沿海地区、南部沿海地区、黄河中游地区、长江中游地区、西南地区和大西北地区①。孙红玲等以缩小经济差距、统筹区域协调发展为目标，提出构建经济中心带经济腹地的泛珠三角、泛长三角和大环渤海"三大块"新经济区域②。马庆林按照区域内部、区域之间协调发展的要求，采用外部扰动一致性标准划分经济区域，将全国划分为 5 个经济区域，分别为北方经济区、长江流域经济区、东南经济区、西南经济区和西北经济区③。此外，还有诸如"十大经济区""九大城市经济区""七大流域经济区"等不同的划分方式。

　　本章所研究的政府发展能力是指地方政府（城市政府）动员、协调市场与社会力量，以较低成本、恰当的方式设定和履行自身职责，实现地区全面发展和自身发展的能力。既包括促进地区全面发展的能力，也包括政府自身发展的能力。目前，一些学者从城市发展的单一指标入手，进而研究城市政府某一方面的能力发展现状及问题。何艳玲提出，城市政府能力是城市政府通过公共服务供给减少市民需求与市民满足之间差异的能力④。这一能力又可具体区分为需求识别能力、服务供给能力、学习成长能力等三个维度⑤。王鹏等则从政府创新能力入手，研究我国区域创新能力存在的不平衡发展的现象，提出我国区域创新能力分布与区域经济发展状况都

---

① 李善同，侯永志. 中国大陆：划分八大社会经济区域[J]. 经济前沿，2003：12-13.

② 孙红玲，刘长庚. 论中国经济区的横向划分[J]. 中国工业经济，2005（10）：27-34.

③ 马庆林. 中国经济区域划分与区域经济协调发展问题研究[J]. 南方金融，2009（7）：27-28.

④ 何艳玲. 中国城市政府公共服务能力评估报告[M]. 北京：社会科学文献出版社，2013：2.

⑤ 何艳玲，郑文强. 回应市民需求：城市政府能力评估的核心[J]. 同济大学学报，2014（6）：56-57.

存在明显的地区差异性；影响区域创新能力的关键因素与各地区的经济基础相关；创新产出指标对三大地区提升创新能力的作用存在地区差异性①。这一类研究多从城市政府内部的经济发展、公共服务、创新能力等具体发展指标入手，并未对城市政府总体发展情况进行地区划分，进而比较不同地区地方政府发展能力方面的差异性。

还有一部分学者，主要着眼于不同地区经济发展方面存在的问题以及地区间经济发展水平的差异性。周腰华等学者基于八大经济区视角分析了中国县域经济增长的差异与趋同状况，指出八大经济区区域间的经济差异是中国县域经济差异的主要来源，而区域内县际的经济差异则处于相对次要地位，并基于此提出对策建议②。吉玫成等则从新城发展的角度，对我国东、中、西三大区域进行了比较研究，分析在城市化和经济快速发展推动下新城建设的机制，并提出对策建议③。郭先登指出在新常态经济社会发展形态下，践行好国家实施的区域发展总体战略和实现城市发展新跨越的具体策略，提出需要透彻认识指导区域发展和城市发展新跨越的理性逻辑；全面深度对接国家发展战略体系，实现"城市管理"向"城市治理"的跨越；精准把握国家"供给侧结构性改革"成果，创新符合域情的"供给侧结构性改革"的具体操作模式④。

此外，部分学者从区域发展战略角度入手，对我国区域发展特别是经济发展的变迁及地区差异性进行了分析。薄文广指出，国家的区域发展战略在后金融危机时期随着外部环境和挑战的变化发生了相应的改变，相应的，地方政府也要对此及时做出回应，转变经济增长驱动方式，推动多级增长；培育地方可持续发展能力；提高地方政府发展的主动性等⑤。刘应杰归纳了我国区域发展战略的演变路径及区域发展政策的变化，提出在区

---

① 王鹏，高妍伶俐. 中国区域创新能力差异的实证研究——兼评各地区创新能力的影响因素[J]. 南京工业大学学报，2017（1）：121-128.

② 周腰华，王振华，张广胜. 基于八大经济区视角的中国县域经济增长差异与趋同分析[J]. 当代经济管理，2017（2）：59.

③ 吉玫成，罗小龙. 新城发展的时空差异：对我国东中西三大区域的比较研究[J]. 现代城市研究，2015（9）：84-86.

④ 郭先登. 践行好区域发展总体战略 实现城市发展新跨越[J]. 环渤海经济瞭望，2016（6）：3.

⑤ 薄文广. 中国区域发展战略的演进及对地方政府的启示[J]. 南开学报（哲学社会科学版），2013（5）：113.

域经济协调发展中，中、西部地区要实现赶超的跨越式发展，要在转型发展中加快调整经济结构和转变经济发展方式，并重点实施"四大战略"，即工业化、城镇化战略，强基固本战略，比较优势发展战略和富民为本战略。[①]

通过对相关文献的梳理，发现目前学界对于不同地区地方政府发展能力特征的分析和研究还不成熟，学者们主要是从城市发展的经济、公共服务和创新能力等单一指标或者从地区经济发展的角度，分析不同地区经济发展方式和水平的具体情况以及区域发展战略和发展政策的变化等，缺少基于城市政府在经济发展、社会发展、服务提供、资源利用、科学履职及学习创新等方面能力的系统分析。因此，本部分将针对不同地区地方政府发展能力的特征进行分析，以期更加全面、系统地研究我国城市政府的发展情况。

二、评估结果：东部高、西部低，且能力结构不均衡

本章主要分析不同地区城市政府的发展能力特征，即地区差异对政府的经济发展、社会发展、服务提供、资源利用、科学履职及学习创新等方面的能力的影响，以及在政府发展能力上的表现。

（一）样本选取

每一种经济区划都是从不同角度、适应不同需要、使用不同标准、在不同的层次上进行的。鉴于此，结合本章所要分析的主要内容和数据收集情况，根据国家统计局 2011 年 6 月 13 日的划分办法[②]，本章将全国划分为东部、中部、西部和东北四大地区。在本年度确定的 62 个样本城市中，东部地区包括北京、天津、河北等 10 个省、直辖市，共 25 个样本城市；中

---

① 刘应杰. 我国区域发展战略与区域经济新格局[J]. 区域经济评论，2013（1）：49.

② "为科学反映不同区域的社会经济发展状况，为党中央、国务院制定区域发展政策提供依据，根据《中共中央、国务院关于促进中部地区崛起的若干意见》《国务院发布关于西部大开发若干政策措施的实施意见》以及党的十六大报告的精神，现将中国的经济区域划分为东部、中部、西部和东北四大地区。"资料来源：中华人民共和国国家统计局. 东西中部和东北地区划分方法，中华人民共和国国家统计局网站，2011 年 6 月 13 日。

部地区包括山西、安徽等5个省，共12个样本城市；西部地区包括四川、内蒙古、重庆等10个省、直辖市和自治区，共18个样本城市；东北地区包括辽宁、吉林、黑龙江3个省，共7个样本城市。

样本分布情况如表7-1所示。

表7-1　不同地区城市政府样本分布情况

地区	省、直辖市、自治区	样本城市
东部地区	北京、天津、河北、上海、江苏、浙江、福建、山东、广东、海南，共10个	北京、天津、上海、深圳、广州、珠海、石家庄、保定、沧州、衡水、廊坊、秦皇岛、邢台、福州、厦门、海口、杭州、淮安、济南、淄博、莱芜、丽水、临沂、南京、无锡，共25个城市
中部地区	山西、安徽、河南、湖北、湖南，共5个	太原、合肥、长沙、晋城、临汾、平顶山、武汉、忻州、郑州、信阳、许昌、周口，共12个城市
西部地区	内蒙古、广西、重庆、四川、贵州、云南、西藏、陕西、甘肃、新疆，共10个	呼和浩特、重庆、成都、广安、贵阳、红河哈尼族彝族自治州、昆明、拉萨、兰州、凉山彝族自治州、泸州、怒江傈僳族自治州、黔南布依族苗族自治州、钦州、遂宁、乌鲁木齐、西安、雅安，共18个城市
东北地区	辽宁、吉林、黑龙江，共3个	沈阳、长春、哈尔滨、大连、大庆、延边朝鲜族自治州、营口，共7个城市

（二）不同地区地方政府发展能力的现状分析

为了更加全面系统地对不同地区地方政府发展能力进行分析，课题组通过发放问卷以及搜集各样本城市的客观数据，经过标准化和可操作处理，计算出了东、中、西及东北四个地区样本城市发展能力指数，并通过计算各项指标的权重，得出了样本城市的一级、二级和三级指标的分数，为进一步进行现状分析和研究提供了数据支持。

1. 不同地区地方政府发展能力的总体评价

通过比较四个地区样本城市政府发展能力的均值可以发现，东部地区城市政府综合发展能力指数要高于中西部及东北三个地区，地方政府发展能力总体水平较高；其次是东北地区，地方政府发展能力仅低于东部地区；西部地区城市政府发展综合能力相对较低，中部地区政府能力发展水平略高于西部地区，但是总体上两个地区地方政府发展能力较为接近，如图7-1所示。

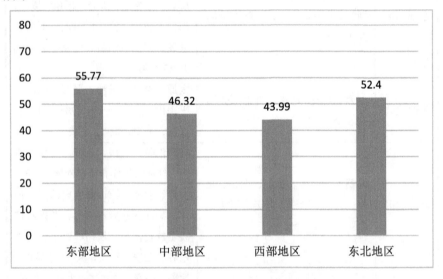

图7-1　不同地区地方政府发展能力均值

进一步采用独立样本T检验，比较四个地区地方政府发展能力的均值，如表7-2所示。在统计学意义上，东部地区显著高于西部地区，而与其他地区之间的差异并不显著，其他地区之间的差异也不显著。从均值差值上看，东部地区城市政府能力的均值高于中部、西部及东北地区，西部地区低于东部、中部及东北地区。该表可以初步表明，东部地区政府发展能力一定程度上高于其他三个地区，特别是西部地区，但是与中部和东北地区的差异并不显著，中部、西部和东北地区之间的也不存在显著差异。

表 7-2　不同地区地方政府发展能力的均值比较

分组变量		均值 T 检验						
		t	df	显著性（双侧）	均值差	标准误差	95%置信区间	
							下限	上限
东部地区	中部地区	1.509	22.830	0.145	9.28021	6.29245	-3.44814	22.00856
	西部地区	2.207	41	0.033	11.56452	5.23998	0.98217	22.14687
	东北地区	0.592	11.643	0.565	3.92821	6.63759	-10.58318	18.43959
中部地区	西部地区	0.373	21.584	0.713	2.28431	6.12281	-10.42782	14.99643
	东北地区	-0.717	14.401	0.485	-5.35200	7.45986	-21.31015	10.60614
西部地区	东北地区	-1.155	11.300	0.272	-7.63631	6.61201	-22.14232	6.86970

2. 不同地区地方政府核心发展能力分析

四个地区地方政府发展能力一级指标均值如图 7-2 所示。总体来看，各地区城市政府在学习创新能力、科学履职能力、服务提供能力和社会发展能力方面表现较为突出；而资源利用能力和经济发展能力则相对较弱。各地区城市政府能力的发展趋势都比较均衡。从区域间的比较来看，东部地区除科学履职能力以外的五项核心能力得分均位列第一。东北地区除了在学习创新能力和科学履职能力领先于东部地区以外，其他各项指标得分均位列第二。西部和中部地区地方政府发展能力总体较弱，在经济发展能力、服务提供能力、科学履职能力方面，中部地区领先于西部地区，而学习创新能力、社会发展能力和资源利用能力方面西部地区则领先于中部地区。从内部结构来看，东部地区城市政府在经济发展能力、社会发展能力、服务提供能力、科学履职能力和学习创新能力等五项指标中均有突出表现，但资源利用能力方面则相对较弱；中部和西部地区城市政府在学习创新能力、社会发展能力、服务提供能力和科学履职能力方面具有较高发展水平，但在经济发展能力和资源利用能力方面则相对不足；东北地区城市政府在社会发展能力、科学履职能力、服务提供能力和学习创新能力方面具有发展优势，但经济发展能力和资源利用能力则相对偏低。

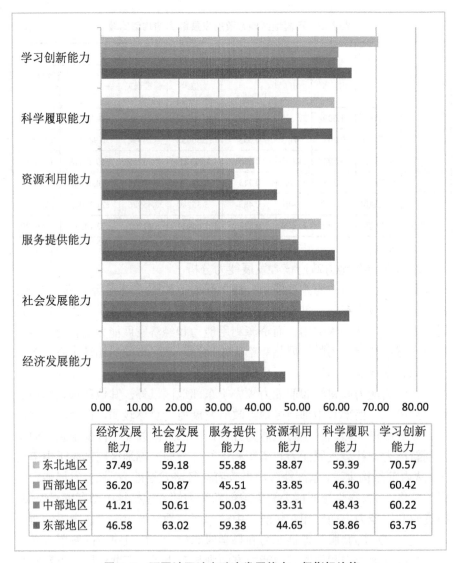

	经济发展能力	社会发展能力	服务提供能力	资源利用能力	科学履职能力	学习创新能力
■ 东北地区	37.49	59.18	55.88	38.87	59.39	70.57
■ 西部地区	36.20	50.87	45.51	33.85	46.30	60.42
■ 中部地区	41.21	50.61	50.03	33.31	48.43	60.22
■ 东部地区	46.58	63.02	59.38	44.65	58.86	63.75

图 7-2　不同地区地方政府发展能力一级指标均值

　　进一步采用独立样本 T 检验，比较了四个地区地方政府发展能力六项一级指标，即经济发展能力、社会发展能力、服务提供能力、资源利用能力、科学履职能力和学习创新能力等指标的均值。如表 7-3 所示，经过比较发现,在统计学意义上,东部地区在社会发展能力上显著高于中部地区,在经济发展能力、社会发展能力、服务提供能力、科学履职能力上显著高于西部地区,而其他各项能力在地区之间的差异并不显著。中部、西部及东北地区之间地方政府发展能力各项一级指标差异不显著。

表7-3　不同地区地方政府发展能力一级指标均值比较 T 检验结果

分组变量	经济发展能力		社会发展能力		服务提供能力		资源利用能力		科学履职能力		学习创新能力	
	t	显著性	t	显著性	t	显著性	t	显著性	t	显著性	t	显著性
东部—中部	0.889	0.383	2.040	0.049	1.286	0.212	1.998	0.056	1.560	0.133	0.557	0.584
东部—西部	2.027	0.049	2.490	0.017	2.431	0.019	2.021	0.050	2.158	0.037	0.742	0.462
东部—东北	1.586	0.132	0.546	0.622	0.412	0.689	0.854	0.410	-0.083	0.935	-0.776	0.460
中部—西部	0.850	0.404	-0.401	0.967	0.638	0.531	-0.093	0.926	0.311	0.758	0.336	0.740
中部—东北	0.579	0.571	-1.170	0.260	-0.608	0.554	-0.781	0.449	-1.477	0.159	-1.057	0.313
西部—东北	-0.230	0.821	-1.359	0.201	-1.242	0.245	-0.731	0.479	-1.995	0.065	-1.165	0.279

3. 不同地区地方政府核心发展能力分解分析

四个地区地方政府发展能力的 14 项二级指标均值如图 7-3 所示,东部地区在除均等化区域公共服务、环境保护、政策执行和主动学习能力之外的 10 项指标中的得分都是最高的,其中环境保护能力得分低于东北地区和西部地区,主动学习能力得分最低;中部地区的各项指标得分较为均衡,但是在环境保护、资源获取、资源整合和推动发展能力 4 项指标中得分最低。西部地区总体得分较低,在保证生产、促进消费、推动转型、秩序维护、保障基本公共服务、均等化区域公共服务、政策制定、政策执行以及管理和服务创新能力 9 项二级指标中得分垫底,但是在环境保护、主动学习方面得分较高。东北地区在均等化区域公共服务、环境保护、政策执行和主动学习能力 4 个方面得分最高,同时在推动发展、秩序维护、资源获取、资源整合、政策制定、管理和服务的创新能力方面表现较好,但在推动转型能力方面的表现较差。

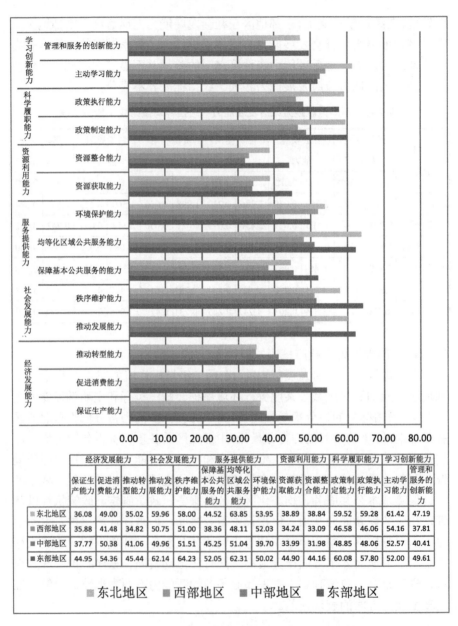

	经济发展能力			社会发展能力		服务提供能力			资源利用能力		科学履职能力		学习创新能力	
	保证生产能力	促进消费能力	推动转型能力	推动发展能力	秩序维护能力	保障基本公共服务的能力	均等化区域公共服务能力	环境保护能力	资源获取能力	资源整合能力	政策制定能力	政策执行能力	主动学习能力	管理和服务的创新能力
东北地区	36.08	49.00	35.02	59.96	58.00	44.52	63.85	53.95	38.89	38.84	59.52	59.28	61.42	47.19
西部地区	35.88	41.48	34.82	50.75	51.00	38.36	48.11	52.03	34.24	33.09	46.58	46.06	54.16	37.81
中部地区	37.77	50.38	41.06	49.96	51.51	45.25	51.04	39.70	33.99	31.98	48.85	48.06	52.57	40.41
东部地区	44.95	54.36	45.44	62.14	64.23	52.05	62.31	50.02	44.90	44.16	60.08	57.80	52.00	49.61

■ 东北地区   ■ 西部地区   ■ 中部地区   ■ 东部地区

图 7-3　不同地区地方政府发展能力二级指标均值

（1）经济发展能力分析

在经济发展能力方面，东部地区的保证生产、促进消费和推动转型能力的得分都是最高的；中部地区三项二级指标得分紧随东部地区之后；东北地区三项经济发展能力的二级指标得分均位列第三；西部地区的得分都是最低的。通过独立样本 T 检验发现，东部地区地方政府的促进消费能力和推动转型能力要显著高于西部地区的地方政府，但与中部地区和东北地区的差异在统计学上并不显著；而其他三个地区的城市之间也并无显著的差异，如表 7-4 所示。经济发展是各个地方政府关注的重点，是城市发展的基础和原动力，改革开放以来，我国实施的是差异化梯度区域发展战略，从非均衡发展逐步过渡到均衡发展，因此各地区发展水平差异较大，地方政府经济发展能力和水平也不尽相同。东部地区凭借其地理位置和资源、政策等方面的优势，地区经济发展水平、居民收入及消费水平较高，政府在稳定物价、促进消费、推动产业升级转型和科技创新等方面的能力较强。而西部地区市场经济发展起步较晚，加之地理位置和自然环境等方面的不利因素，导致其政府经济发展能力较低，落后于其他三个地区。东北地区传统上是我国的老工业基地，其经济发展曾经辉煌，但随着我国经济发展由工业经济向知识经济转变，东北地区传统工业优势逐渐消失，在这一转型过程中，地方政府经济发展方面的能力得分受到了较大的影响。

表 7-4　不同地区地方政府经济发展能力二级指标均值比较 T 检验结果

分组变量	保证生产能力		促进消费能力		推动转型能力	
	t	显著性（双尾）	t	显著性（双尾）	t	显著性（双尾）
东部—中部	1.136	0.267	0.606	0.550	0.737	0.468
东部—西部	1.764	0.085	2.284	0.028	2.035	0.048
东部—东北	1.449	0.169	0.781	0.449	1.925	0.070
中部—西部	0.309	0.760	1.369	0.185	1.059	0.300
中部—东北	0.243	0.811	0.179	0.860	0.996	0.334
西部—东北	-0.035	0.973	-1.105	0.291	-0.038	0.970

（2）社会发展能力分析

在社会发展能力方面，东部地区城市政府在两项二级指标的表现都是最好的，中部地区和西部地区则分别在推动发展能力和秩序维护能力方面垫底。通过独立样本 T 检验比较均值，结果如表 7-5 所示，东部地区地方政府的推动发展能力显著高于中部和西部地区，但与东北地区的差异并不显著；其他地区之间在推动发展能力和秩序维护能力方面没有显著差异。导致这种结果的原因可能与各地区市场经济发育水平相关。东部沿海地区是中国市场经济改革的先驱，市场发育水平较高，其社会结构分化和利益诉求复杂化程度也更为深刻，这就对政府推动发展能力提出了更高要求。相应的，这些地区的地方政府在推动发展方面也积累了充足的经验，社会组织和公众参与社会公共事务的渠道较多，市民对社会治安状况的评价较高，个人发展机会相对公平。而中部和西部地区在开展市场经济改革上的时间要滞后于东部沿海地区，市场发育程度也相对较低，这使得政府把更多的资源放在推动经济发展方面，在推动社会发展方面乏力，应对由城市化和工业化"叠加"的社会问题上还缺乏足够的经验与能力。东北地区在社会发展能力的两项二级指标中也有不俗的表现，这与其工业发展所积累的经济基础有关。但未来如果不能有效地找到新的经济增长点，则有可能导致这两项二级指标不升反降。

表 7-5　不同地区地方政府管理社会能力二级指标均值比较 T 检验结果

分组变量	推动发展能力		秩序维护能力	
	t	显著性 （双尾）	t	显著性 （双尾）
东部—中部	2.162	0.038	1.791	0.089
东部—西部	2.462	0.018	1.874	0.068
东部—东北	0.536	0.601	0.258	0.802
中部—西部	−0.124	0.903	−0.459	0.652
中部—东北	−1.411	0.177	−1.090	0.295
西部—东北	−1.545	0.146	−0.883	0.401

（3）服务提供能力分析

在服务提供能力方面，东部地区地方政府仅在保障基本公共服务能力方面的得分最高，其均等化区域公共服务能力得分低于东北地区，环境保护能力得分低于东北地区和西部地区。中部地区在环境保护能力方面得分垫底，保障基本公共服务能力得分位列第二，均等化区域公共服务能力得分位列第三。西部地区在保障基本公共服务和均等化区域公共服务能力方面的得分最低，但环境保护能力得分较高。东北地区在均等化区域公共服务和环境保护能力方面的得分最高，在保障基本公共服务能力方面仅高于西部地区。经过独立样本 T 检验，东部地区的保障基本公共服务的能力和均等化区域公共服务的能力显著高于西部地区，而与其他两个地区差异不大；中部地区地方政府的环境保护能力显著低于西部地区；其他能力在地区间的差异并不显著，如表 7-6 所示。东部地区由于城市发展起步早、水平高，政府在公共服务设施建设、教育、卫生、养老和就业等方面的人力物力投入及制度体系相对其他地区更为完善，因此保障基本公共服务的能力较强。但是，由于在发展地区经济的过程中，未能很好兼顾环境和公平，因此地方政府的环境保护和均等化区域公共服务能力与其政府发展能力的总体水平相比尚有欠缺。而东北地区和西部地区虽然在保障基本公共服务的能力方面得分较低，但是环境保护能力较强，基本符合我国目前的实际状况。

表 7-6　不同地区地方政府服务提供能力二级指标均值比较 T 检验结果

分组变量	保障基本公共服务的能力		均等化区域公共服务的能力		环境保护能力	
	t	显著性（双尾）	t	显著性（双尾）	t	显著性（双尾）
东部—中部	0.953	0.351	1.602	0.124	1.657	0.110
东部—西部	2.474	0.018	2.494	0.017	-0.355	0.725
东部—东北	0.949	0.364	-0.179	0.862	-0.559	0.586
中部—西部	1.017	0.322	0.414	0.683	-2.083	0.047
中部—东北	0.094	0.926	-1.325	0.208	-1.960	0.070
西部—东北	-0.779	0.456	-1.819	0.101	-0.283	0.782

（4）资源利用能力分析

在资源利用能力方面，东部地区地方政府在两项二级指标上的表现仍是最好的，而中部地区地方政府的两项能力得分均为最低，这表明中部地区地方政府目前在资源利用能力方面还有所欠缺。进一步对两项二级指标做独立样本 T 检验，如表 7-7 所示。从统计学意义上来看，东部地区在资源整合能力方面较为显著地高于中部和西部地区，这也与东部地区经济发展水平较高、资源整合技术等较成熟有关。中部地区地方政府在资源获取和资源整合能力方面得分普遍低于其他地区，表明了目前中部地区面临的发展困境。其他地区间在资源获取能力方面并没有统计学意义上的显著区别。从各项二级指标的对比分析中可以看出，资源获取和资源整合能力是各地区地方政府发展能力的短板，其原因可能与当前中国经济所处的"新常态"阶段有关。随着国家整体上经济增速的放缓，政府在税收和其他财政收入方面的水平也会相应受到一定的影响。在经济增长速度换挡期，增强对现有资源的合理获取和有效整合、提高资源利用效率，成为各地区，尤其是西部和中部地区城市政府着力推进的工作。

表 7-7　不同地区地方政府资源利用能力二级指标均值比较 T 检验结果

分组变量	资源获取能力		资源整合能力	
	t	显著性（双尾）	t	显著性（双尾）
东部—中部	1.803	0.083	2.023	0.053
东部—西部	1.845	0.073	2.006	0.052
东部—东北	0.758	0.464	0.750	0.468
中部—西部	−0.043	0.966	−0.183	0.856
中部—东北	−0.697	0.499	−0.910	0.380
西部—东北	−0.681	0.509	−0.804	0.437

（5）科学履职能力分析

在科学履职能力方面，东部和东北地区地方政府具有较为明显的优势，其中东部地区的政策制定能力略高于东北地区，而政策执行能力则略低于东北地区。中部地区和西部地区在这政策制定和政策执行能力方面总体较弱且水平相当。进一步做独立样本 T 检验，结果如表 7-8 所示。在统计学意义上，东部地区在政策制定能力和政策执行能力方面的得分显著高于西部地区，两地区存在显著差异。其他地区在这两项二级指标上差异不显著。从数据收集情况来看，东部地区更加注重政策制定的科学性，而且政策制定过程中公众参与的有效性较高,政策制定能力和政策执行的有效性较强。东北地区政府则在机构设置方面更为合理，各部门工作效率较高且公务员的服务态度较好。

表 7-8　不同地区地方政府科学履职能力二级指标均值比较 T 检验结果

分组变量	政策制定能力		政策执行能力	
	t	显著性（双尾）	t	显著性（双尾）
东部—中部	1.624	0.118	1.642	0.115
东部—西部	2.240	0.031	2.158	0.037
东部—东北	0.090	0.929	−0.118	0.908
中部—西部	0.317	0.754	0.192	0.850
中部—东北	−1.462	0.162	−1.496	0.155
西部—东北	−2.021	0.059	−1.873	0.084

（6）学习创新能力分析

在学习创新能力方面，总体来看，不同地区间的地方政府发展较为均衡，得分的差距不大。东北地区地方政府在主动学习能力方面得分最高，东部地区在管理和服务创新能力方面表现最好，但是在主动学习能力方面得分最低。经过进一步的独立样本 T 检验，在统计学意义上，东部地区地方政府在管理和服务创新能力方面的表现显著优于西部地区，而其他地区在主动学习能力、管理和服务创新能力两项二级指标上的表现差异不显著，结果如表 7-9 所示。具体分析收集到的各项主客观数据，东北地区地方政府公务员参加培训和学习的时间较长,政府比较重视激励公务员开展学习，东部地区地方政府及其公务员的创新意识较强，注重政府的管理方式和服务提供模式等的创新。学习创新能力是地方政府未来发展的重要能力之一，地方政府总体能力的提升反过来又会推动学习创新能力的提升，二者相互促进，共同发展。

表7-9　不同地区地方政府学习创新能力二级指标均值比较结果

分组变量	主动学习能力		管理和服务创新能力	
	t	显著性（双尾）	t	显著性（双尾）
东部—中部	−0.094	0.926	1.491	0.149
东部—西部	−0.506	0.616	2.134	0.039
东部—东北	−1.065	0.317	0.337	0.743
中部—西部	−0.279	0.783	0.410	0.686
中部—东北	−0.921	0.377	−0.887	0.391
西部—东北	−0.849	0.423	−1.323	0.211

三、提升路径：结合地区特点以创新带动政府发展能力提升

由于受到经济社会状况和发展基础等因素的影响，四个地区地方政府发展能力在结构上体现出了一定的差异性特征。但是，在经济转型和社会转型这一"双重转型"的宏观背景下，各地区城市政府能力又呈现出相似的时代性特征。这些"差异性"与"一致性"有助于进一步认识和分析不同地区城市政府能力发展的特征，并在此基础上归纳出相关的优化路径。根据数据分析的结果，不同地区地方政府能力提升应重点关注以下几个方面。

第一，重视"创新社会发展能力"在政府能力提升中的作用。从前文的分析讨论中已知，不同地区政府在社会发展水平上存在较大差异，加之国家"双创"政策的施行，使得"创新社会发展能力"成为了加强政府能力建设的一个着力点。根据目前收集到的主、客观数据及相应的分析，在社会发展能力的二级指标中，东部地区和东北地区城市政府的推动发展能力较之其他地区具有更高的水平，具体到三级指标上，东部和东北地区应

当更加突出促进个人发展和化解社会矛盾等方面的制度创新。而中西部地区(特别是中部地区)城市政府在推动发展和秩序维护能力方面水平较低,因此,这两个地区在创新社会管理过程中,应注重加强政府管理与促进社会发展二者的协同推进,尤其要注重"社会规制工具"在政府社会管理中的开发运用,在稳定社会秩序、调节社会矛盾的同时,重视公民和社会组织在社会公共事务中的地位和作用,促进社会和谐发展。

第二,加强服务提供能力建设仍然是各地区政府面临的共同课题。四个地区城市政府都不同程度地面临着"现代化"与"后现代化"叠加所带来的公共服务难题。这意味着,地方政府在推动经济转型的同时,还要满足民众日益增长的公共服务需求。因此,应当结合各地区经济社会的基础条件和发展水平,实行"共同推进,梯度发展"的建设策略。一方面,经济发展水平较高的东部和东北地区城市政府,应逐渐将职责重心向提供公共服务方面转移,尤其是要继续加强促进就业、医疗卫生、基础教育等基本公共服务能力建设。同时,还要注重均等化区域公共服务能力的发展,促进社会公平。另一方面,中部、西部地区的经济基础和发展水平与东部和东北地区相比还存在一定差距。这种差距决定了这两个地区的地方政府在加强提供服务能力建设的同时,还应注意该项能力与经济发展和社会发展能力的协同推进,警惕公共服务提供的过度"超前"。此外,经济发展水平较高的东部地区,环境保护能力较低,这与东部地区长期的经济发展方式和国家及地方政府的发展战略有关。因此,东部地区在今后的城市发展过程中应提高环境保护的意识和能力,创新经济发展方式,推动地方经济可持续发展,不能继续以牺牲环境、浪费资源为代价片面追求经济的高速发展。

第三,各地区要合理获取、科学整合资源,提高资源利用的效率和效果。根据前文的各项一级指标和二级指标的分析发现,各地区在资源利用方面得分普遍较低,特别是中部地区,在资源获取和资源整合两项二级指标中得分均为最低。这在一定程度上反映了目前中部地区城市发展的困境,一方面,中部地区经济发展水平有限,对企业、项目、人才等资源的吸引力不足,财政收入增长缓慢;另一方面,政府与智库、企业的协作能力不足,政策科学性及有效性不足,同时财政支出结构不合理,又进一步降低了该地区对项目和人才的吸引力。由于区域发展是通过识别并优化当前资源配置中的问题，提升区域资源整合能力而实现的①，区域发展的关键问题之一就是能否有效、高效地配置本地区的各类资源，并持续提升区域的资源整合能力。因此，包括中部地区在内的四个地区城市政府在发展的过程中，要注意合理获取、整合资源（包括人力资源和物力资源），特别是人力资源，因为一个地区只有拥有源源不断地吸引优秀人才的能力，才能在城市发展过程中掌握有利资源，提高发展水平，从而推动城市各项能力的发展。资源利用水平较低的地区，可以制定和实施一系列人才引进计划并采取有效的激励措施。同时，还应注重引进有巨大发展前景的优秀项目和企业来本地区发展，在为地区全面发展提供所需资源的同时，也提高了资源利用能力和水平。

第四，提高政府学习创新能力，建设学习型政府。总体来看，四个地区在学习创新能力方面的得分在不同地区间差距不大，但与其他能力相比尚有差距。其中，东北地区城市政府在主动学习能力方面得分最高，东部地区在管理和服务创新能力方面表现最好，但是在主动学习能力方面得分最低。这在一定程度上反映了当前我国地方政府面临的学习创新现状。当前我国政府面临的创新领域十分广泛，诸如体制创新、机制创新、制度创新、组织创新、方法创新、手段创新、观念更新、理论创新等。为了深化体制改革、促进政府管理全面创新，需要推进学习型政府建设，而真正的学习型政府建设，也必将推动体制改革和政府管理全面创新。因此，对于各地区城市政府而言，要增强创新意识，明确发展要求，揭示管理和服务创新的规律，建立政府管理创新体系，为创新服务提供方式。同时，政府要注重建立并完善公务员学习进修制度，定期安排公务员参加业务培训课程，鼓励公务员积极为政府管理和服务建言献策，为各个层次改革的协调、平衡与深化提供支持。

---

① 翟磊. 服务于区域资源整合能力提升的地方政府职能转变研究——基于项目组合管理理论[J]. 天津社会科学，2012（6）：92.

四、结论

总体来看，四个地区地方政府发展能力结构与国家区域发展战略要求趋向一致，根据本研究搜集到的样本城市的主、客观数据分析可知，各地区在地方政府能力发展的各项指标上均存在着各自的优势和不足，在经济发展能力、社会发展能力、服务提供能力、资源利用能力、科学履职能力和学习创新能力等方面仍存在优化调整空间。此外，与往年相比，由于样本城市的选取和四个地区地方政府发展能力的具体指标设置均有所调整，所以，各地区具体指标得分情况也发生了变化。具体来看，本章可得出以下结论：

第一，改革开放以来，我国在区域发展方面逐渐形成了"沿海地区优先发展""西部大开发""振兴东北""中部崛起"的发展战略。各地区城市政府在国家区域发展战略的总体布局和引导下，形成了具有区域特色的政府发展能力结构。其中，东部地区政府在地区经济发展、推动区域科技创新、促进产业结构调整、优化资源配置方式等方面具有突出引领作用；中部地区城市政府总体来看，各项政府发展能力水平相对均衡，但水平较低；西部地区总体得分较低，但在环境治理、主动学习方面表现突出；东北地区城市政府在社会发展、科学履职、提供服务和学习创新能力方面具有优势。

第二，当前各地区地方政府发展能力结构与全国地区战略发展要求仍存在较大差距，这与各地区的总体发展方式和发展水平等因素有关。东部地区由于其地理位置和资源、政策等方面的优势，总体发展水平和政府发展能力较强，而西部地区市场经济发展起步较晚，加之地理位置和自然环境等方面的不利因素，导致其政府发展能力总体较差，落后于其他三个地区。四个地区地方政府发展能力的不足之处具体表现为：东部地区政府需要进一步推进均等化区域公共服务和环境保护的进程，注重提高政策执行和主动学习能力；中部地区在环境保护、资源获取、资源整合方面水平较低，需要城市政府重点做出调整；西部地区政府总体能力水平有待提高，特别是在经济发展、社会发展、科学履职和学习创新能力方面仍有较大的提升空间；东北地区城市政府则应在经济发展能力和资源利用能力方面继续加强。

第三，对比往年不同地区地方政府发展能力的总体特征分析和核心能力的分析情况可知，虽然有个别指标的情况发生了改变，但是总体上四个地区地方政府发展能力的差异依然显著。这说明以地区作为划分依据对我国地方政府发展能力进行比较分析具有重要参考价值。根据对四个地区地方政府发展能力各项指标的分析可以发现，在不同的指标下四个地区地方政府的发展能力表现有所差异，存在各自的优势和不足。因此，各地区地方政府在加强政府发展能力建设时，应充分发挥当地优势，弥补能力短板，并对国家区域发展战略进行"在地化"改良实施，避免"盲目跟风"和"一刀切"式的建设思维，实现地方政府发展能力的协调发展。

（作者单位：南开大学周恩来政府管理学院）

第八章　城市群地方政府发展能力分析

杨智雄

　　城市群的构建是在长期地理演化的基础上，国家发展战略的需要。其目的是通过发挥城市群内部核心城市的"辐射效应"，以点带面地促进区域发展。这种辐射，既包括产业的转移与市场的聚集，也应该包括政府发展进程的连带效应。本部分将以我国当前的主要城市群为研究对象，对城市群间和城市群内地方政府的发展能力进行分析，并尝试提出城市群地方政府发展能力提升的可行路径。

一、类型划分：城市群的定义及分类

　　当前，中国已进入深化改革的发展新阶段。长期以来，地方政府竞争的"锦标赛"[①]机制在高速发展经济的过程中发挥了一定程度的作用，但这种发展模式弊端明显，地方发展方式的同质性、恶性竞争等问题阻碍了总体协调发展。针对这些问题，国内学界开始倡导"伙伴型府际关系"[②]，各级政府也逐渐意识到区域内部城市间合作发展的重要性。城市群发展战略正是顺应这一变化的产物。

（一）问题的提出：城市化背景下的城市群地方政府发展能力的提升

　　2006年中国"十一五"规划中指出"要把城市群作为推进城市化的主体形态，逐步形成以沿海及京广京哈线为纵轴，长江及陇海为横轴，若干

---

① 周黎安. 中国地方官员的晋升锦标赛模式研究[J]. 经济研究，2007（7）：36-50.
② 张志红. 地方政府社会管理创新中的伙伴关系研究[J]. 南开学报，2013（4）：19-25.

城市群为主体,其他城市和小城镇点状分布……形成若干用地少、就业多、要素聚集能力强,人口分布合理的新城市群"[①]。2011 年,"十二五"规划中提出要构建"以陆桥通道、沿长江通道为两条横轴,以沿海、京广京哈、包昆通道为三条纵轴,以轴线上若干城市群为依托……的城市化战略格局"[②]。2016 年 3 月,"十三五规划"中明确指出要加快"城市群建设发展"[③],中国开始了以城市群为载体的区域协调发展阶段。2017 年 1 月 20 日,国务院常务会议通过《国务院关于北部湾城市群发展规划的批复》,自此中国共建有 6 个国家级城市群。

　　长期以来,在中央政策的引导和中国实际情况的双重作用下,东部沿海地区、各地区的中心城市在经济发展、社会建设和政府发展上进步迅速,多数已经进入现代化阶段的后期,甚至已经完成了现代化,这不仅体现在产业结构的提升、生活质量的改善等社会性现象上,也反映在政府发展的进程中。政府内部的运行更加扁平化,政府的重心逐渐转向提供公共服务,城市基本公共服务水平很高,覆盖很广。同时,尽管处于同一城市群,其中的一些城市在发展阶段上还处于现代化中期、前期,政府工作的重心仍然在招商引资,向"服务型政府"的转变相对缓慢。

　　从国家发展的战略角度上,不同城市群的规划文件中,对城市群发展方向的定位有不同的侧重。长三角城市群作为改革开放的前端,已经成为公认的世界第六大城市群,其发展重心是高新技术产业、先进制造业和现代服务业,是国际化程度最高的城市群。京津冀城市群以工业、制造业为核心,以承接首都功能为重要任务,形成了中国的首都城市圈。不同的城市群在提升地区综合实力的同时,也形成了各自的特色。

　　城市群的快速发展向研究者提出这样一些问题:在中国经济发展进入"新常态"的背景下,不同城市群的发展现状如何?不同城市群在发展重心上是否实际存在差异?基于这些问题展开对国家级城市群政府发展能力的

---

① 中国新闻网. 中国国民经济和社会发展"十一五"规划纲要（全文）[EB/OL]. http://www.chinanews.com/news/2006/2006-03-16/8/704064.shtml, 2006 年 3 月 16 日.

② 中华人民共和国农业部网站. 国民经济和社会发展第十二个五年规划纲要（全文）[EB/OL]. http://www.moa.gov.cn/fwllm/jjps/201103/t20110317_1949003.htm, 2011 年 3 月 17 日.

③ 新华网. 中华人民共和国国民经济和社会发展第十三个五年规划纲要[EB/OL]. http://sh.xinhuanet.com/2016-03/18/c_135200400.htm, 2016 年 3 月 18 日.

测量，有利于区分各城市群的差异性，对目前的城市群发展有相对客观的认知，对发展中存在的现象和问题有一定程度的应对。

（二）城市群概念区分

城市群是重要的区域增长点，对区域的统一发展具有重要作用。城市群是城市化成熟地区，是城市地域体系组织形式演进的趋向①。城市群不是中国特有的现象，实际上，城市群的出现是现代化进程，尤其是城市化进程的必然产物，是"郊区化带动下……由单核中心型向多中心型过渡，由局限于城市地区到向外围地区周而复始地扩展"②的历史进程。国外虽然没有城市群的概念，但相关研究成果却十分丰富，他们对城市群的研究是以"都市区"（metropolitan areas）、"大都市区"（megalopolis）等为中心展开的。

都市区，大都市区概念的使用源于这样一种现象——"城市郊区化"，即随着现代化的推进和城市化进程的加速，城市的工业和商业发展迅速，人口迅速增加，原有城区难以适应发展的需要，边界逐渐向郊区转移，将其纳入板块中，这是一种合并（combination）的过程，实际上并未改变原有城市的中心。最早使用都市区概念的是英国，之后美国也开始使用这一概念。1930 年美国全国市政同盟报告中提出"人们每天从城市到郊区或是从郊区到城市，很难区分哪里是起点，哪里是终点……这个区域整体上已经构成了一个实质性的社区"③。1933 年《近来社会发展趋势》采用"都市主义"的概念，认为"并不仅限于大城市，它已经成为全国地方关系的普遍单位"④。这种都市区的概念已经成为一种普遍现象，"urban（都市）"取代"city（城市）"作为城市的代名词，扩大了城市的地理边界，包含了其能够辐射到的地区。但是这种都市区的概念，仍是在一个城市中心的前

---

① Gottman J. Megalopolis or the Urbanization of the North-eastern Seaboard[J].Economic Geographe, 1957.33（7）：31-40.

② 王旭, 罗思东. 美国新城市化时期的地方政府——区域统筹与地方自治的博弈[M]. 厦门：厦门大学出版社, 2010：29.

③ Brian P.Janiskee. The Structure of American Local Government[J]. Perspectives of Political Science. Spring 2004, vol.33.No.2: 79-87.

④ Howard P.Chudacoff, eds. Major Problems in American Urban History[M]. Lexington, Massachusetts: D.C. Heath and Company. 1994: 313.

提下发展而来的。随着城市化进程的推进，都市迅速发展，都市处于兼并（annexation）周围地区的过程，都市区也开始转变成为大都市区，在兼并和合并的共同作用下开始涉及多个城市政府之间的关系。美国的大都市区早期存在多个政府，包括：县政府，县域内的市政府和镇政府，还有"功能性"政府——校区政府和专区政府。这些政府承担着不同的政府职责，将下辖区域的基本公共服务分解开来。到了 20 世纪末，美国平均每个大都市区内有 114 个地方政府，每十万个居民具有 18 个政府①。这种公共服务的分割造成了大都市区的"巴尔干化"和"零碎化"，具体是指"在城市地区，由于政府职权的划分和政府管辖权限与边界的增殖而产生的复杂状况"②。为解决这个问题，学界开始探讨是否要在大都市区建立专门的权力机关。虽然具体的解决措施因国家、区域而有所差异，但是大都市区在某种程度上与目前中国的城市群具有相似的地方，即表现为多座城市协作，多个政府沟通的行动模式。

中国对于城市群的研究始于 1980 年，宋家泰对城市群的现象进行了描述，但使用了"城市—区域"的概念，认为中国的城市—区域具有两种情况："相对于行政区的城市区域"和"毗邻的区域"，同时认为"城市—区域还有另一种情况，即两个毗邻经济中心，在经济上吸引或经济联系上属于彼此交错、互相协作的地区"③。1992 年，崔功豪等人开始提出城市带的研究④，1994 年，顾朝林在文章中首次用"城市集聚区"⑤的概念描述了美国东海岸波士顿——华盛顿城市群和西海岸旧金山——洛杉矶城市群等发达国家的城市群。同年，姚士谋等采用"城市群"概念替代了"城市聚集区"，以《中国的城市群》为题出版了专著，书中认为"城市群也是一个城市分布的区域系统，城市群是在一定地区范围内，各类不同的等级规

① Alan Altshuler et al eds. Government Oppurtunity in Metropolitan America[M]. Washington D.C: National Academy Press, 1999: 32.

② Richard Dagger. Metropolis, Memory, and Citizenship[J]. American Journal of Political Science, Nov. 1981: 724.

③ 宋家泰. 城市—区域与城市区域调查研究——城市发展的区域经济基础调查研究[J]. 地理学报, 1980（4）：279.

④ 崔功豪，杜国庆. 关于城市带[M]. 北京：中国建筑工业出版社，1992：3-7.

⑤ 顾朝林. 论中国城市持续发展研究方向[J]. 城市规划汇刊，1994（6）：1.

模的城市依托交通网络组成一个相互制约、相互依存的统一体"①。2001
年又将城市群界定为"在特定的地域范围内具有相当数量不同性质、类型
和等级规模的城市，依托一定的自然环境条件，以一个或两个特大或大城
市作为地区经济的中心，借助于现代化交通工具和综合运输网的通达性以
及高度发达的信息网络，发生和发展着城市个体之间的内在联系，共同构
成一个相对完整的城市'集合体'"②。实际上形成了当代中国语境下的"城
市群"概念的核心。之后经过中国科学院地理科学与资源研究所的长期研
究，将城市群的概念逐渐扩展为"在特定区域范围内，以一个以上特大城
市为中心，由至少 3 个以上大城市构成单元，依托发达的交通通信等基础
设施网络，所形成的空间组织紧凑、经济联系紧密、并最终实现高度同城
化和高度一体化的城市群体"③。

（三）城市群政府能力研究综述

　　对城市群发展的研究，从 20 世纪 80 年代末到 21 世纪初，都集中在
探讨城市群发展的定位问题。关注的焦点在于城市群应该如何带动区域发
展，如何因地制宜地实现自己的特色经济增长点④。这些研究促进了城市
群的经济发展，在一定程度上调和了城市群之间存在的同质竞争关系。

　　2005 年，出现了以政府科技投入能力为切入点分析城市群的文章⑤，
文章通过实证研究的方式，即通过比较科技三项费、科技事业费以及科技
投入占城市财政支出的比例等，分析长江三角洲 15 个城市的科技投入能力。

---

　　① 姚士谋等. 中国的城市群[M]. 合肥：中国科学技术大学出版社，2001：2.

　　② 姚士谋等. 中国的城市群[M]. 合肥：中国科学技术大学出版社，2001：2.

　　③ 方创琳. 中国城市群研究取得的重要进展与未来发展方向[J]. 地理学报，2014（8）：113.

　　④ 宋吉明. 辽宁中部城市群可持续发展的生态思维取向[J]. 辽宁城乡环境科技，1999（12）：8-11；
刘新平，李慎典，孙双峰. 21世纪前期长株潭城市群农业定位及发展途径[J]. 长江流域资源与环境，2000
（4）：473-478；肖长锡. 关键是做大做强——湖南城市化发展的战略选择[J]. 学习导报，2000（9）：10-11；
陆际恩. 论南北桂柳城市带的创建[J]. 学术论坛，2001（5）：70-73；汪宇明. 综合开发和可持续发展——广
西壮族自治区钦州湾地区发展问题研究[J]. 世界地理研究，2001（4）：68-74；黄福华. 长株潭城市群发
展的物流战略与实现途径[J]. 民族论坛，2002（2）：14-17；郭怀刚，梁建国. 推动城市功能升级 提高
引资竞争能力[J]. 国际经济合作，2003（2）：48-51；林先扬，陈忠暖. 城市群经济发展系统形成与整合
机制探讨——以大珠江三角洲城市群为例[J]. 云南地理，2004（1）：42-46；代合治，吕宜平. 山东半岛
城市群的发展比较研究[J]. 国土与自然资源研究，2004（4）：1-2.

　　⑤ 蓝伟东，陈昭峰. 长江三角洲城市群地方政府科技投入能力研究[J]. 科技与产业，2005（5）：5-10.

2006 年，以城市群政府能力为研究中心的文章开始增多①。

　　胡晓鹏以创新能力的比较作为切入点对长江三角洲的城市群进行了分析②，以人才要素、知识要素、制度要素作为三大要素构建了城市创新能力的解释框架，构建了以人才状况指数、科技状况指数、教育状况指数、硬环境指数、综合创新能力作为一级指标的评价体系，对长江三角洲的 15 个城市进行了排名，将这些城市进行了类型划分，包括高创新城市、较高创新城市、一般创新力城市、创新力欠佳城市、创新力最差城市。这是学术界第一次以指标体系的形式分析城市群政府能力。2007 年，城市群政府能力进入了以"创新能力"为核心的研究阶段③，其中杨艳萍以科技进步基础、科技活动投入、科技活动促进和经济社会发展 4 个一级指标、9 个二级指标、24 个三级指标为评价体系分析了中原城市群 9 个样本城市的区域科技创新能力④。2008 年在继续推进城市群创新能力的相关研究的背景下⑤，扩展了研究领域，将承载力纳入城市群评价体系中⑥。2010 年开始出现以协调发展能力为中心的城市群能力评价⑦。之后开始出现地理研究和经济学研究方法视角下的城市群能力研究⑧。之后的研究主要围绕几个领

　　① 罗士喜. 论城市群的协调能力[J]. 许昌学院学报，2006（2）：61-66；张建华. 基于核心能力的中原城市群建设[J]. 华北水利水电学院学报（社科版），2006（2）：5-8.

　　② 胡晓鹏. 长三角城市群创新能力比较研究[J]. 南京社会科学，2006（9）：44-53.

　　③ 曾旗，刘明明，徐君. 提高中原城市群高新区区域持续创新能力对策研究[J]. 特区经济，2007（2）：178-179；王永锋，高建华，张智先. 中原城市群城市化水平与创新能力协调发展研究[J]. 城市问题，2007（4）：11-16；罗士喜. 中原城市群科技创新能力研究[J]. 商丘师范学院学报，2007（2）：90-93.

　　④ 杨艳萍. 区域科技创新能力的主成分分析与评价——中原城市群科技创新能力的综合评价[J]. 技术经济，2007（6）：15-19.

　　⑤ 杨建军. 基于创新视角的长株潭城市群核心竞争力研究[J]. 中国集体经济，2008（3）：39-40；吴杨建，张锦高，吴巧生. 长株潭城市群与长三角地区产业创新状况的比较分析[J]. 理论月刊，2008（7）：128-130.

　　⑥ 郝东恒，赵淑芹，王殿茹. 环渤海西岸城市群土地空间承载能力评价[J]. 统计与决策，2008（8）：45-47；孙莉，吕斌，胡军. 中原城市群城市承载力评价研究[J]. 地域研究与开发，2008（3）：16-20；吕斌，孙莉，谭文垦. 中原城市群城市承载力评价研究[J]. 中国人口资源与环境，2008（5）：53-58.

　　⑦ 孔祥斋，赵先超，邓珞琬. 长株潭"3+5"城市群 PRESS 协调发展能力评价[J]. 国土与自然资源研究，2010（5）：7-9.

　　⑧ 陈园园，李宁，丁四保. 城市群空间联系能力与 SOM 神经网络分级研究——以辽中南城市群为例[J]. 地理科学，2011（12）：1461-1467；张学峰. 基于 FMOLS 模型的住房支付能力区域稳定性研究——基于对关中城市群面板数据的实证分析[J]. 经济体制改革，2014（4）：43-47.

域展开，包括创新能力、承载能力和协调发展能力①。2016 年，开始出现新的研究领域——产业转移综合承接能力以及物流能力②，承载力也扩展到分析大气环境承载能力③，并出现了对城市群内部城市治理能力的评价④。

这些对针对城市群能力的评价在一定程度上加深了对城市群发展的认识。总体的研究经过科技投入能力——创新能力——环境承载能力——产业转移综合承接能力——协调发展能力的进路，从不同侧面反映了城市群研究的主题。但是这些研究一方面只反映了单一城市群的发展状况，没有对众多城市群进行比较分析；另一方面，实际考察的能力较为单一，并未涉及对政府能力的综合考量。从这个角度出发，探讨城市群政府的能力，比较国家级城市群之间的差异，是有益的尝试。

二、评估结果：城市群间与城市群内的能力差异并存

在对城市群进行定义后，需要确定作为研究对象的城市群包括哪些内容。地理学和经济学的学者根据中国的地区和经济发展情况，将中国划分为众多城市群。如按照东部、西部、中部进行划分，东部城市群包括：长江三角洲城市群、珠江三角洲城市群、京津冀城市群、山东半岛城市群、辽东半岛城市群、海峡西岸城市群；中部城市群包括：长株潭城市群、武汉城市群、哈大长城市群、中原城市群、江淮城市群、环鄱阳湖城市群、晋中城市群；西部城市群包括：成渝城市群、南北钦防城市群、关中城市

---

① 李世泰，赵亚萍，张喆. 山东半岛城市群创新能力评价研究[J]. 地域研究与开发，2012（4）：64-68；李梦溪，王丹. 基于 AHP 的长株潭"3+5"城市群区域技术创新能力的模糊综合评判研究[J]. 经营管理者，2012（16）：12-16；陈金英，杨青山，马中华. 不同发展阶段的城市群综合承载能力评价研究[J]. 经济地理，2013（8）：68-72；王哲，沙国，杨桔. 基于因子分析法的中部城市群创新能力评价研究[J]. 江淮论坛，2015（1）：104-108.

② 段小薇，李璐璐，苗长虹，胡志强. 中部六大城市群产业转移综合承接能力评价研究[J]. 地理科学，2016（5）：681-690；胡玉洲. 物流能力与城市群经济发展——中国十大城市群的经验数据[J]. 现代城市研究，2016（7）：86-90.

③ 李利军，李晓越. 基于大气环境承载能力的京津冀新型城市群建设[J]. 上海城市管理，2016（3）：53-61.

④ 王莹，解轶鹏，董慧敏. 对长江中游城市群 28 地市治理能力的评测与排名[J]. 国家治理，2016（28）：3-31.

群、天山北坡城市群、兰白西城市群、滇中城市群、黔中城市群、呼包鄂城市群、银川平原城市群、酒嘉玉城市群①。从学术研究的角度和区域经济全面发展的角度来看，这种划分并没有问题，但显然，如果从研究城市群政府能力的角度来说就意味着要面对全国几乎所有的城市政府。如何有针对性地进行城市群研究，是本书需要考量的首要问题。

（一）样本选取

为了保证研究的针对性，本书不以自然或者经济分析角度下认定的众多城市群为研究对象，而以中国政策中明确规定并获得国务院批复设立的六大国家级城市群为研究样本，各城市群及其所包括城市见表 8-1。

表 8-1　六大国家级城市群基本信息表

城市群名称	城市群覆盖城市	国务院批复时间	样本城市
长三角城市群	上海、杭州、绍兴、嘉兴、宁波、舟山、金华、台州、湖州、南京、苏州、无锡、常州、南通、镇江、泰州、扬州、盐城、合肥、芜湖、安庆、马鞍山、滁州、宣城、铜陵、池州	2016 年 6 月 1 日	上海、杭州、嘉兴、宁波、舟山、金华、台州、湖州、南京、苏州、无锡、常州、南通、镇江、扬州、合肥、芜湖、安庆、马鞍山、滁州、宣城、铜陵、池州
哈长城市群	哈尔滨、大庆、齐齐哈尔、绥化、牡丹江、长春、吉林、四平、辽源、松原、延边	2016 年 2 月 23 日	哈尔滨、长春、吉林、四平
长江中游城市群	武汉、黄石、黄冈、鄂州、孝感、咸宁、仙桃、天门、潜江、襄阳、宜昌、荆州、荆门、长沙、岳阳、常德、益阳、株洲、湘潭、衡阳、娄底、南昌、九江、景德镇、鹰潭、上饶、新余、抚州、宜春、萍乡，新干县	2015 年 3 月 26 日	武汉、黄石、黄冈、鄂州、潜江、襄阳、宜昌、荆州、荆门、长沙、岳阳、常德、益阳、株洲、湘潭、衡阳、娄底、南昌、九江、景德镇、上饶、新余、抚州、宜春

---

① 方创琳，姚士谋，刘盛和，等. 中国城市群发展研究报告[M]. 北京：科学出版社，2010：3-4.

城市群名称	城市群覆盖城市	国务院批复时间	样本城市
成渝城市群	重庆、成都、绵阳、德阳、乐山、眉山、资阳、内江、宜宾、泸州、自贡、遂宁、广安	2016年4月12日	重庆、成都、绵阳、德阳、资阳、内江、宜宾、泸州、自贡、遂宁、广安
中原城市群	郑州、洛阳、开封、南阳、安阳、商丘、新乡、平顶山、许昌、焦作、周口、信阳、驻马店、鹤壁、濮阳、漯河、三门峡、济源、长治、晋城、运城、聊城、菏泽、宿州、淮北、阜阳、蚌埠、亳州、邢台、邯郸	2016年12月28日	郑州、洛阳、开封、安阳、商丘、新乡、平顶山、许昌、焦作、周口、信阳、驻马店、晋城、运城、聊城、菏泽、宿州、淮北、阜阳、蚌埠、亳州、邢台、邯郸
北部湾城市群	南宁、北海、钦州、防城港、玉林、崇左、湛江、茂名、阳江、海口、儋州、东方、澄迈、临高、昌江	2017年1月20日	南宁、北海、钦州、防城港、玉林、崇左、湛江、茂名、阳江、海口、临高、昌江

以各国家级城市群所包含的城市为研究对象，对不同城市群的政府发展能力进行比较分析，是本部分的主要内容。

其中，哈长城市群因数据收集过程中样本城市数量不足，予以剔除。因此本部分以五个国家级城市群的地方政府能力作为研究对象。

（二）国家级城市群地方政府发展能力的现状分析

根据指标体系，本着从总体到特殊的研究原则，对城市群地方政府能力进行分析。

1. 不同城市群地方政府能力的总体评价

根据调研所得数据，对五个国家级城市群按照各指标所占权重，对标准化后的数据进行了百分制处理，得出了各城市群政府能力发展指数，如

图 8-1 所示。

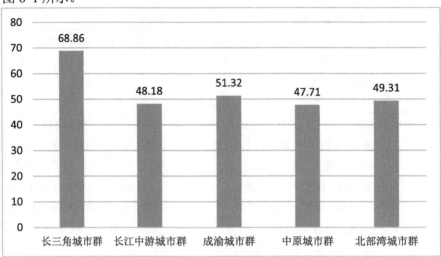

图 8-1　国家级城市群地方政府发展能力均值

从图中可以明显看出，在城市群政府发展能力的综合水平上，长三角城市群和成渝城市群相对较高，中原城市群和长江中游城市群相对较低。尤其是长三角城市群，在各项指标上都领先于其他城市群。为了验证差距的显著性，对五个国家级城市群进行了独立样本 T 检验，结果见表 8-2。

表 8-2　国家级城市群地方政府发展能力指数均值比较 T 检验结果

分组变量		t	df	显著性（双尾）	均值差异	标准差	95% 置信区间	
							下限	上线
长三角	长江中游	2.896	23.771	0.008	15.87532	5.48111	4.55709	27.19355
	成渝	0.940	24.573	0.032	5.87435	6.25069	-7.01054	18.75924
	中原	2.216	8.586	0.026	15.89979	7.17370	-0.44834	32.24793
	北部湾	-0.406	3.938	0.008	-4.75192	11.71016	-37.46759	27.96375
长江中游	成渝	-1.725	21.890	0.099	-10.00097	5.79886	-22.03057	2.02864
	中原	0.004	7.106	0.997	0.02447	6.78362	-15.96768	16.01662
	北部湾	-1.798	3.639	0.154	-20.62724	11.47534	-53.77222	12.51774
成渝	中原	1.351	9.406	0.208	10.02544	7.41931	-6.64839	26.69927
	北部湾	-0.896	4.135	0.419	-10.62627	11.86221	-43.14236	21.88982
中原	北部湾	-1.669	4.655	0.160	-20.65171	12.37347	-53.18008	11.87666

明显看出，长三角城市群在总体政府能力上优于其他城市群。而其他城市群之间并没有显著差异。

2. 不同城市群地方政府核心能力评价

在对城市群政府发展能力指数评分进行分析的基础上，对各城市群包含的样本城市的一级指标得分求均值，结果如图 8-2 所示。

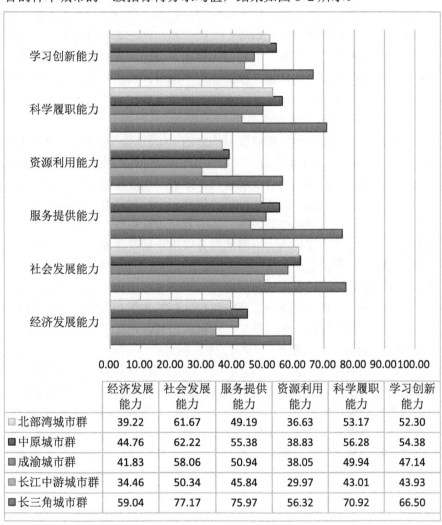

	经济发展能力	社会发展能力	服务提供能力	资源利用能力	科学履职能力	学习创新能力
北部湾城市群	39.22	61.67	49.19	36.63	53.17	52.30
中原城市群	44.76	62.22	55.38	38.83	56.28	54.38
成渝城市群	41.83	58.06	50.94	38.05	49.94	47.14
长江中游城市群	34.46	50.34	45.84	29.97	43.01	43.93
长三角城市群	59.04	77.17	75.97	56.32	70.92	66.50

图 8-2　国家级城市群地方政府发展能力一级指标均值

　　从图 8-2 中可以很明显看出：当前中国五大城市群在资源利用方面的能力相对较弱。在服务提供能力上呈现出梯次的状况：长三角城市群服务提供能力最高，中原和成渝地区其次，北部湾和长江中游较差，可以清晰看出，这是与经济发展能力的排序相一致的。这一方面说明中国城市群所在的区域之间存在经济上的差距，同时经济上的差距影响着公共服务的提供。在当前政府向"服务型政府"的转变过程中，提供高质量公共服务的基本条件是地方经济的发展和财政收入的提高。在社会发展能力上，除了长三角城市群得分较高之外，其他城市群相对较弱。从政府内部运行的有效程度，即科学履职能力和学习创新能力上来看，长三角城市群仍然处于绝对领先地位，北部湾、中原、成渝相差不多，长江中部城市群最差。

　　3. 不同城市群地方政府核心能力分析

　　五个国家级城市群地方政府发展能力的 14 项二级指标均值，如图 8-3 所示。其中，长三角城市群在除主动学习能力以外的 13 项二级指标均值均是最高的，特别是在推动社会发展、秩序维护和均等化区域公共服务能力上表现突出，但其主动学习能力却排名垫底。中原城市群和北部湾城市群则在各项二级指标方面得分均较高。其中北部湾城市群在主动学习能力方面位列第一，在环境保护能力方面的得分仅次于长三角城市群。而中原城市群则在除环境保护能力外的 13 项二级指标得分中均位列第二。长江中游城市群和成渝城市群在各方面都相对滞后，特别是推动转型、保障基本公共服务、均等化区域公共服务、环境保护、获取和整合资源以及政策制定和执行能力等均值较低，尤其是长江中游城市群，在除主动学习能力外的 13 项指标中得分中均为垫底。

　　在经济发展能力方面，长三角城市群 3 项二级指标的得分都是最高的，中原城市群紧随其后，成渝城市群和北部湾城市群较差，长江中游城市群垫底。在促进消费能力上，中原城市群是除长三角城市群之外最高。长江中游城市群在保证生产和推动转型能力上得分垫底，而北部湾和长江中游城市群在推动转型能力上明显落后于其他三个城市群。

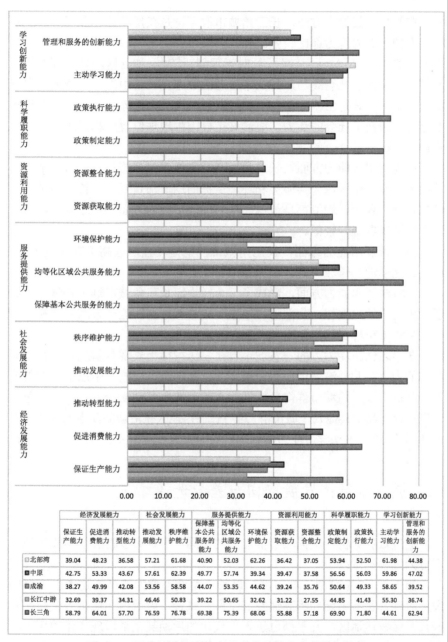

	经济发展能力			社会发展能力		服务提供能力			资源利用能力		科学履职能力		学习创新能力	
	保证生产能力	促进消费能力	推动转型能力	推动发展能力	秩序维护能力	保障基本公共服务的能力	均等化区域公共服务能力	环境保护能力	资源获取能力	资源整合能力	政策制定能力	政策执行能力	主动学习能力	管理和服务的创新能力
北部湾	39.04	48.23	36.58	57.21	61.68	40.90	52.03	62.26	36.42	37.05	53.94	52.50	61.98	44.38
中原	42.75	53.33	43.67	57.61	62.39	49.77	57.74	39.34	39.47	37.58	56.56	56.03	59.86	47.02
成渝	38.27	49.99	42.08	53.56	58.58	44.07	53.35	44.62	39.24	35.76	50.64	49.33	58.65	39.52
长江中游	32.69	39.37	34.31	46.46	50.83	39.22	50.65	32.62	31.22	27.55	44.85	41.43	55.30	36.74
长三角	58.79	64.01	57.70	76.59	76.78	69.38	75.39	68.06	55.88	57.18	69.90	71.80	44.61	62.94

图 8-3　国家级城市群地方政府发展能力二级指标均值

在社会发展能力方面，长三角城市群无论是在推动社会发展方面还是秩序维护方面的能力都比较强。长三角城市群受其区域内部城市高度开放性的影响，社会成员活力较强，同时管理创新较多，如社区治理的创新等，都带动了公民的社会参与，降低了管理的成本。长江中游城市群因其自然历史因素，尤其是由于经济发展相对滞后，人员大量流出，特别是青壮年的流动，降低了社会的活力。成渝城市群因为地理位置的相对边缘而在一定程度上影响了社会的发育。

在提供服务能力方面，长三角城市群在 3 项二级指标——保障基本公共服务、均等化区域公共服务和环境保护的均值都是最高，长江中游城市群的各项二级指标均值都是最低。在环境保护能力方面，中原城市群和长江中游城市群得分较低。

在资源利用能力方面，长三角城市群整体较强，远高于其他城市群，成渝、北部湾、长江中游、中原城市群处于同一水平。

在科学履职能力方面，形成了三个梯次，长三角城市群在科学有效履职上仍处于领先地位，北部湾、中原、成渝城市群在这一方面表现相当，长江中游城市群在这方面表现较弱。

在学习创新能力方面，各城市群在三级指标上表现有所差异。在主动学习能力上，北部湾城市群得分最高，长江中游、成渝、中原城市群得分紧随其后，长三角城市群得分较低。在管理和服务创新能力上，长三角城市群得分远高于其他几个城市群，这与长三角地区在治理创新上的较多实践密切相关。这种主动学习能力与管理创新能力的反向相关的可能性有待验证。

三、提升路径：发展取向与差异选择

通过数据分析，根据城市群能力的不同，大致可以将五个国家级城市群分为三种类型：

第一类："先发型"城市群，以长三角城市群为典型。这类城市群的发展时期几乎与中国经济高速发展阶段相重合，区域内部城市多分布在东南部沿海发达地区，几乎都已进入现代化的后期甚至是后现代化的历史阶段。这类城市群经济发展水平较高，对资源的整合能力很强，在发展社会力量和维护秩序上经验丰富，决策的科学化和政策的执行力水平很高，尤其在服务提供方面能力较为突出，其主要原因是该类城市群具有地区经济上的优势和自发的创新意识。

第二类："混合型"城市群，以中原、长江中游、成渝城市群为典型。这类城市群的典型特点是区域内部发展不均衡，在长江中游城市群中，湖南省长沙城市圈、湖北省武汉城市圈发展较好，其他城市发展较弱；成渝城市群中，重庆、成都发展较好，其他城市较弱。中原城市群中湖北省中这三个城市发展较好的城市也已经进入现代化后期，其他城市则大多数处于现代化中期甚至初期，在一定程度上影响了城市群的综合水平。总体看来，这类城市群在各一级指标上水平相当。

第三类："滞后型"城市群，以北部湾城市群为典型。这类城市群的典型特点是区域内部城市发展阶段趋于统一，大多处于现代化中期，经济发展较为滞后，仍然需要政府的政策倾斜来推动发展。

根据不同城市群的特点，其发展方向主要包括以下方面：

差异选择："先发型"城市群要加快向"服务型政府"转变的过程，着力于提升区域内部公共服务提供的质量，加快学习创新，创造具有适用价值的新型治理模式，用于"政策学习"。"混合型"城市群要发挥城市群中心城市的辐射作用，形成城市群内部的"功能性"分工，在现有物流水平不断提升的背景下，形成区域有机共同体。"滞后型"城市群要以经济建设作为重心，抓紧承接转移的产业，提升城市综合实力，在提升经济的同时，利用城市群发展的"后发优势"，避免城市快速发展中的问题，拓展城市群发展的新思路。

路径取向：一是各城市群中各城市政府应加快向服务型政府转变的进程。未来政府发展的着力点在于完善和提升基础设施建设，提高公共服务提供的质量和水平，增强地区公民的认同感和满意度，真正发挥中心城市的辐射效应。二是提高城市群中各城市政府的创新意识。当前中国已进入存量改革与增量改革并举的历史时期，这必然要求不能仅仅依靠中央的宏观政策来实现本地区的发展，而需要发挥各级政府的主观能动性，既考虑到体制上的问题，也要学会从机制创新上着手，以点带面。三是提升城市群发展的整体意识。城市群的发展是一个区域协调的进程。城市群发展的战略目标是要释放地区的力量。这就需要从全局考虑城市群的建设，不能

"跛脚"。如成渝城市群的四川的各个城市，应作为战略发展的重点研究对象。

四、结论

当前，中国正处于"两化叠加"的历史时期。所谓"两化叠加"，是指现代化和后现代化的进程几乎同时出现在中国的发展进程中，这种历史发展阶段的差距具体表现为两种形式：一是区域差距，如东部沿海地区已经进入现代化后期甚至后现代化阶段，而中部和西部多数地区仍处于现代化的中期或者初期；二是区域内部差距，同一个城市群内部，甚至是省份内部的城市处于不同的发展时期，如成渝城市群中，成都和重庆发展较快，而其他城市发展较慢。在这样的背景下，理解城市群之间的差异就有了切入点。

通过数据的统计和处理，明显看出，在五大国家级城市群中，长三角城市群遥遥领先，成渝城市群紧跟其后，中部和长三角城市群能力相对较弱。总体看来，这种从总体上综合得分的差距主要是由两个原因导致的：

一是发展阶段的差距。长三角是中国最早发展和建立的城市群，也是最早能够与世界级城市群相媲美的区域。长三角城市群中包括上海、南京、杭州、苏州、无锡等城市，是公认的中国发展最快、经济实力最强的城市聚集带，甚至在发展阶段上已经进入"后现代化"时期。长江中游城市群、成渝城市群、中原城市群这三个城市群还存在着区域内部城市发展阶段的差异，如成都、重庆城市发展相对发达而成渝城市群的其他城市经济增速相对较慢。而北部湾城市群则是应国家政策产生的、受国家扶持的城市群，城市群内大部分城市的经济发展能力相对较弱。这种发展阶段上的差距是直接导致长三角城市群在五个国家城市群得分中脱颖而出的重要原因。

二是在弥补差距的过程中，创新方式有差异。在目前中国区域发展不平衡的背景下，想要弥补区域差距的途径首先是发展经济，但显然这不是短期能解决的问题。中国经济进入"新常态"后，现在正在走产业优化与转移的发展路径，东部地区的产业向中西部地区转移，这种以工业化带动经济发展的路径仍需要较长时间的努力。在这样的背景下，如何降低不同城市群内部居民的"被剥夺感"，增加居民的幸福感，是各城市群政府研究的着力点。其中最为重要的措施是"以服务促进公平"，即通过改善城市基本公共服务的形式，提高公共服务质量，从而提升公民的满意度。一方面，高质量公共服务的提供依赖于地区经济的发展，这种天然的匹配关系首先制约了部分区域短期内提升公共服务的可能性。另一方面，与此想法相匹配的是各城市政府积极推动的"地方治理"改革。在众多的改革实践中，长三角城市群的各城市都开展了不同程度的创新，例如，杭州在"我们"价值观的引导下，扩大公民的参与，设立"湖边晴雨工作室"创新沟通机制。通过这些创新，改善了公共服务的提供方式。而在中西部地区，治理形式的创新相对滞后，在服务形态和服务意识上尚有差距，这就制约了以服务改善差距的进程。因此，面对不同城市群在发展阶段上的差异并采用差异化的方式应对，是当前需要重视的核心问题。

（作者单位：南开大学周恩来政府管理学院）

第九章　不同行政级别地方政府发展能力的特征分析

张梦时

　　中国人口众多、疆域辽阔。不同政府层级和辖区面积的地方政府，在经济发展、社会发展、提供服务、资源利用、科学履职和学习创新等能力上存在着较大差异。相比较而言，在同一政府层级中，地方政府之间的差异相对较小，而不同行政级别的地方政府之间的差距较大。在中国，行政级别拥有相对较多的政治和经济意义，情况也较为复杂。因此，研究行政区划，尤其是行政级别对地方政府发展能力的影响，对于分析整个国家的政府管理体制有着重要的借鉴意义。

一、类型划分：不同行政级别的标准

　　本章主要分析的是不同行政级别地方政府发展能力的特征，而选择"行政级别"作为分析维度，主要是因为行政级别对于政府发展能力的影响较为显著。聚焦于城市政府，一方面是因为城市政府的行政级别多样，包括省级、副省级、地级、县级等，为本部分的研究提供了足够的类别划分基础，另一方面也受到本年度数据收集的限制。对于"行政级别"和与其相关的"行政区划"的界定，主要依据《中华人民共和国宪法》的相关规定。

（一）以行政级别作为分析维度的原因

根据以往的研究可以做出一个基本的推断，即地方政府发展能力与其行政级别之间具有正相关的关系。本部分的研究就是以此为假设展开的研究。

1. 城市政府的行政级别差异性较大

"城镇"一词包括"城市"和"集镇"，这两个概念既存在于地理层面、社会层面，也存在于经济层面。在行政区划中的"市"与"镇"的设置更多的是在法律和行政层面，其是行政建制的单位名称之一①。从中国清末民初时，便开始有了"城""镇"和"市"的设置。"市"是在城镇水平发展到一定阶段后，依据一定的标准而设置的。

关于地方政府的分类众多，根据《中华人民共和国宪法》和相关的法律规定可以看出，对于中国大陆地区的城市分类大致可以从"国家结构制度、政权组织形式和行政管理层级"②等层面入手。根据国家结构制度的不同，可以将城市划分为作为国家基本行政单位的城市、作为地方行政单位的城市和实行高度自治的城市；根据政权组织形式的不同可以分为拥有立法、行政、司法和军事四大权力的直辖市，拥有独立的行政、司法和军事三种权力的特别行政区，拥有四大权力或拥有除立法权之外三种权力的大陆内部设区的城市和仅拥有行政权和司法权的不设区的市；根据行政管理层级的不同可以分为直辖市、副省级城市、地（州、盟）级城市和县级市。本书采用的是根据行政级别而产生的城市分类。

2. 行政级别对于政府发展能力影响显著

将地方行政单位区分出行政级别，并对此进行分析是研究地方政府管理的基础。从政府发展能力的角度来看，不同行政级别城市之间的发展差距较大，而相同的行政级别城市之间的差距相对较小。这主要是因为中国的行政级别往往影响到其管理权限和所拥有的资源。其权限大小的不同表现在立法、行政和财政等不同角度。根据《中华人民共和国地方各级人民代表大会和地方各级人民政府组织法》第四章第六十条规定，"省、自治区、

---

① 田穗生，等. 中国行政区划概论[M]. 北京：北京大学出版社，2005：107.
② 刘君德，范今朝. 中国市制的历史演变与当代改革[M]. 南京：东南大学出版社，2015：18-19.

直辖市的人民政府可以根据法律、行政法规和本省、自治区、直辖市的地方性法规，制定规章，报国务院和本级人民代表大会常务委员会备案"。《中华人民共和国立法法》第四章第一节第七十二条规定，"设区的市的人民代表大会及其常务委员会根据本市的具体情况和实际需要，在不同宪法、法律、行政法规和本省、自治区的地方性法规相抵触的前提下，可以对城乡建设与管理、环境保护、历史文化保护等方面的事项制定地方性法规，法律对设区的市制定地方性法规的事项另有规定的，从其规定"。由此可见，行政级别的不同，其拥有的立法权限也不同。在具体的行政法规制定中，行政级别较高的地方政府拥有较大的自主权，可以依据管辖范围内的具体情况，因地制宜地制定地方性法规。而行政级别较低的城市，相比较而言自主性较弱，拥有的权限较小。从经济发展的角度来看，拥有省一级经济权限的直辖市和副省级城市相比其他地级市而言，拥有较多的自主管理经济发展的能力。以副省级城市中的计划单列市，包括大连、青岛、宁波、厦门和深圳，其设立为计划单列市的条件是：历史上长期形成的中心城市地位；具有雄厚的工商业基础和科学技术力量；拥有 100 万以上的市区人口；150 亿左右的社会总产值；具有"对外开放，对内搞活"的重要战略地位；在全国经济发展中具有某种特别作用的特大城。[①]因此，综合实力较强的城市计划单列后，其财政收支直接与中央挂钩，无须上缴省级财政，并享受省级经济权限。同时，计划单列市的行政经费除了来源于本市的收入外，各项补助经费直接来源于中央国务院所属的各个部门，无须经过省级政府。因此，和其他地级市相比拥有更为丰富的财政来源和更多的经济活动空间。

在行政区划分完成的同时，因区域的刚性分割而形成的壁垒影响着区域经济的正常流通，形成了"行政区经济"这一特殊的区域经济现象。"行政区经济"的概念最早是在 20 世纪 90 年代初提出的，是计划经济时期为了分层调控国民经济体制产生的现象，是一种与"区域经济一体化相悖的区域经济分割现象"[②]。在市场经济的初期阶段，由于企业和市场尚不成熟，需要中央政府对地方政府的经济放权以及地方政府对市场和企业的指

---

① 田保畲，孙学光. 社会转型期的计划单列市：功能、困境与出路[J]. 社会主义研究，1992（4）：47-51.

② 刘小康. "行政区经济"概念再探讨[J]. 中国行政管理，2010（3）：42-47.

导扶持，因此，在一定的阶段中，行政区经济存在合理性。行政区经济的存在使中央政府对地方政府和官员实行的绩效考核体系十分注重硬性经济指标，如生产总值和经济增长率等可以量化评估的指标，而忽视其他诸如居民满意度等难以量化的软性指标。因此地方政府为完成经济任务，往往选择通过行政手段干预经济发展，形成"一亩三分地"思维①的地方保护主义。各地方政府从本地方的利益出发引进技术人才，扩大招商引资规模，在一定程度上推进了地区的经济发展，但容易带来地方政府间的恶性竞争。同一区域内的政府各自为政地规划当地经济，造成基础设施重复建设、产业结构不合理和资源浪费等问题的产生。此外，区域内行政级别较高的政府利用行政权力抢夺资源，将高污染、高排放企业转移到其他行政级别低的城市，使得区域内政府发展能力的差距逐步拉大，难以催生跨区域合作的真正动力②。因此行政级别的差异在"行政区经济"的形成过程中，在一定程度上阻碍了政府间关系的互动，从而拉大了不同级别政府的发展能力的差异。例如，相比于长三角和珠三角城市群，京津冀城市群协同发展速度慢于预期的原因主要是因为城市群内部的行政级别差距较大。北京承担着首都的政治文化职能，行政级别远高于区域内的其他城市。城市之间法律地位的非平等性使得城市群内行政级别低的城市很难在协调发展中占有主动地位。北京也因其强大的资源调控能力拥有较强的资源配置能力，聚集了过多的非首都功能。因此，城市群内各城市由于行政级别和隶属关系的不同而造成"实务运作上的沟通不易"③。西方城市群中各个城市的规模虽然也参差不齐，但都拥有对等的法律地位，因此横向间的府际合作较为通畅。

由此可见，不同行政级别在一定程度上影响着地方政府的经济发展能力、社会发展、提供服务、资源利用和科学履职等能力的提高与发展。

---

① 曹海军，刘少博. 京津冀城市群治理中的协调机制与服务体系构建的关系研究[J]. 中国行政管理，2015（9）：21-25.

② 唐亚林. 长三角地方政府合作体制反思[J]. 探索与争鸣，2005（1）：35-37.

③ 赵永茂，朱光磊，江大树. 府际关系：新兴研究议题与治理策略[M]. 北京：社会科学文献出版社，2012：248.

（二）行政级别相关概念的界定

1. 行政区划

对于"行政区划"一词存在多种理解，其中最常见的有：行政区划指的是划分行政区域；另一种理解即指的是行政区域①。对于"行政区划"概念的误解常常是因为未能辨清"行政区划"的具体概念，从而导致学术研究中出现的不严谨现象。总体而言，行政区划是国家为了方便社会管理和履行政治职能而进行的分级的区域划分，在一定的社会背景下，行政区划较为稳定，且具有历史延续性。

行政区划作为一个整体概念，其内涵既包括了行政区划中的各个组成部分，又包含了各个部分之间的具体关系。具体来说，行政区划的主要内容涉及"行政单位""行政区域"和"行政建制"。行政单位指的是区域内地方的各国家机关组成的统一体，包括地方国家权力机关、行政机关、审判机关和法律监察机关等，也就是广义上的政府。根据《中华人民共和国宪法》规定，县级以上设置地方国家权力机关，即人民代表大会；行政机关，即地方人民政府；审判机关，即地方人民法院；法律监察机关，即地方人民检察院。在县级以下的乡和镇只设立地方国家权力机关和行政机关。行政单位是一个历史概念，在不同的历史时期，其具体组成部分是存在变化的。但是地方行政单位的改变并不一定会带来行政区域和行政建制的相应变化。行政区域是指国家划定的有明确界限的区域，行政单位在这一确定区域内履行职责并进行管辖。根据《中华人民共和国宪法》第一章第三十条规定，中华人民共和国的行政区域划分如下：全国分为省、自治区、直辖市；省、自治区分为自治州、县、自治县、市；县、自治县分为乡、民族乡、镇。在一定的行政区域内设立全面管理该区域的地方国家政权机关。行政区域的变动并不一定会带来行政单位及隶属关系的变化。"建制"一词主要指的是按照一定的编制而设置的实体，因此行政建制是划定行政级别的结构单元，包含着行政单位和行政区域的所有要素。因为一个政治实体首先需要有确定的地域以及在此区域内生活的居民，其次还需要有管理和治理本区域的公共权力，此外，还需要有行使此权力并承担区域发展

---

① 田穗生，等. 中国行政区划概论[M]. 北京：北京大学出版社，2005：7.

职责的公共机关。现今存在的中国的行政建制就是对中国历史的继承与发展，与行政单位和行政区域相比是最为稳定的。

　　2. 行政级别

　　行政级别是在行政隶属关系的基础上形成的，体现了行政单元在行政体制中的地位。而行政人员承担了行政单位中的主要职位，因此，这些行政体制内的政府、部门、职位和行政人员都有着自己的行政级别。这些行政级别也表明了它在整个国家行政体系中的重要地位。

　　城市的行政级别往往与地方政府主要官员的级别是相辅相成的，当前的行政级别也主要源自古代的职官品级。因此，根据行政级别的划分，目前中国的城市类型主要有①：省级城市，即中央直辖市，包括北京、天津、上海和重庆；副省级城市，是中央和省（自治区）共同管辖的城市，包括哈尔滨、长春、沈阳、大连、济南、青岛、南京、杭州、宁波、厦门、广州、深圳、武汉、成都、西安 15 个城市，其中大连、青岛、宁波、厦门和深圳也是计划单列市，具有省一级的经济权限，剩下的城市均为省会城市；地级市，大多是由省（自治区）管辖的城市，包括设区的市（由过去的地区行署转变而来）和不设区的市（如甘肃省的嘉峪关市，海南省的三沙市和广东省的东莞市、中山市等），没有列入副省级城市的省会城市也属于这一级别划分。值得注意的是，副省级城市在民政部进行的行政区划统计中仍属于地级市的范畴，只不过其主要官员是副省级配置，享有省级的经济管理职权。还有部分地级市政府的市委书记长期由省委常委兼任，实际上也在一定程度上享受着副省级城市的待遇，如苏州市、齐齐哈尔市、吉林市、延边市、烟台市、珠海市、三亚市、包头市和大同市等。县级市的主要领导是地（厅）级的配置，但其行政地位相当于县②，仍属于县的序列，如湖北省的潜江市、天门市和仙桃市等。

　　总体看来，对于行政级别的划定主要是基于隶属关系，与城市的建制类型并无主要关系，也并非完全一一对应。在实际运作中，划定行政级别在一定程度上便于开展行政工作。一方面可以通过行政级别来理清各行政单位之间的隶属关系，从而方便安排地方行政单位的具体权限。另一方面

---

① 刘君德，范今朝. 中国市制的历史演变与当代改革[M]. 南京：东南大学出版社，2015：18-19.
② 谢庆奎. 当代中国政府[M]. 沈阳：辽宁人民出版社，1991：322.

还可以解决一些特殊的政治与军事上的需要。

二、评估结果：行政级别与地方政府发展能力具有较强正相关性

本书的主要关注点在于不同行政级别地方政府发展能力的特征，即地方政府的行政级别是否对于政府的经济发展、社会发展、服务提供、资源利用、科学履职、学习创新等能力存在影响。因此，在样本选取的基础上，将对四类不同行政级别城市的政府发展能力进行分析。

（一）样本选取

由于 2017 年的样本城市主要是地级市及以上城市，因此可以将其行政级别划分为直辖市、副省级城市、省会非副省级城市和其他地级市四个层级。本研究的 62 个样本城市包括：4 个直辖市；13 个副省级城市；13 个省会非副省级城市；32 个其他地级市（见表 9-1）。

表 9-1　不同行政级别地方政府样本的分布情况

行政级别	样本城市
直辖市	北京市、上海市、天津市、重庆市
副省级城市	广州市、武汉市、哈尔滨市、沈阳市、成都市、南京市、西安市、长春市、济南市、杭州市、大连市、深圳市、厦门市
省会非副省级城市	长沙市、福州市、贵阳市、海口市、合肥市、呼和浩特市、昆明市、拉萨市、兰州市、石家庄市、太原市、乌鲁木齐市、郑州市
其他地级市	山东省淄博市、甘肃省金昌市、河北省保定市、江苏省淮安市等

（二）不同行政级别地方政府发展能力的现状分析

考虑到政府发展能力指标体系本身的复杂性以及样本城市具有个体差异等因素，本部分采取了针对不同行政级别的地方政府各项指标求平均值的方法来进行比较与分析。此方法可以有效地将复杂问题转化为较为简

明清晰的问题,同时可以在一定程度上避免地区出现个体差异因素的干扰。

1. 不同行政级别地方政府发展能力的总体评价

通过比较四个地区样本城市政府发展能力的均值可以发现，随着城市行政级别的提升，地方政府的发展能力也出现了相应的提升，如图 9-1 所示。但值得注意的是，其他地级市的地方政府发展能力均值高于省会非副省级城市，这是往年都不曾出现的现象。此外，与前两年的数据相比，直辖市、副省级城市和省会非副省级城市的地方政府发展能力均值出现了不同程度的下降，其中省会非副省级城市的下滑现象最为明显，由 2016 年的 49.25 降到 2017 年的 42.99。相反，其他地级市的政府发展能力均值却有小幅度的提升，由 42.51 升至 47.93。

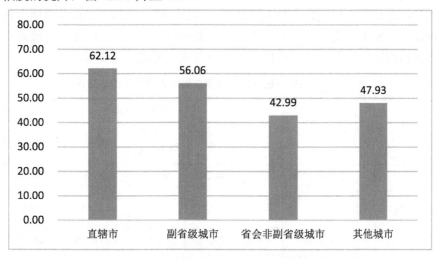

图 9-1　不同行政级别地方政府发展能力综合指数均值

通过 T 检验对不同行政级别城市组进行均值比较,结果如表 9-2 所示。直辖市的地方政府发展能力均值明显要高于省会非副省级城市和其他地级市，而与副省级城市的差距并不显著。与 2016 年数据相比，直辖市地方政府发展能力均值与省会非副省级城市的差距逐渐变大，而与副省级城市以及其他地级市的差距并没有明显变化。相反，与 2016 年不同的是，副省级城市和其他地级市之间的均值差异出现了缩小的态势。与此同时，从表 9-2 也可以看出,地级市地方政府发展能力指数均值要高于省会非副省级城市。

这些现象都可以反映出，在 2016 年中，其他地级市在政府发展能力方面实现了突破，并得以赶超省会非副省级城市。

因此，总体来看，直辖市政府和副省级城市政府的发展能力水平整体较高。这与行政级别带来的多种资源有着密切的关系。较高行政级别地方政府的主要官员级别也较高，在与上级政府对话的过程中有更多的自主权，能够最大限度地为本地区的发展争取更多的资源。而资源越多便意味着城市发展的基础设施越完善，地方政府更有余力去发展其他社会职能，努力向服务型和学习型政府转型。此外，这在一定程度上也激发了当地官员提升自身业绩的动力，政府的发展能力水平越高，越能达到考核标准，官员便有动力去带动地方政府的发展与转型。相反，行政级别较低的城市，其官员行政级别也较低，在与上级政府对话的过程中很难自主地提出地方政府面临的发展困境，在争取资源方面的表现也较为不佳。因此，行政级别较低的政府，其发展能力总体上落后于行政级别较高的政府。

表 9-2　不同行政级别地方政府发展能力均值 T 检验结果

分组变量		均值 T 检验				
		t	df	显著性（双尾）	均值差	标准误差
直辖市	副省级城市	1.036	14.372	0.317	6.06135	5.85283
	省会非副省级城市	2.901	15	0.011	19.13135	6.59585
	地级市	3.868	22.090	0.001	14.18668	3.66735
副省级城市	省会非副省级城市	1.999	24	0.057	13.07000	6.53887
	地级市	1.364	43	0.180	8.12553	5.95739
省会非副省级城市	地级市	-0.926	43	0.360	-4.94447	5.33978

不过，在 2017 年的统计数据中，首次出现了其他地级市政府的政府发展指数均值高于省会非副省级城市的现象，本部分将通过后续的一级与二级指标分析尝试对这一现象加以解释。在与往年的数据对比中可以看出，

虽然不同行政级别地方政府的发展能力水平有差异，但是它们之间的差距呈现出缩小的态势，这在一定程度上也可以说明纵向的府际关系和横向的府际关系都得到了一定程度的发展。中国的府际关系在很大程度上是依据现存的行政区划形成的。由于中国具有较长的中央集权的历史传统，纵向的府际关系具有较多的政治意义，呈现出"下级服从上级，地方服从中央"的特点。与行政级别最高的直辖市政府相比，其他层级的地方政府拥有更为灵活的发展空间，同时也具有更为充足的发展动力。副省级地方政府为了向直辖市政府看齐，不断向直辖市政府学习先进的发展经验，并统筹区域内的发展。受到副省级城市的影响，省会非副省级地方政府和其他地级市政府也为了提升行政级别而积极提升自身的发展能力。由于其他地级市的行政级别较低，因此便拥有更大的动力去赶超其他同级别城市或高级别城市。因此，在 2017 年的统计数据中，其他地级市政府的发展指数均值首次超过了省会非副省级城市。相比而言，横向的府际关系更多地具有经济意义，受到差异性行政级别的影响，城市之间不对等的发展能力和话语权使得协同发展较为困难。政府之间的行政关系和权力关系影响着利益、资源和财政等关系。而如今横向的府际关系在行政级别不发生改变的情况下得到日益改善，这主要得益于处于中间行政级别的副省级城市和省会非副省级城市的辐射带动作用。不同行政级别的城市政府出于对自身利益的衡量，在不同层次与周边的同级别或不同级别政府产生联系，在一定程度上有利于打破城市间经济发展的行政区壁垒，从而进一步提升本地方政府的综合发展能力。

2. 不同行政级别地方政府核心发展能力分析

不同行政级别地方政府的核心发展能力，即六项一级指标均值如图 9-2 所示。可以看出不同行政级别地方政府的发展能力呈现出明显的分化态势。直辖市的发展能力得分大体均高于其他行政级别的地方政府。同时，直辖市在资源利用能力方面表现最为突出。就六项一级指标而言，直辖市政府与副省级政府之间的差异均不明显。而其他地级市的六项一级指标均值均超过了省会非副省级城市，但是差别并不明显。可见，其他地级市在经济发展能力、社会发展能力、服务提供能力、资源利用能力、科学履职能力和学习创新能力等方面较 2016 年相比，均实现了对省会非副省级城市的赶超。

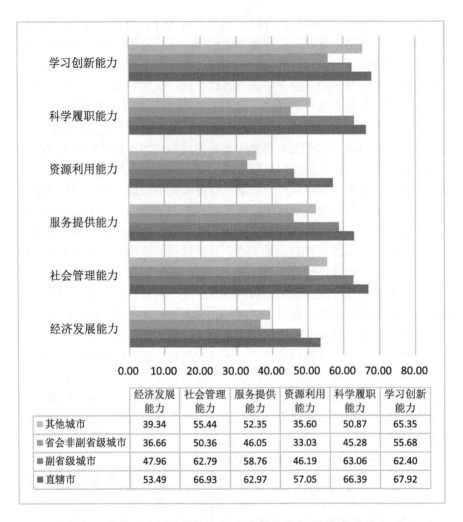

	经济发展能力	社会管理能力	服务提供能力	资源利用能力	科学履职能力	学习创新能力
■其他城市	39.34	55.44	52.35	35.60	50.87	65.35
■省会非副省级城市	36.66	50.36	46.05	33.03	45.28	55.68
■副省级城市	47.96	62.79	58.76	46.19	63.06	62.40
■直辖市	53.49	66.93	62.97	57.05	66.39	67.92

图 9-2　不同行政级别地方政府发展能力一级指标均值

为了避免抽样误差带来的影响，需要进一步对四个不同行政级别政府的六项一级指标得分进行差异性检验。在本研究中，由于不同行政级别的地方政府的发展能力可以看作是四个总体，且其各自的得分情况近似地接近于正态分布，同时，样本数据的获取是独立抽样的。因此，在此可以运用两两独立样本 T 检验的方法对其进行分析，分析结果如表 9-3 所示。政府发展能力的六项一级指标中，通过对两两进行统计分析，直辖市政府与副省级地方政府之间均不存在显著差异，但是其与其他较低行政级别政府在经济发展能力和资源利用能力等两方面的差异显著，尤其是与省会非副省级城市相比，又增加了社会发展能力和服务提供能力方面的差异。这直接验证了前一部分内容中根据均值比较所做出的推测，即行政级别较高的城市的政府发展能力在一般情况下，要高于行政级别较低的城市。而根据数据显示，除直辖市之外的其他行政级别地方政府在政府发展能力的一级指标中均不存在显著差异，副省级城市与省会非副省级城市在科学履职能力上的差异除外。但值得注意的是，在这六项一级指标中，其他地级市地方政府的各项检验结果均高于副省级和省会非副省级地方政府，这是与往年相比变化较大的一点。

表 9-3 不同行政级别城市地方政府发展能力一级指标均值比较 T 检验结果

分组变量		直辖市			副省级城市		省会非副省级城市
		副省级市	省会非副省级城市	地级市	省会非副省级城市	地级市	地级市
经济发展能力	t	0.888	3.93	4.756	1.541	1.151	−0.542
	显著性	0.391	0.002	0.001	0.136	0.138	0.59
社会发展能力	t	0.691	2.827	−0.287	−0.534	1.24	−0.95
	显著性	0.500	0.013	1.261	2.095	0.222	0.347
提供服务能力	t	0.607	2.37	1.01	1.47	0.919	−1.008
	显著性	0.553	0.032	0.32	0.095	0.363	0.319
资源利用能力	t	1.006	3.456	2.625	1.919	1.838	−0.511
	显著性	0.330	0.003	0.013	0.067	0.073	0.612
科学履职能力	t	0.324	2.836	1.592	2.612	1.911	−0.946
	显著性	0.75	0.013	0.121	0.015	0.063	0.349
学习创新能力	t	0.71	1.901	0.262	1.137	−0.501	−1.697
	显著性	0.489	0.077	0.795	0.200	0.619	0.097

3. 不同行政级别地方政府核心发展能力分析

通过对 14 项二级指标的均值情况进行梳理，可以进一步揭示不同行政级别城市发展能力的具体状况，如图 9-3 所示。直辖市在除环境保护能力和主动学习能力外的 12 项指标中均居于首位，副省级城市紧随其后，仅主动学习能力略低于其他较低行政级别的地方政府。而直辖市政府能力表现最突出的有经济发展能力中的促进消费能力、社会发展能力中的推动发展能力和维护秩序与公平的能力、服务提供能力中的均等化区域公共服务的能力以及科学履职中的政策制定能力和政策执行能力，这与高行政级别所带来的资源优惠是分不开的。副省级地方政府在除资源利用能力中的资源获取能力和资源整合能力等方面的表现接近于高级别的直辖市政府，但主动学习能力却低于较低行政级别的地方政府。在主动学习能力方面，行政级别较低的其他地级市政府表现最为突出，超过包括直辖市在内的较高行政级别的政府。这也就证明了，行政级别较低的政府有较强的学习与创新动力去赶超行政级别较高的政府，从而在 2017 年的数据中就反映出来，其他地级市各方面的政府能力均超过省会非副省级政府。

运用两两独立样本 T 检验的方法对二级指标进行分析，其中检验结果显示具有显著差异的指标如表 9-4 所示。总体来看，在促进消费能力、推动转型能力、推动发展能力、维护秩序能力、保障基本公共服务能力、均等化区域公共服务能力、资源整合能力、政策制定能力、政策执行能力、主动学习能力和管理与服务的创新能力等方面，不同行政级别的地方政府差异显著。与 2016 年的指标相比，不同行政级别的城市在推动转型能力方面的差异依旧显著，在政策支持能力等方面差异缩小。与此同时，在推动发展能力、保障基本公共服务能力、均等化区域公共服务能力、资源整合能力、政策执行能力和管理与服务的创新能力等方面的差距较 2016 年有所增加。

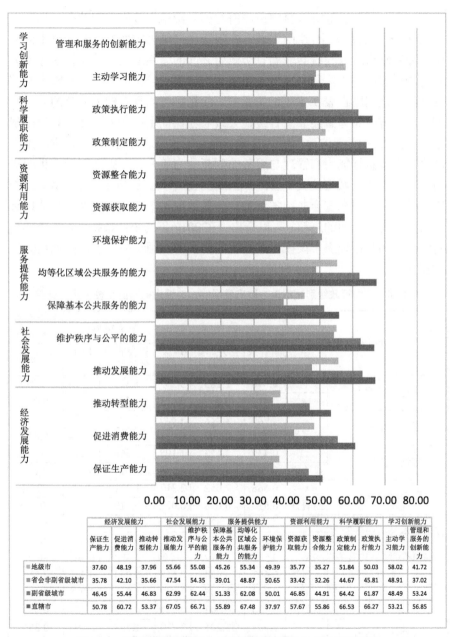

	经济发展能力			社会发展能力		服务提供能力			资源利用能力		科学履职能力		学习创新能力	
	保证生产能力	促进消费能力	推动转型能力	推动发展能力	维护秩序与公平的能力	保障基本公共服务的能力	均等化区域公共服务的能力	环境保护能力	资源获取能力	资源整合能力	政策制定能力	政策执行能力	主动学习能力	管理和服务的创新能力
■地级市	37.60	48.19	37.96	55.66	55.08	45.26	55.34	49.39	35.77	35.27	51.84	50.03	58.02	41.72
■省会非副省级城市	35.78	42.10	35.66	47.54	54.35	39.01	48.87	50.65	33.42	32.26	44.67	45.81	48.91	37.02
■副省级市	46.45	55.44	46.83	62.99	62.44	51.33	62.08	50.01	46.85	44.91	64.42	61.87	48.49	53.24
■直辖市	50.78	60.72	53.37	67.05	66.71	55.89	67.48	37.97	57.67	55.86	66.53	66.27	53.21	56.85

图 9-3 不同行政级别城市地方政府发展能力二级指标均值

　　与 2016 年数据相比,直辖市政府与副省级地方政府之间的差距缩小,而在 2016 年的数据中,这两类城市在保证生产能力方面有着较为突出的差别。而直辖市政府与省会非副省级政府之间的差距增大,除维护秩序能力和主动学习能力外,所列出的九项能力均表现出较大的差异。直辖市与其他地级市之间则在表 9-4 所示的四项二级指标上均具有较为显著的差异性。副省级地方政府与省会非副省级地方政府在保证生产能力方面的差异出现了扩大,在 2016 年的数据中两者的差异并不显著。与此同时,在推动发展能力、政策执行能力和管理与服务的创新能力等方面,副省级城市也明显与省会非副省级城市拉大了差距。在和 2016 年数据比较中可以发现,最为明显的差异出现在省会非副省级城市与其他地级市的关系上面,其他地级市政府实现了全面的赶超。可以看出,在 2017 年的统计数据中,省会非副省级城市和其他地级市仅在促进消费能力上的差距十分显著,其他均无较大差异。

表 9-4　不同行政级别城市地方政府发展能力二级指标均值比较 T 检验结果

分组变量		直辖市			副省级城市		省会非副省级城市
		副省级市	省会非副省级城市	地级市	省会非副省级城市	地级市	地级市
促进消费能力	t	0.846	2.283	3.283	1.815	1.154	-2.213
	显著性	0.412	0.037	0.003	0.082	0.255	0.032
推动转型能力	t	1.026	2.222	4.826	1.494	1.570	-0.466
	显著性	0.323	0.042	0.001	0.148	0.124	0.643
推动发展能力	t	0.439	3.123	1.198	2.666	1.219	-1.464
	显著性	0.667	0.007	0.239	0.014	0.230	0.151
秩序维护能力	t	0.668	2.052	2.317	1.271	1.23	-0.14
	显著性	0.514	0.058	0.027	0.219	0.225	0.89
保障基本公共服务能力	t	0.62	2.324	-0.124	1.606	0.899	-1.072
	显著性	0.545	0.035	0.902	0.121	0.374	0.29
均等化区域公共服务能力	t	0.532	2.519	-0.504	1.972	0.961	-0.98
	显著性	0.603	0.024	0.618	0.060	0.342	0.333
资源获取能力	t	0.995	3.555	3.947	1.956	1.958	-0.481
	显著性	0.336	0.003	0.001	0.062	0.057	0.633
资源整合能力	t	1.003	3.201	2.779	1.798	2.794	0.356
	显著性	0.332	0.006	0.009	0.085	0.008	0.723

续表

分组变量		直辖市			副省级城市		省会非副省级城市
		副省级市	省会非副省级城市	地级市	省会非副省级城市	地级市	地级市
政策制定能力	t	0.203	2.565	1.307	2.748	1.956	-1.172
	显著性	0.842	0.022	0.200	0.011	0.057	0.247
政策执行能力	t	0.417	4.762	-1.165	2.37	1.81	-0.709
	显著性	0.683	0.001	0.252	0.026	0.077	0.482
主动学习能力	t	0.605	0.705	2.308	-0.089	-1.678	-1.676
	显著性	0.554	0.491	0.039	0.93	0.101	0.101
管理和服务的创新能力	t	0.334	2.666	1.088	2.322	1.917	-0.874
	显著性	0.743	0.018	0.284	0.029	0.062	0.387

三、提升路径：从机制与机构两个层面寻找突破口

在总体分析与分解分析不同行政级别地方政府发展能力之后，如何打破行政级别对于地方政府发展能力的限制，破除"行政区经济"现象，协调不同行政级别地方政府之间的关系成为值得深思的问题。在不改变行政区划的基础上，可以从机制和机构两个维度出发，探讨提升地方政府发展能力的路径。

（一）机制层面

由于行政级别对于地方政府发展能力有所限制，部分学者认为重塑机制设计，建立健全协同发展机制是改善这一局面的必由之路。随着政府间交流合作的需求增长，越来越多样的主体参与到政府治理的过程中，因此，在多元治理理论兴起的背景下，"复合行政"成为突破行政级别限制的新路径。所谓"复合行政"，重点在于促进转变政府职能，即跨越行政级别，将

非政府组织吸纳到政治过程中①。在实践中，主张吸纳非政府组织参与规划的制定与实施，提供政府与政府之间、政府与非政府机构之间的平等对话平台。

随后，根据区域治理理论而提出的"复合治理"理念在否定发展"复合行政"的基础上，提供了新的机制设计方案。主张"复合治理"的学者们认为复合行政不符合中国的实际国情，在条块结构中很难加入非政府机构并赋予其与地方政府平等的地位，同时行政级别较低的政府也很难做到与行政级别较高的政府的平等对话。同时，中国的非政府机构及其工作人员还不成熟，仍存在诸多结构性问题。若在中国的转型期间赋予非政府机构与地方政府一样的地位，不仅会削弱地方政府的宏观调控能力，还可能带来秩序的失衡。因此，"复合治理"理念主张建立善政的小政府，并通过"将政府公共服务等职能通过转包、招标等形式让渡给公民社会组织"②等途径，达到突破行政级别限制的目的。

此外，建立健全利益补偿机制也受到学者们的重视。对于经济结构不均衡、发展较为缓慢的地方政府实行一定的利益补偿，可以弥补城市政府发展能力的差距。同时也可以有效减轻在区域发展过程中，落后地区产生"搭便车"的现象，调动各个行政级别地方政府创新和发展的积极性。

（二）机构层面

由于中国纵向府际关系发展较为成熟，部分学者提出调整顶层设计的改革思路，即在一定的区域范围内设置行政地位高于各地方政府的组织机构，通过顶层机构的统一规划来规避行政级别和本位主义带来的发展难题。这一思路以韩国首尔都市圈为主要代表。首尔都市圈通过设立首都圈整备委员会从国家层面解决区域协调问题，并统一制定了都市圈长期发展的规划，从而在"国家层面上明确了首都圈建设的目标、战略及实施举措"③，

---

① 王健，等."复合行政"的提出——解决当代中国区域经济一体化与行政区划冲突的新思路[J]. 中国行政管理，2004（3）：44-48.

② 范巧，郭爱君. 从"复合行政"到"复合治理"——区域经济一体化与行政区经济矛盾解决的新视角[J]. 南方经济，2009（6）：61-69.

③ 卢爱国. 城市群行政管理体制改革：国际经验与长株潭选择[J]. 湖南师范大学社会科学学报，2013（6）：46-52.

有效规避了府际合作的壁垒，有效促进都市圈的协同发展。此外，美国大都市圈的机构改革也为我们加强顶层设计提供了思路。美国以建立大都市圈政府为设想，通过合并市、县和建立地方政府联合组织等措施，来解决行政区划带来的发展难题。

　　鉴于中国的行政体制有别于韩国和美国等国家，设立一个"巨人政府"在现实情况下不具备实践的可行性，况且大部分的"巨人政府"改革方案都被验证为失败。原因在于中国的结构体制是中央集权制，中央政府与地方政府之间存在职责同构，而不是权力分立的特点。因此，组建超越区域行政级别的实体政府可能会带来政府机构的冗杂，降低行政效率，并不符合中国的现实国情。再者，中国地方政府缺乏自治的基础，建立一个地方政府联合的松散机构，如市长联席会，都有可能会流于形式，缺少权威性，无法真正进行有效的统一监督与管理。而吸纳非政府组织建立城市群联盟机构，虽然有利于动员社会力量参与解决社会公共服务问题，加强区域内的交流与联系，但目前的非政府组织还处于发展阶段，缺乏成熟的能力来承担大量的社会责任，盲目推动可能会带来区域内秩序的混乱。因此，设立类似于韩国的"都市圈整备委员会"成为加强顶层设计的现实选择，有助于处理行政级别差距较大的地方政府间的关系，有效且科学地提升不同行政级别地方政府的发展能力。

四、结论

　　通过对不同行政级别城市地方政府发展能力的分析可以看到，与往年相比，即便政府发展能力的具体量化指标出现了一定程度的调整，行政级别对于政府发展能力的影响也是较为稳定的，这种稳定性主要体现在省级地方政府（即直辖市政府）和其他地级市，直辖市政府发展能力恒强，与此相比，其他地级市政府发展能力相对较弱。这表明城市的行政级别与地方政府能力呈现出高度的相关性。在中国，行政级别往往决定着城市所能享有的政治职权和经济权限等资源的多少，且具有较高的稳定性，一般情况下不会被轻易改变。但是，在2017年的数据中，地级市无论是在政府发展的总体能力，还是在一、二级指标上均超过了省会非副省级城市，这是在以往年份中不曾出现的现象。这表明，虽然行政级别的影响具有稳定性，但是在具体的变量中，还是具有一定的灵活性的，层级较低的地方政府拥有较大的动力去提升政府发展能力。此外，值得注意的是，在行政级别影响的稳定性中，也存在着一个较为特殊的变量，即副省级城市。如今来看，副省级城市的崛起在一定程度上激活了提高政府发展能力的动力，在较为稳定的行政级别中增加了流动性因素。因此，行政级别对于政府发展能力的影响具有稳定性，同时也具有灵活性。这种稳定性和灵活性的特征具体表现如下文所述。

（一）直辖市政府的发展能力具有较强的稳定性

从地方政府核心发展能力（即一级指标）来看，公众对于其所在地方政府的经济发展、社会发展、服务提供、资源利用、科学履职、学习创新等能力的满意度，大致会随着城市行政级别的降低而下降。直辖市，即北京、上海、天津和重庆，仍然保持着较高的指标评价得分水平。通过观察政府发展能力各项指标的具体得分可以看出，公众对直辖市政府发展能力的评价普遍较高。这四个城市均是具有战略性区域意义的中心城市，相应的行政级别较高，在政治、经济和社会等方面的资源支配能力有较大的自主性，很难被超越。因此，从三级指标来看，在有效获得财力和信息资源以及按时落实政策等方面，公众对于省级政府的满意度评价较高，这在一定程度上可以反映出直辖市政府拥有较为突出的政策支持能力和政策执行能力。在推动经济发展与经济转型方面，直辖市的公众对于政府有效引导地方经济健康运行的评价最高。除此之外，直辖市在均等化区域公共服务能力方面，要明显高于副省级城市、省会非副省级城市和其他地级市。相关客观数据也表明，直辖市政府在公共服务设施均等化等方面中所具有的能力要明显高于其他三个行政级别的地方政府。此外，在科学履职尤其是组织和协调方面，直辖市政府的各部门职位分工权责的合理性和科学履职的能力要高于其他三级政府，即便直辖市的跨部门协调难度最大。与此相比，其他三个行政级别政府的部门协调程度均较低。

（二）直辖市政府行政体系内部满意度具有较强的稳定性

综合分析近三年的数据，在行政体系内部，直辖市政府所具有的满意度水平仍然保持在最高的位置。在科学履职和学习创新等能力的三级指标的测量上，直辖市政府公务员对于其所在城市的学习创新能力的评价要明显优于其他三个级别的政府，直辖市政府公务人员对其所在单位的激励学习奖励措施和内部信息共享机制的满意度较高，这在一定程度上可以表明直辖市政府在建设"学习型政府"的过程中表现优异，当然这也与直辖市政府拥有相对高质量的研究机构和较为充足的教育投入资金有关。在组织公务人员培训次数等方面，直辖市地方政府频率高于其他行政级别的政府。这里需要说明的是，在组织这两项指标的测度上，涉及诸多较为专业的问题，而普通公众对于政府颁布的与自身利益不相关的政策关注较少，尤其对于政府内部的具体运作过程不甚了解。因此，为了降低政治认知所带来的偏差，本书仅限于在政府内部任职的公务人员中填答相关问题，从而保证答卷人拥有同等专业水平的政治认知能力。

（三）行政级别较低的地方政府发展能力具有较强的灵活性

从近三年的数据分析中可以看出，地方政府发展能力水平变化较大的则出现在较低行政级别的政府中。与直辖市相比，行政级别较低的副省级城市在三年的数据统计中显示出较快的增长态势，与直辖市的差距在逐渐缩小，具有较强的灵活性与流动性。在不同行政级别地方政府中，副省级城市并不具有最高的行政级别，但是这些城市均是其所在区域的中心城市。从近年来副省级城市的地区生产总值和地区生产总值的增长率可以看出，其在全国占有日趋重要的地位。因此，充分分析副省级城市的经济和社会发展状况，对于全面理解中国地方政府经济的发展具有重要意义。此外，在 2017 年的数据中，出现了其他地级市政府的发展能力均超过省会非副省级城市的情况，这体现出级别较低的其他地级市政府发展能力具有较强的灵活性，也具有较强的发展动力去赶超其他行政级别的政府。此外，其他地级市政府也在逐渐缩小与副省级城市的差距。

这一现象的出现表明，随着各类区域性政策的出台，以及纵向与横向府际关系的发展完善，行政级别对于政府发展能力的影响逐渐弱化。行政级别最高的直辖市政府依旧保持较高的稳定性，并领先于其他行政级别的政府。但是在其他地方政府中，行政级别所起到的固化作用并不如前两年所反映的作用明显，这对于破除"行政区经济"的现象具有较为积极的意义。

（作者单位：南开大学周恩来政府管理学院）

第十章　不同人口规模城市政府发展能力特征分析

郑宗鹏

随着全球化和改革开放以来中国城镇化的快速推进，中国的城市数量和规模都有了明显的增长，城市发展水平在很大程度上代表了中国竞争力的强弱，在城市的发展过程中，地方政府扮演着重要的角色，其发展能力的高低对于城市的发展至关重要。为探究影响城市政府发展能力的因素，本书的前几个部分分别从不同地区、主要城市群、不同层级几个方面对地方政府发展能力进行分析。本部分将从不同人口规模城市政府发展能力特征的角度出发，对城市政府的经济发展、社会发展、服务提供、资源利用、科学履职及学习创新等核心发展能力及其具体指标进行系统比较分析，从而在客观描述不同人口规模城市政府发展能力的基础上，尝试对各类城市政府的发展能力提升提出建议。

一、类型划分：不同人口规模城市划分的标准

城市规模作为衡量城市大小的数量概念，主要包括城市人口规模与城市用地规模两类相互联系的指标，一般而言，人口规模是衡量城市规模的主导性指标。不同国家由于经济基础、社会条件、历史背景及行政制度的差别，特别是对非农人口的理解不同，城市规模划分标准的差异很大。

对于我国城市规模等级的划分，各界学者一直十分关注。王兴平教授针对我国 1989 年《城市规划法》关于"以市区和近郊区非农业人口的数量

作为城市的划分标准"中的"近郊区概念"缺乏操作性，提出应调整城市规模的衡量标准，并根据规划力度划分编制类型，扩大法律界定范围。①陈捷等学者认为，以城市行政级别的高低和人口规模的大小来划分城市规模等级体系具有一定的片面性和局限性，并提出利用城市流强度划分中心城市规模等级体系。②方创琳按照市区常住人口为口径，以 10 万、50 万、100 万、500 万、1000 万为分级标准提出六级划分方案。③此外，还有很多学者以 GDP 规模④等指标替代人口指标对城市规模等级进行划分。从学者们的讨论可以看出，很多对城市规模等级划分的旧标准已经难以适应当前中国城镇化的快速发展和城市人口结构的急剧变化等新形势的要求，建立新的城市规模划分标准格外重要和迫切。为顺应时代发展需要，2014 年11 月，《国务院关于调整城市规模划分标准的通知》正式出台，根据《国务院关于调整城市规模划分标准的通知》发布的规定：新的城市规模划分标准以城区常住人口为统计口径，将城市划分为五类：城区常住人口 50 万以下的城市为小城市；城区常住人口 50 万以上 100 万以下的城市为中等城市；城区常住人口 100 万以上 500 万以下的城市为大城市；城区常住人口 500 万以上 1000 万以下的城市为特大城市；城区常住人口 1000 万以上的城市为超大城市。新标准在城市空间范围、人口统计口径和分级标准等三个方面进行了实质性的改进，以接近城市实体范围的"城区人口"作为划分依据，从而更加符合当前新型城镇化的发展情况，更为科学合理。本章将基于《国务院关于调整城市规模划分标准的通知》对样本城市进行分类。

目前关于不同人口规模城市政府发展的相关研究，绝大部分集中于城市人口规模对于城市经济发展的影响这一研究热点上。田渊研究了城市人口规模对城市生产率的影响，指出城市人口规模对于城市生产效率具有明

---

① 王兴平，涂志华，戎一翎. 改革驱动下苏南乡村空间与规划转型初探[J]. 城市规划，2011（5）：56-61.

② 陈婕. 中国城市规模等级体系的时间尺度效应研究[J]. 学术论坛，2008（3）：89.

③ 方创琳. 中国城市发展方针的演变调整与城市规模新格局[J]. 地理研究，2014（4）：674-686.

④ 李震，杨永春. 基于 GDP 规模分布的中国城市等级变化研究：等级结构扁平化抑或是等级性加强[J]. 城市规划，2010（4）：27-31.

显的促进作用[1]。鲍尔温和马丁利用模型推导，证明了城市人口规模扩大的正向外部性与聚集对经济增长的推动作用。还有一些学者从城市人口聚集的经济效应问题入手，其研究也取得了一定的成果。高鸿鹰和武康平采用最小二乘法验证了城市人口规模与聚集经济效应之间的正向关系[2]。吉昱华等通过实证分析，指出城市聚集经济效应对二、三产业增长具有显著的影响，尤其是人口规模在 250 万人至 380 万人之间的城市[3]。刘爱梅和杨德才认为，城市人口规模与经济增长存在正向关系，当人口规模超过一定程度后这种关系会降低[4]。柯善咨和赵曜、金晓雨和郑军等学者在实证分析中引入了城市人口规模的二次项，验证了人口规模与经济增长之间的"倒 U 形"关系[5]，即随着城市规模的扩大，城市经济会出现先增长后下降的"倒 U 形"变化，当城市人口规模达到一定程度时，人口规模与经济增长相关的关系将变得不明显[6]。对于中国的最佳城市规模，王小鲁和夏小林认为在城市规模初始扩大的阶段，规模边际收益递增要比规模边际外部成本递增快，城市规模扩张到一定的阶段后，规模边际收益开始递减，而规模边际外部成本递增，他们的实证研究表明中国城市人口规模在 100 万～400 万人的净规模收益最大[7]。韩本毅则从城市人口规模的供给和需求出发，构建数理模型进行实证分析，认为城市化的技术积聚效应、城市地租、农村人口规模、城市与农村劳动者的收入差距、农村迁移的冲击等都影响着城市人口规模[8]。赵卫华则从经济规模与人口规模动态关系的规律出发，以北京的人口增长为例，分析了经济规模与人口规模之间的数量关系[9]。

关于城市人口规模控制的问题，王桂新从大城市人口规模控制的角度

① Tabuchi T. Urban Agglomeration, Capital Augmenting Technolo-gy, and Labor Market Equilibrium[J]. Journal of Urban Eco-nomics, 1986(20): 211-228.

② 高鸿鹰，武康平. 集聚效应、集聚效率与城市规模分布变化[J]. 统计研究，2007（3）：43-47.

③ 吉昱华，蔡跃洲，杨克泉. 中国城市集聚效益实证分析[J]. 管理世界，2004（3）：67-74.

④ 刘爱梅，杨德才. 城市规模、资源配置与经济增长[J]. 当代经济科学，2011（1）：106-113.

⑤ 金晓雨，郑军. 中国城市效率与城市规模研究[J]. 软科学，2015（3）：107-110.

⑥ 柯善咨，赵曜. 产业结构、城市规模与中国城市生产率[J]. 经济研究，2014（4）：76-88.

⑦ 王小鲁，夏小林. 优化城市规模推动经济增长[J]. 经济研究，1999（9）：22-29.

⑧ 韩本毅. 影响城市人口规模的机制及实证[J]. 当代经济科学，2010（2）：83-89.

⑨ 赵卫华. 论我国大城市人口规模与经济规模关系——以北京为例[J]. 中国名城，2014（5）：49-53.

借鉴国外伦敦、东京等大城市控制人口的经验进行总结，得出的结论认为，放弃人为控制，尊重市场规律才是根本[①]。

　　关于人口规模和城市绿色发展的研究，大多数学者从人口规模与城市低碳建设的关系出发探求政府应当怎样调整人口规模，认为控制人口流入城市将深刻地影响我国"低碳城市"的建设。张文晓和穆怀中提出了中国城市绿色人口密度模型，通过进一步构建绿色人口密度检验系数，以此作为衡量城市人口密度是否符合绿色发展的标准，认为中国整体城市人口规模与经济发展水平相适应，但城市空间规模与大气环境质量不协调[②]。

　　由以上有关城市规模的文献可知，目前学界大量的研究集中在城市人口规模的经济效应、城市最优规模以及城市人口规模控制的相关分析上。从地方政府发展视角对不同人口规模城市政府发展能力进行的研究则相对不足，缺少基于城市政府在经济发展、社会发展、服务提供、资源利用、科学履职及学习创新等方面能力的系统分析。由于在中国城市发展进程中地方政府发挥着极其重要的作用，且不同人口规模的城市对城市政府的发展能力要求也不同，因此，本部分将具体针对不同人口规模城市政府的发展能力特征进行分析，更加全面、系统地研究我国城市政府的发展情况。

二、评估结果：城市人口规模与政府能力总体正相关

　　根据2016年的数据分析，特大及以上城市政府发展的综合能力最高，大城市和小城市政府发展能力居中，而中等城市的政府能力相对较弱。本年度的分析结果与2016年具有高度相似性，这也从一个侧面证明了本研究总体上具有较高的可信度与有效性。

（一）不同人口规模城市样本选取

　　本章主要分析不同人口规模城市政府的发展能力特征，即人口规模差异与城市政府总体发展能力及其在经济发展、社会发展、服务提供、资源

---

① 王桂新. 国外大城市人口规模控制问题的经验与启示[J]. 南京社会科学，2016（5）：42-47.
② 张文晓，穆怀忠. 中国城市绿色人口密度研究[J]. 技术经济与管理研究，2017（5）：113-118.

利用、科学履职及学习创新等核心发展能力的影响。城市规模的划分主要依据 2014 年《国务院关于调整城市规模划分标准的通知》和全国第六次人口普查的城市常住人口数据。在应然层面，选取 2015 年全国各城市城区常住人口数据最为适当。然而，一方面权衡"人口普查"与"抽样统计"两种方法，前者更为客观、可信度更高；另一方面，受公开数据资料所限，根据现有数据资料未能按照统一口径核算出 62 个城市的城区常住人口。由于样本城市中的超大城市和特大城市数量过少，为保证后续数据分析的可信度与有效性，在分析中将两类城市合并为一组，从而把全国城市划分为小城市、中等城市、大城市、特大及以上城市四类。在 2017 年选择的 62 个样本城市中，小城市涵盖丽水、拉萨等 7 个城市，中等城市涵盖忻州、雅安等 8 个城市，大城市包括石家庄、南京等 41 个城市，特大及以上城市包括北京、上海、天津等 6 个城市，如表 10-1 所示。

表 10-1　62 座样本城市按城市规模分类情况

城市人口范围（万人）	城市规模	城市
<50	小城市	丽水、拉萨等
50~100	中等城市	忻州、雅安等
100~500	大城市	石家庄、南京、乌鲁木齐等
>500	特大及以上城市	北京市、上海市、天津市、重庆市等

（二）不同人口规模城市政府发展能力现状分析

为了更加全面系统地对不同人口规模城市政府发展能力进行分析，课题组通过对主、客观数据进行标准化和可操作处理，计算出了四类不同人口规模样本城市的发展能力，并通过计算各项指标的权重，得出了样本城市的一级、二级和三级指标的得分，从而以较为直观的方式分析四类城市政府发展能力的特征，并为进一步提出能力提升的对策建议奠定基础。

1. 不同人口规模城市政府发展能力的总体评价

通过比较四类不同人口规模城市政府发展能力的均值，可以发现其结果与上一年度不同人口规模城市政府能力发展得分情况具有较强的相似性。特大及以上城市政府综合发展能力最高，要远高于其他三类城市，大城市政府发展能力次之，小城市政府发展能力位居第三，中等城市政府能力发展则最低。但可以看出，中等城市和小城市的政府总体得分差距并不明显，如图 10-1 所示。总体来看，不同人口规模城市政府能力发展水平还存在着一定的差距。

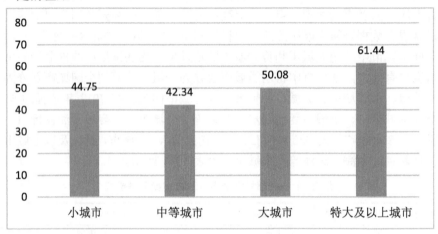

图 10-1　不同人口规模城市政府发展能力得分情况

进一步采用独立样本 T 检验，比较四类人口规模城市政府发展能力的均值（见表 10-2），发现在统计学意义上，特大及以上城市和小城市、中等城市政府能力发展存在着显著差异。特大及以上城市显著高于中等城市和小城市，其他类型之间的差异并不显著。从均值的差值来看，特大及以上城市政府发展能力的均值高于大城市、中等城市及小城市，中等规模城市普遍低于小城市、大城市和特大及以上城市。

表 10-2　不同人口规模城市政府发展能力的均值比较

分组变量		均值 T 检验					95%置信区间	
		t	df	显著性（双尾）	均值差	标准误差	下限	上限
小城市	中等城市	0.299	12.972	0.770	2.411	8.070	-15.027	19.849
	大城市	-0.869	9.748	0.406	-5.256	6.050	-18.784	8.272
	特大及以上城市	-2.808	11.000	0.017	-16.688	5.942	-29.767	-3.610

分组变量		均值 T 检验						
		t	df	显著性（双尾）	均值差	标准误差	95%置信区间	
							下限	上限
中等城市	大城市	-1.148	10.336	0.277	-7.667	6.681	-22.487	7.153
	特大及以上城市	-3.081	7.701	0.016	-19.099	6.199	-33.492	-4.707
大城市	特大及以上城市	-1.523	45.000	0.135	-11.432	7.505	-26.549	3.684

2. 不同人口规模城市政府发展核心能力解析

不同人口规模城市政府的核心发展能力，即一级指标均值分析，如图10-2 所示。对四类不同人口规模城市政府能力的一级指标得分进行标准化处理后，其 6 个一级指标得分的平均值显示，不同人口规模城市的政府总体上在学习创新、社会发展、服务提供、科学履职等方面能力表现较为突出，而资源配置能力较弱。从标准差来看，各类不同人口规模城市政府服务提供的能力最为不均衡，经济发展、社会发展、资源利用等能力则相对均衡。从不同人口规模城市政府内部能力结构上看，小城市的 6 项政府能力发展最为不均衡，特大及以上城市的政府发展能力最为均衡。在小城市中，学习创新、社会发展、服务提供、科学履职的能力较强，发展经济和资源利用能力则相对较弱。中等城市和小城市情况类似。

为了更加科学合理地分析不同人口规模城市政府间各项发展能力的差异情况，以"城市规模"作为分组变量，将"发展经济""社会发展""服务提供""资源利用""科学履职""学习创新"六项政府发展能力进行两个独立样本之间的 T 检验，其结果如表 10-3 所示。经过比较发现，在统计学意义上，在发展经济能力上，小城市、中等城市与特大及以上城市存在显著差异。结合图 10-2 可知，特大及以上城市发展经济能力高于大城市、小城市和中等城市。在资源利用能力上，特大及以上城市与大城市、中等城市、小城市均存在显著差异，并且明显高于大城市、中等城市、小城市的资源利用能力。在科学履职能力上，特大及以上城市与中等城市、小城市存在显著差异，与大城市的差异则并不明显。在社会发展能力、服务提

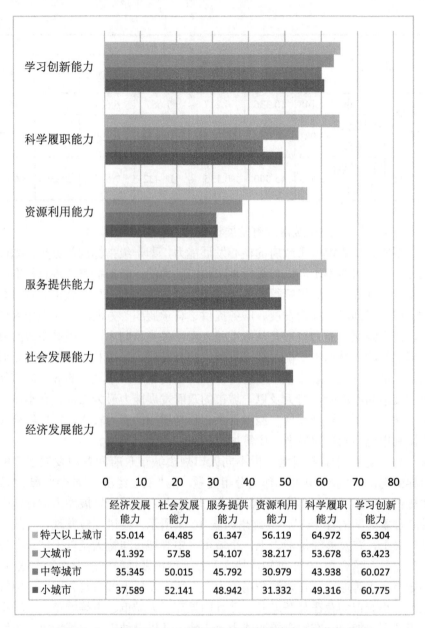

	经济发展能力	社会发展能力	服务提供能力	资源利用能力	科学履职能力	学习创新能力
特大以上城市	55.014	64.485	61.347	56.119	64.972	65.304
大城市	41.392	57.58	54.107	38.217	53.678	63.423
中等城市	35.345	50.015	45.792	30.979	43.938	60.027
小城市	37.589	52.141	48.942	31.332	49.316	60.775

图 10-2   对比不同人口规模城市政府发展能力一级指标得分

供能力和学习创新能力上，四类不同人口规模的城市政府发展能力得分状况则没有显著的差异。之所以会出现这种状况是因为城市规模的增长带来了各种生产要素的聚集，提升了城市效率，带动了城市各项能力的综合发展，不同规模城市之间的能力也会因为规模的差异而产生差别，使得特大及以上城市在发展经济能力、资源利用能力、科学履职能力上有较为显著的差别。由于当前我国经济社会平稳发展，以及十八大报告提出的基本公共服务均等化的目标，使得各城市政府面临的问题以及工作重点基本相同，各城市政府不断加强社会服务与治理工作的投入力度并取得了一定的效果，同时各城市政府更加重视政府创新能力的培养，使得在其他三项能力指标上不同规模城市政府得分状况并没有显著差异。

表 10-3　四类人口规模城市政府发展能力一级指标均值比较 T 检验结果

分组变量	发展经济能力		社会发展能力		服务提供能力		资源利用能力		科学履职能力		学习创新能力	
	t	显著性	t	显著性	t	显著性	t	显著性	t	显著性	t	显著性
小城市—中等城市	0.341	0.738	0.247	0.809	0.30	0.769	0.05	0.956	0.60	0.556	0.062	0.951
小城市—大城市	-0.73	0.479	-0.95	0.361	-0.60	0.565	-1.45	0.171	-0.65	0.526	-0.29	0.778
小城市—特大城市	-3.57	0.004	-2.20	0.061	-1.37	0.196	-5.18	0.001	-2.73	0.019	-0.47	0.646
中等城市—大城市	-1.06	0.309	-1.00	0.339	-1.10	0.294	-1.45	0.168	-1.32	0.215	-0.39	0.704
中等城市—特大及以上城市	-3.86	0.005	-1.94	0.085	-2.13	0.062	-5.00	0.001	-3.38	0.01	-0.57	0.576
大城市—特大及以上城市	-1.80	0.078	-0.95	0.345	-0.85	0.399	-2.27	0.028	-1.67	0.100	-0.42	0.681

3. 不同人口规模城市政府核心发展能力分解分析

为了进一步揭示不同人口规模城市政府发展能力的状况，现将 14 项二级指标的均值进行梳理，具体如图 10-3 所示。根据四类政府发展能力

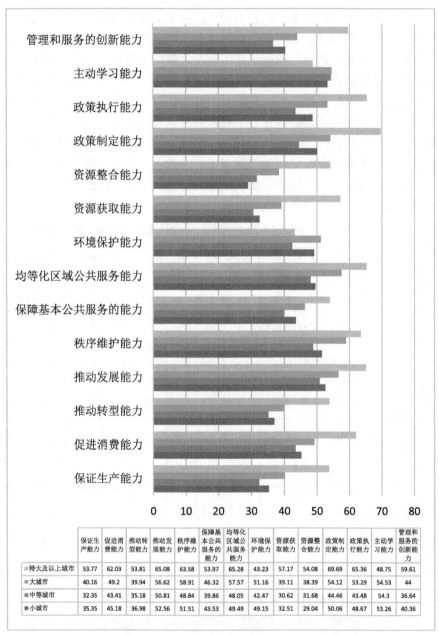

	保证生产能力	促进消费能力	推动转型能力	推动发展能力	秩序维护能力	保障基本公共服务的能力	均等化区域公共服务能力	环境保护能力	资源获取能力	资源整合能力	政策制定能力	政策执行能力	主动学习能力	管理和服务的创新能力
特大及以上城市	53.77	62.03	53.81	65.08	63.58	53.97	65.28	43.23	57.17	54.08	69.69	65.36	48.75	59.61
大城市	40.16	49.2	39.94	56.62	58.91	46.32	57.57	51.16	39.11	38.39	54.12	53.29	54.53	44
中等城市	32.35	43.41	35.18	50.81	48.84	39.86	48.05	42.47	30.62	31.68	44.46	43.48	54.3	36.64
小城市	35.35	45.18	36.98	52.56	51.51	43.53	49.49	49.15	32.51	29.04	50.06	48.67	53.26	40.36

图 10-3 不同人口规模城市政府发展能力二级指标得分对比

14 项二级指标的均值，特大及以上城市在除主动学习能力、环境保护能力以外的 12 项指标得分都是最高的，其中环境保护能力得分低于大城市和小城市，主动学习能力得分能力则低于大城市、中等城市以及小城市。大城市的各项二级指标得分情况较为均衡，但是在资源整合能力、资源获取能力上与特大及以上城市存在着较为明显的差距。值得一提的是大城市在环境保护能力上得分最高，说明大城市的环境保护能力较强。中等城市政府发展能力二级指标得分情况则不是很乐观，在 14 项指标中有 12 项得分处于最低，只在主动学习能力和资源整合能力上得分高于小城市。小城市的政府发展能力得分情况大部分位居第三，特别是在推动社会发展、秩序维护、保障基本公共服务等方面能力得分甚至接近大城市相关指标的得分。

（1）经济发展能力分析

经济发展能力可分解为三项二级指标，即保证生产能力、促进消费能力和推动转型能力。特大及以上城市三项得分都是最高的，其次是大城市，小城市位列第三，而中等城市在三项二级指标上得分均最低。这可能是由于在经济新常态下中等城市面临工业化与后工业化的双重压力，面临的问题相比其他规模城市更加复杂，同时相对快速的发展使得中等城市居民对城市政府的期望值比小城市居民更高，因此影响了其在各项指标中的表现。通过独立样本 T 检验发现，特大及以上城市在保证生产能力、促进消费能力、推动转型能力三个方面上都显著高于中等城市和小城市并且存在显著差异，但与大城市的差异在统计学上并不显著。其他三类城市之间也并无显著的差异，如表 10-4 所示。可以看出由于城市的集聚效应，特大及以上城市随着规模的扩大带来各种生产要素的聚集，相比于其他规模较小的三类城市，特大及以上城市对于引导经济健康运行，推动科技创新、产业升级的能力更为强大，使得其在经济发展能力的三项二级指标上与中等城市和小城市之间有显著差异。

（2）社会发展能力分析

在社会发展能力方面，特大及以上城市政府在推动发展能力和秩序维护能力两项二级指标的得分都是最高的，其次是大城市，小城市相应的指标表现排在第三，最后是中等城市。通过独立样本 T 检验两两比较均值，结果如表 10-5 所示，在社会发展能力这个一级指标下，特大及以上城市、大城市、中等城市、小城市在推动发展能力和秩序维护能力方面均不存在

表 10-4   不同人口规模城市政府经济发展能力二级指标均值比较 T 检验结果

分组变量	保证生产能力			促进消费能力			推动转型能力		
	t	显著性（双尾）	均值差值	t	显著性（双尾）	均值差值	t	显著性（双尾）	均值差值
小城市—中等城市	0.442	0.665	3.00856	0.224	0.827	1.764	0.279	0.785	1.800702
小城市—大城市	-0.856	0.411	-0.706	-0.706	0.494	-4.02541	-0.57	0.579	-2.95256
小城市—特大及以上城市	-3.248	0.009	-18.4167	-3.117	0.01	-16.855	-3.499	0.005	-16.8289
中等城市—大城市	-1.404	0.184	-7.80507	-0.826	0.427	-5.79003	-0.844	0.414	-4.75327
中等城市—特大及以上城市	-3.814	0.03	-21.417	-2.87	0.021	-18.6196	-3.732	0.006	-18.6296
大城市—特大及以上城市	-1.783	0.081	-13.6126	-1.562	0.125	-12.829	-1.812	0.077	-13.8763

显著差异。这说明在当前我国经济社会发展运行平稳的条件下，不同规模城市政府面临的问题基本相同，发展方向也基本相同，不同规模城市政府不断加强对社会治理的总体部署，这促使地方政府在社会发展上拥有类似的能力，同时也说明当前各类规模城市政府在社会管理工作方面的成效比较显著，并得到了公众的广泛认可。

表 10-5   不同人口规模城市政府社会发展能力二级指标均值比较 T 检验结果

分组变量		推动发展能力			秩序维护能力		
		t	显著性	均值差值	t	显著性	均值差值
小城市	中等城市	0.195	0.849	1.75598	0.322	0.753	2.66895
	大城市	-0.676	0.515	-04.0650	-1.340	0.209	-7.40019
	特大及以上城市	-2.037	0.071	-12.5294	-2.160	0.058	-12.0697
中等城市	大城市	-0.749	0.472	-5.8098	-0.1384	0.198	-10.0697
	特大及以上城市	-1.815	0.102	-14.2745	-2.012	0.074	-14.738
大城市	特大及以上城市	-1.127	0.266	-8.46447	-1.193	0.25	-4.6619

（3）服务提供能力分析

在服务提供能力这个一级指标下，在保证基本公共服务能力和均等化区域公共服务能力这两项二级指标方面仍然是特大及以上城市得分最高，大城市则位居第二，其次是小城市，中等城市的两项指标得分均为垫底。但是环境保护能力得分情况的排名与其他指标不同，大城市的得分最高，小城市第二，特大及以上城市位列第三，中等城市仍为垫底。这是因为特大及以上城市面临巨大的人口服务和管理压力，特大及以上城市吸引了大量的人口，但是也带来了交通拥堵、环境污染等问题，这与人口密度、产业集聚及区域承载力有限等因素相关。小城市政府则因为人口较少，在环保方面的压力也总体较小，在绿地率、空气质量等指标上都有着不错的表现。经过独立样本 T 检验，如表 10-6 所示，在统计学意义上，特大及以上城市在均等化区域公共服务能力上和中等城市具有显著差异且明显高于中等城市的得分状况，而其他两项指标在不同类型城市间的差异均不显著。

表 10-6　不同人口规模城市政府服务提供能力二级指标均值比较 T 检验结果

分组变量		保证基本公共服务能力			均等化区域公共服务能力			环境保护能力		
		T	显著性	均值差值	t	显著性	均值差值	t	显著性	均值差值
小城市	中等城市	0.348	0.734	3.612509	0.145	0.887	1.438781	0.589	0.567	6.675815
	大城市	−0.315	0.761	−2.79514	−1.026	0.333	−8.08126	−0.220	0.832	−2.14275
	特大及以上城市	−1.118	0.287	−10.4379	−1.912	0.082	−15.7898	0.604	0.561	5.915198
中等城市	大城市	−0.902	0.387	−6.45814	−1.249	0.239	−9.52005	−1.107	0.296	−8.6905
	特大及以上城市	−2.034	0.072	−14.0143	−2.296	0.046	−17.2285	−0.089	0.931	−0.76062
大城市	特大及以上城市	−0.927	0.359	−7.64265	−0.894	0.376	−7.70894	1.44	0.172	7.92784

（4）资源利用能力分析

在资源利用能力方面，特大及以上城市政府在资源获取能力和资源整合能力这两项二级指标的得分都是最高的，大城市政府位居第二，和前面若干二级指标状况不同的是，这次小城市和中等城市在资源获取和资源整合能力方面的位次不同。在资源获取能力上，小城市政府得分高于中等城市位居第三，中等城市政府则得分垫底；在资源整合能力上则相反，中等城市政府得分高于小城市，但是两者得分差距并不明显。进一步对两项二级指标做独立样本 T 检验，如表 10-7 所示。从统计学意义上来看，特大及以上城市政府在资源获取能力和资源整合能力上与大城市、中等城市和小城市存在显著差异并且明显高于其他三类人口规模城市政府。其他三类不同人口规模城市政府在这两项二级指标上则不存在统计学意义的显著差别。这是因为特大及以上城市在发展的过程中带来了各类资源的高度集中，能够吸引到包括政治资源、科技资源、高端人才等先进的生产要素，从而吸引到更多的项目，并有充足的资源与媒体智库等进行合作，这些都是其他三类城市，尤其是中、小城市所不容易具备的。

表 10-7　不同人口规模城市政府资源利用能力二级指标均值比较 T 检验结果

分组变量		资源获取能力			资源整合能力		
		t	显著性	均值差异	t	显著性	均值差异
小城市	中等城市	0.308	0.763	1.892992	−0.394	0.7	−2.6391
	大城市	−1.285	0.223	−6.593357	−1.735	0.108	−9.35446
	特大及以上城市	−5.214	0.001	−24.6592	−4.966	0.001	−25.0367
中等城市	大城市	−1.623	0.128	−8.4866	−1.15	0.271	−6.71535
	特大及以上城市	−5.494	0.001	−26.5522	−4.06	0.002	−22.3976
大城市	特大及以上城市	−2.423	0.019	−18.0655	−1.954	0.057	−15.6823

（5）科学履职能力分析

在科学履职能力方面，特大及以上城市政府在政策制定能力和政策执行能力两项二级指标的得分情况明显高于其他三类城市，大城市政府的科学履职能力位居第二，和大多数二级指标得分情况一致，小城市位列第三，中等城市政府在政策制定能力和政策执行能力两项二级指标中的得分均为垫底。进一步做独立样本 T 检验，结果如表 10-8 所示。在统计学意义上，特大及以上城市政府在政策制定能力和政策执行能力两项上显著高于中等城市和小城市，与大城市相比，也有相对明显的差异。之所以会出现这种状况，在一定程度上是因为特大及以上城市政府相对于其他三类规模城市政府发展更为成熟，政府的组织机构设置较为合理，部门间具有较强的协同能力，决策的科学性和调动公众积极参与的能力都更强。

表 10-8　不同人口规模城市政府科学履职能力二级指标均值比较 T 检验结果

分组变量		政策制定能力			政策执行能力		
		t	显著性	均值差异	t	显著性	均值差异
小城市	中等城市	0.611	0.552	5.597137	0.569	0.579	5.18779
	大城市	−0.596	0.565	−4.06367	−0.661	0.525	−4.622078
	特大及以上市	−2.96	0.017	−19.6305	−2.390	0.036	−16.6900
中等城市	大城市	−1.273	0.231	−9.6608	−1.338	0.21	−9.6607789
	特大及以上市	−3.397	0.008	−25.2276	−3.192	0.013	−21.817
大城市	特大及以上市	−1.853	0.07	−15.5668	−1.465	0.15	−12.0769

（6）学习创新能力分析

学习创新能力包括主动学习能力以及管理和服务创新能力两项二级指标。不同人口规模城市政府的主动学习能力得分较为均衡，仅存在微弱的差距，其排名情况与其他二级指标不同，大城市政府得分最高，其次是中等城市，再次是小城市，特大及以上城市则得分垫底。这也是所有二级指标中特大及以上城市排名最低的一个，在一定程度上说明主动学习能力是特大及以上城市政府能力的短板，其原因可能由于特大及以上城市面临着巨大的人口服务管理工作任务，政府事务繁杂，公务员很少有主动学习和参加培训的时间，也有可能与政府机构臃肿等有关。在管理和服务创新能力方面，由于城市规模"集聚效应"带来的各种优势，特大及以上城市具有更宽阔的平台和视野，也拥有更丰富的人才资源，政府在运行过程中也更加注重创新工作的开展，公务人员也更容易提出具有创新性的工作建议。具体在数据表现上可以看出，特大及以上城市得分最高并且远远高于其他三类城市，大城市政府得分位居第二，小城市位居第三，中等城市则位居第四。经过进一步的独立样本 T 检验，从统计学的意义上看，在管理和服务创新能力上，特大及以上城市与大城市、中等城市、小城市政府存在较为明显的差异，并且高于其他三类城市。在主动学习能力二级指标下四类不同人口规模城市则没有明显的差异。具体结果如表 10-9 所示。

表 10-9　不同人口规模城市政府学习创新能力二级指标均值比较 T 检验结果

分组变量		主动学习能力			管理和服务创新能力		
		t	显著性	均值差异	t	显著性	均值差异
小城市	中等城市	-0.086	0.933	-1.04118	0.478	0.642	3.718413
	大城市	-0.133	0.898	-1.27173	-0.541	0.601	-3.59796
	特大及以上城市	0.426	0.68	4.50869	-2.709	0.021	-19.0508
中等城市	大城市	-0.028	0.978	-0.23055	-1.280	0.223	-7.3537
	特大及以上城市	0.593	0.565	5.549871	-4.027	0.002	-22.7692
大城市	特大及以上城市	1.041	0.333	5.780419	-1.958	0.057	-15.3838

（三）不同人口规模城市政府发展能力分析讨论

通过数据分析，可以对不同人口规模城市政府的发展能力形成相对清晰、具体的认识，综合讨论如下。

第一，四类不同人口规模城市政府发展能力的总体得分情况。特大及以上城市得分最高，其次是大城市，小城市位列第三，中等城市政府与小城市相比以微弱劣势位列第四。从统计学意义上来看，特大及以上城市与小城市、中等城市存在显著差异，政府能力发展明显高于小城市与中等城市。这说明改革开放以来，中国城镇化的快速推进使得城市数量和规模发生了巨大的变化，在形成城市化过程中以北京、上海为代表的特大及以上城市政府能力显著高于其他三类人口规模城市，特别是小城市和中等城市，且不同人口规模城市政府发展能力存在着较大的差距。城市政府发展能力总体上与城市人口规模存在正相关的关系，城市人口规模越大，政府发展能力越高。其主要原因是集聚效应，城市规模的增长会带来各种生产要素的聚集，从而产生集聚效应，集聚效应提升了城市效率，带动了城市各项能力的综合发展。从经济社会发展的角度看，较大的城市规模与较高水平的政府经济发展能力是城市现代化发展的客观结果，并且也是城市政府和市场共同作用的结果，是城市发展的外在体现。

　　第二，不同人口规模城市政府核心发展能力的得分情况。从图 10-2 可以看出，不同人口规模城市政府核心发展能力的结构特征基本相同，尤其是大、中、小规模城市政府核心发展能力的结构特征基本完全一致。在六项一级指标中，学习创新能力、社会发展能力、科学履职能力、服务提供能力这几项一级指标在四类人口规模城市中均处于领先地位，其中学习创新能力和社会发展能力得分在六项一级指标中的得分名列前茅。而经济发展能力和资源利用能力则在四类不同人口规模城市发展能力的六项一级指标中得分均为最低。由此可见，当前我国不同人口规模城市在政府各项核心发展能力上的发展较为同步，各类人口规模城市政府在当前形势下面临的基本状况、发展方向基本相同。社会发展能力和学习创新能力在四类城市中均较强且差异性较小，这与当前我国处于经济平稳发展阶段，政府不断加强对社会治理的总体部署有关，也与我国单一制体制和条块分工等都密切相关。在纵向上我国地方政府集体与中央保持一致，不同级别的地方政府拥有基本相同的政府架构，这促使地方政府在社会发展上拥有类似的能力，同时各规模城市政府更加注重政府创新工作的进行，这也说明当前地方政府在社会管理、政府创新方面的成效比较显著，得到了广泛认可。四类不同人口规模城市政府在经济发展与资源利用能力方面均较弱，且不同人口规模城市之间的政府能力存在显著差异，这说明在中国经济进入"新常态"后，各类城市政府都开始注重经济发展从速度到质量的转变，着力推进产业结构调整和转型升级，推动经济从"工业化"向"后工业化"方向转变。并且当前各城市政府在如何处理好政府与市场、政府与社会关系方面仍在不断探索与改进，因此其资源利用能力上还有很大的提升空间。

　　第三，四类不同人口规模城市政府核心发展能力的二级指标得分情况。特大及以上城市在十四项二级指标中除主动学习能力和环境保护能力以外的十二项得分都最高。这说明特大及以上城市政府发展能力总体上来讲较为优秀，但是也面临规模巨大的人口管理服务的压力，虽然以北京、天津、上海等为代表的特大城市在三级指标中的组织内部信息共享机制方面得分较高，但是由于特大及以上城市政府公务员面临巨大的工作任务，所以用于主动学习的时间和参加培训的次数过少，得分低于其他三类城市。特大及以上城市在发展的过程中吸引了大量的人口，集聚效应不断增强，但是也带来了交通拥堵、环境污染等"拥挤成本"和"城市病"的困扰。在环境保护能力上，以空气质量的达标率为首的多个指标均低于其他三类城市，这说明特大城市在发挥城市集聚效应的同时也带了环境问题，这些将在一定程度上增加特大城市的城市压力，影响城市今后的发展。

在保证生产、促进消费、推动转型、均等化区域公共服务、政策制定、政策执行、管理和服务创新七项二级指标上，特大及以上城市均与中等城市和小城市存在显著差异且显著高于这两类城市。由于人口与各类资源的集聚效应，特大及以上城市伴随着规模的扩张带动了各种生产要素的聚集，集聚效应使得其在经济发展能力的三项二级指标与中等城市和小城市之间存在显著的差异。自从党的十八大报告明确提出基本公共服务均等化的总体目标以来，各级地方政府对公共服务提供的关注程度显著提升，但由于中等城市和小城市总体基础相对薄弱，因此未来仍有较大的提升空间，尤其是在保障基本公共服务能力方面应着力提升。同时应当注意的是，公共服务提供能力不是简单的基础设施建设和维护能力，更应当注重公共服务意识的提升、服务方式的创新、服务流程的改进等。

中小城市在政策制定、政策执行、管理创新三个方面与特大及以上城市存在着不小的差距。特大及以上城市政府的政策制定能力和管理创新能力较强且高于平均水平，在确保决策科学性和公众参与度的同时及时制定出台各项政策及配套措施，政府具有强烈的创新意识，对创新重视程度高，公务员具有较强的创新动力，组织机构设置合理，部门间具有较强的协同能力。然而中、小规模城市在上述方面还需努力提高。

在资源获取能力和资源整合能力两项上，特大及以上城市与其他三类城市均存在显著差异。以北京、上海、天津为代表的特大城市具有良好的基础设施和丰富的政治资源，使其具备极强的吸引高端人才和生产要素的能力，经济的高速发展使特大城市政府有充足的财政资金用于与智库、媒体进行沟通合作，并且在财政收入增长、人才引进、项目引进等方面的表现相对突出，从而在资源利用和资源整合能力方面的得分较高。这些特征是除几个特大城市以外的其他城市政府所不具备的。所以，特大及以上城市与其他三类城市具有显著差异，这些也是中、小城市未来应重点发展的方向。

三、提升路径：推动不同人口规模城市协同和绿色发展

受到不同人口规模的影响，四类不同人口规模城市政府发展水平从数据上表现出不小的差距，在各类指标上表现出一定共性特征的同时也存在着较大的差异。在当前中国城镇化快速推进的情况下，地方政府在城市发展过程中扮演着重要的角色，对于城市的发展至关重要。因此，基于前文对于不同人口规模城市政府发展能力的特征分析与讨论，可以进一步归纳出相关优化路径。

第一，针对当前不同人口规模城市政府发展能力水平存在差异的情况，应当促进不同人口规模城市协调发展，建立城市发展区域的分享机制，避免资源过度集中于特大及以上城市。特大及以上城市应与周边区域互惠发展，注重区域合作，改变特大及以上城市和周边地区发展差距过大所带来的发展不均衡的状况，增加中小城市对人口的吸引力，通过各类城市间互补关系建立协同发展机制，从而形成特大及以上城市在其承载力范围内可持续发展的长效机制。同时还应加强城市群现代产业体系建设和对城市人口规模和结构的动态监测，制定个性化人口政策，优化城市群劳动力结构，促进城市人口规模与产业之间的良性互动。应当结合国外成功经验，探索多种有效的跨区域城市协调发展模式，发展协调机制，适时研究跨城市群的机制创新，促进不同人口规模城市的协调发展。

第二，在经济新常态下，不同人口规模城市均应着重以科技进步来促进生产发展，也就是以提高科技含量来替代劳动含量，发展新的经济增长点。各个城市政府要努力使人口素质水平适应现代社会经济发展的需要。科学技术的发展水平在很大程度上影响了城市的经济发展以及对劳动资源的需求，各城市政府应通过支持科技创新和产业转型升级等方式实现城市

的内含式发展。同时不同人口规模城市政府，尤其是中、小规模城市政府要努力提高资源利用的能力，合理获取及科学利用资源，一方面努力加快自身发展，增加对项目、人才等资源的吸引力，提高财政收入；另一方面要改变管理理念，加强与媒体、智库等合作，改善财政支出结构，促进城市合理发展，提高资源利用能力和水平，为地区全面发展提供所需资源。

第三，不同人口规模城市政府均应树立"以服务代管理"的行政理念，提高政府学习创新能力，建设服务型政府。特别是中、小规模城市政府，更应注重管理和服务创新，提升自身行政管理水平，加快推进公共服务均等化，通过改善公共服务的流程与方式等，提高公共服务的质量，缩小不同人口规模城市在公共服务均等化方面的差距。在户籍制度上要推进户籍制度逐步向居民制度转变，梳理基于不同身份的公共服务产品供给，加快城市人口身份同质化，推进基于城市居民的公共产品均等化进程。建立健全市场尤其是劳动力市场开放机制，推进统一、开放、有序的市场体系建设，推进跨区域公共产品均等化的进程。

第四，不同人口规模城市政府应当特别注意在大力开展经济建设的同时，注重生态环境的保护。在十四项二级指标中，环境保护能力得分相对较低，尤其是特大及以上城市。这就要求城市政府改变传统的经济发展模式，制定适合当地的绿色经济发展目标及路径，促进生态环境保护体制机制的改革。根据党的十八届三中全会提出的"要紧紧围绕建设美丽中国深化生态文明体制改革"的要求，地方政府在转变绿色经济发展方式的同时，也应当实现地方政府职能的转变，增强政府效能。

四、结论

在相关数据分析的基础上，可以得出一个基本结论，即城市规模扩张、人口不断增加的过程也是城市政府能力不断提升的过程，城市政府能力与城市人口规模之间存在较强的正相关性。进一步归纳本章分析内容，可以得出以下结论。

第一，从四类不同人口规模城市政府发展能力总体得分来看，由于城市的"集聚效应"带动了城市各项能力的综合发展，因此特大及以上城市得分最高。同时从数据中可以看出，城市规模越大，地方政府的发展能力越强，城市政府发展能力总体上与城市人口规模存在正相关的关系，同时不同人口规模城市政府发展能力存在着较大的差距。未来应实现不同人口规模城市间的协调发展，要建立城市发展的区域合作机制，避免资源过度集中于大城市。特大及以上城市应主动谋求与周边区域的互惠发展，注重区域合作与协同发展。

第二，不同人口规模城市政府的核心发展能力具有结构上的趋同性，尤其是大、中、小规模城市政府基本完全相同，六项一级指标得分的结构特征基本相同。在六项政府发展能力的一级指标中，不同人口规模城市政府在学习创新、社会发展、科学履职、服务提供能力中得分领先，学习创新能力和社会发展能力最高，发展经济能力和资源利用能力得分最低。这说明当前我国处于经济新常态，经济发展较为平稳，各类城市政府面临的基本状况、发展方向基本相同，因此其能力结构也具有较强的相似性。各类地方政府应当进一步结合区域发展、城市规模、产业结构、社会结构等方面的特征，不断优化政府的核心发展能力结构，以差异化的方式实现政府能力水平的提升。

第三，不同人口规模城市政府发展能力的十四项二级指标得分存在差异性。特大及以上城市在保证生产、促进消费、推动转型、均等化区域公共服务、资源获取、资源整合、政策制定、政策执行、管理和服务创新九项二级指标上存在显著优势，但是与此同时特大及以上城市也存在着诸如主动学习、环境保护能力上的短板，在这两项能力指标上落后于其他三类人口规模的城市。中、小规模城市总体基础相对薄弱，未来仍有较大提升空间，但是也存在着各自相对的优势。因此，不同人口规模城市政府在加强政府发展能力建设时，应重点关注各类城市政府发展能力的短板，实现全面协调发展。

需要特殊说明的是，中等城市政府发展能力无论在总体上还是各项核心发展能力上，其得分均为四类城市中最低。本书尝试对其成因进行分析，认为可能的原因包括以下两个方面：一方面是中等城市大多处于快速发展阶段，面临工业化与后工业化的双重压力，存在多重任务叠加的现象，因此地方政府所面临的问题也比其他类型城市更为复杂和多样，从而影响了其在各项指标中的表现；另一方面是相对快速的发展使得中等城市居民对城市政府的期望值提升，造成了在问卷调查中居民对政府各项指标满意度的降低。由于本年度数据资料有限，无法开展针对性的定量分析，因此在未来的研究中笔者将进一步加强相关数据的收集和整理，以期对中等城市政府的发展能力提升提出更具针对性的对策建议。

（作者单位：南开大学周恩来政府管理学院）

第四部分　中国地方政府发展能力提升的热点问题

在提升地方政府发展能力的总体目标下，除了需要解决"面上"的问题，即具有总体性的问题以外，还需要对"特殊的""个性化"的问题进行讨论。通过解剖麻雀的方式对具体问题进行具体分析。由于我国当前的发展是在两化叠加的特殊情景下，且具体形式十分复杂多样，因此课题组通过讨论筛选出本年度的若干热点问题进行分析讨论，以期从"点"上提出一些更具有针对性的地方政府发展能力的提升对策。

第十一章　资源型城市政府发展能力的现状和提升路径

何　李

2013 年 12 月，国务院印发的《全国资源型城市可持续发展规划（2013—2020 年）》将资源型城市定义为：以本地区矿产、森林等自然资源开采、加工为主导产业的城市（包括地级市、地区等地级行政区和县级市、县等县级行政区）。①在此基础上，列出了 262 个资源型城市。并根据资源保障能力和可持续发展能力差异，将资源型城市划分为成长型、成熟型、衰退型和再生型等四种类型。其中成长型 31 个，成熟型 141 个，衰退型 67 个，再生型 23 个。中央政府对四类城市发展思路的设定也存在着较大差异：规范成长型城市有序发展，推动成熟型城市跨越发展，支持衰退型城市转型发展，引导再生型城市创新发展。②由于文件中所指的城市是广义上的行政区，不但包括城市型政区，而且包括地域型政区（如县、地区、自治州）和市域内行政区划单元（如市辖区），因此，本研究对资源型城市的外延设定也是从广义视角出发的。

一、问题提出：资源型城市转型发展和政府发展能力提升

在对资源型城市政府发展能力加以提炼之前，应做好两个方面的准备

---

① 既含有地级行政区（地级市、自治州、地区等）也含有县级行政区（县级市、县、自治县等）。

② 国家发展改革委印发的《关于加强分类引导培育资源型城市转型发展新动能的指导意见》（发改振兴〔2017〕52 号），见国家发改委网站，2017 年 1 月 6 日。

工作：一方面，对理论界的研究情况进行梳理；另一方面，用客观数据来反映此类城市的经济社会发展水平，对资源型城市的概况做一个整体性的描述。

（一）政府视域下资源型城市研究的现状

由于资源型城市数量众多、问题突出且一直以来受到中央政府的高度重视，因此，在学界很早就已开展了相关的专门研究。经济学、政治学、社会学、城市管理学等学科均有涉足。近年来，随着国家在资源型城市转型战略上的进一步明确，学界的回应性研究更显频繁了。政府视域就是上述研究中的一个独特视角。这一视角认为：由于市场本身存在着固有缺陷，因此政府应该在资源型城市转型中发挥重要的作用。正如伍新木和杨莹所指出的那样，政府应该在法规体系和组织机构建设、产业组织优化、新型产业引导、基础设施建设等宏观领域发挥积极作用。[①]有部分学者则从单一领域着手来论证政府应该发挥主导性作用。如杨爱荣以河南省焦作市为案例，探讨了该资源型城市在旅游资源开展和建设中，政府所扮演的角色。梁亚红以河南省平顶山市为案例，得出了类似的结论。[②]徐畅等人则重点从资源型城市的服务外包产业出发，来论证政府支持的重要价值。[③]

在政府主导中国资源型城市改革的预设下，相关研究工作出现了以下三个分支：其一，从国外类似改革中汲取经验教训。例如：孙秋枫和唐庆会研究了以法国、德国为代表的欧洲国家在资源型城市转型中的经验。他们发现，这些国家"在公共财政转移支付政策、企业援助和人员安置政策以及法律保障等宏观政策方面具有独到性，并且收到了良好的效果。"[④]其二，关注资源型城市地方政府的职能转变问题。例如：杨华看到，部分资源型城市面临着失业、矿难、环境污染、群体性事件等严重的公共危机，

---

① 伍新木，杨莹. 政府对资源型城市发展的影响和作用[J]. 经济评论，2004（3）：66-70.

② 梁亚红. 资源型城市旅游业发展初期的政府主导战略探析——以平顶山市为例[J]. 社会科学家，2007（5）：133-136.

③ 徐畅，李九斤，杨金保. 双重转型驱动下资源型城市服务外包产业的发展路径[J]. 学术交流，2014（8）：122-126.

④ 孙秋枫，唐庆会. 欧洲资源型城市发展中的政府作用及启示[J]. 经济纵横，2007（11）：54-57.

这要求政府必须要提高危机处理能力。①刘振霞则认为资源型城市的政府"只有在发展战略、服务功能和管理创新中完成职能的根本性转型，才能有效地落实科学发展观，不断提升城市的综合实力和竞争力。"②其三，不同级别政府之间的责任归属问题。例如：张友祥和支大林从中央—地方关系着手，分别探讨了资源型城市转型中，中央政府和地方政府的责任划分问题。他们认为，中央政府的职责应重点放在宏观指导和制度创新上，而地方政府则在具体的产业、机制、资金、社会事业、城市功能等领域。③

　　总体来看，既有研究已经开始认识到推动城市转型需要政府具有与之相匹配的能力。但是这种认识要么只是停留在规范性的认识层面而没有做进一步的归纳和细分，要么就是从单一领域着手而缺乏整体性的综合分析。这对于认识和解决资源型城市所面临的问题显然是十分不利的。当然，这恰恰也构成了开展本项研究的理论拓展契机。

（二）资源型城市发展的基本状况

　　对资源型城市基本状况的描述主要是基于样本城市所在的相关政府部门所发布的权威统计数据。这些数据中，绝大部分属于 2016 年的面板数据。针对缺失的部分，暂时用 2015 年数据加以替代。

　　1. 经济领域全面落后于非资源型城市

　　从表 11-1 所列出的五项指标中能够看出，资源型城市总体的经济发展水平要明显落后于非资源型城市。其中，人均可支配收入增长率和第三产业比重要引起格外的注意。因为，第三产业比重能够反映一个城市的经济结构。资源型城市低于 40% 的第三产业比重恰恰就是因为过度依赖于以资源采掘加工为基础的第二产业。而这些资源密集型和资本密集型的产业在解决公众失业问题、带动公众收入提高方面有着先天性的不足。另外，绝对值的不同往往只是反映静态上的差距，而增长率的差距则深刻反映着经济发展的活力。人均可支配收入增长缓慢，消费能力不振，第三产业发展也会因此受限。如此，就可能走入一个恶性的循环。

---

① 杨华. 加强资源型城市政府危机管理职能[J]. 国家行政学院学报，2006（3）：74-76.

② 刘振霞. 市转型发展与政府管理的三大转变[J]. 中国行政管理，2007（12）：75-77.

③ 张友祥，支大林. 论资源型城市转型发展及政府责任[J]. 学术探索，2012（7）：26-28.

表 11-1   资源型城市与非资源型城市部分经济指标均值对比

城市类型	地区生产总值（亿元）	地区生产总值增长率（%）	城镇居民人均可支配收入增长率（%）	社会消费品零售总额（亿元）	第三产业比重（%）
资源型城市	1522.79	6.71	7.64	656.37	39.11
非资源型城市	6371.27	8.59	9.06	2 734.13	51.72

2. 公共服务领域资源型城市落后明显

政府提供的公共服务涵盖多个层面，其内容往往也会根据政府职能定位的不同而产生诸多变化。就中国而言，就业、卫生、医疗和教育是公认的公共服务领域中的四个重要方面。表 11-2 从这四个方面出发，选择了四项代表性指标，分别对比了资源型城市和非资源型城市的基本状况。其中，用城镇登记失业率反映就业前景，用千人卫生技术人员数反映卫生状况，用千人口医疗床位数反映医疗情况，用政府在教育方面的财政支出占比来反映教育水平。表 11-2 表明，资源型城市在四项指标对比中均劣于非资源型城市。其中，在千人口卫生技术人员数和千人口医疗床位数两项指标上，资源型城市和非资源型城市之间存在的差异最为明显，前者仅为后者的35.79%和53.38%。因此，有必要将卫生和医疗事业作为资源型城市改革的重点。

表 11-2   资源型城市与非资源型城市部分公共服务指标均值对比

城市类型	城镇登记失业率（%）	千人口卫生技术人员数（人）	千人口医疗床位数（个）	政府在教育方面的财政支出占比（%）
资源型城市	2.94	5.40	5.45	17.72
非资源型城市	3.32	15.09	10.21	14.54

3. 部分环境事项上资源型城市的问题并不十分突出

对于一个城市而言，环境有着多重价值，不但影响着当地公众的健康水平和生活质量，而且影响着所在城市的投资环境和发展前景。空气和水都是维系生命的根本，因此是最为重要的两项环境指标。绿地则与景观、排水、防尘、防噪等息息相关，也是一项反映城市环境品质的关键指标。数量虽然不多，但这三项指标能够大体反映一个城市的环境优劣。从表11-3中可以看出，虽然资源型城市在城市建成区的绿地率、城市空气质量达二级以上天数、城市污水处理率等三项环境指标上，均高于非资源型城市。但是，两类城市之间的均值差距并不大。①这也反映出，目前在官员和舆论中所形成的对资源型城市环境的刻板印象是缺乏客观数据支撑的。当然，由于环境问题涉及的领域众多，限于本研究的调查范围，很难保证在其他环境指标上，部分资源型城市就不存在严重问题。②但是，从已有的分析来看，对资源型城市的环境问题给出一个整体判断是不合适的，而是需要就具体指标、具体类型甚至具体城市做具体分析。正如文章《城市政府环保行为与公众感知存在差异的原因——以资源型城市为例》所得出的结论那样："不能笼统地说资源型城市的环境问题突出，而应从具体的环境指标出发，且就不同类型进行针对性描述才更切合实际。"③

表 11-3　资源型城市与非资源型城市部分环境指标均值对比

城市类型	城市建成区绿地率（%）	城市空气质量达二级以上的天数（天）	城市污水处理率（%）
资源型城市	39.87	259.46	89.99
非资源型城市	38.78	256.37	89.91

4. 资源型城市地方政府的履职—创新活跃度较低

全年发布政策文件数量、公务员年度创新建议数量、公务员年度参加培训次数和公务员每年用于学习提升的时间均是与政府活动直接相关的客观指标。同时，又都可以将它们理解为政府输出的"公共产品"。鉴于上述

---

① 从独立样本 T 检验的结果来看，二者的差异性并不显著。由于本部分主要是描述性的均值分析，故相关 T 检验数据在此不列出。

② 由于以上三个指标并没有涵括固体废弃物污染、土壤污染、地质灾害等与资源型城市产业结构更为相关的领域。因此，本部分得出的推论也是比较谨慎的：资源型城市在部分环境事项上的问题并不十分突出。

③ 何李. 城市政府环保行为与公众感知存在差异的原因——以资源型城市为例[J]. 城市问题, 2017（3）：96-103.

特点，本书将其概括为政府履职——创新活跃度。

从表11-4中能够看到,除了公务员每年用于学习提升的时间这一指标外，在其余三项指标的对比中，非资源型城市均高于资源型城市。在一般情况下，公务员用于学习提升的时间越长，工作效率提升也就有更大的可能性。因此，如果将发布政策文件数量和创新建议数量两项指标作为政府运行活跃度的存量的话，那么，后两项指标从某种程度上说是政府运行活跃度的增量。由此,根据表11-4的均值对比结果就可以得到一个初步判断：资源型城市作为赶超者，正在从内部积极寻求改变。但是，这个改变还没有转化为政府实际的履职能力。当然，欲证实这一点需要有更进一步的数据作为支撑。目前的调研数据尚不足以支撑这一结论，希望在接下来的研究中能够开展这项工作。

表 11-4　资源型城市与非资源型城市部分公务员相关指标均值对比

三级指标 城市类型	全年发布政策文件数量	公务员年度创新建议数量	公务员年度参加培训次数	公务员每年用于学习提升的时间（天）
所属二级指标	政策制定能力	管理和服务的创新能力	主动学习能力	所属二级指标
资源型城市	1128.12	29.52	14.67	4.05
非资源型城市	1465.48	34.87	16.65	3.61

二、评估结果：均值存在劣势但差异不显著

在研究框架的基础上，可以对资源型城市政府发展能力的整体状况做出评价。本部分将重点对资源型城市和非资源型城市进行均值对比和差异性分析。在此基础上，提炼出此类城市地方政府发展能力所存在的一些共性问题。

（一）样本选取

前文已经提到，国务院公布的资源型城市名单中，既包括地级行政区也包括县级行政区，而本研究主要关注的对象是地级以上建制市，故县级行政区暂不纳入分析范畴。另外，由于本研究属于多角度、大样本研究，因此在数据采集过程中，并没有单独针对资源型城市进行样本选择。加上受到分析范围的限制，使得最后得到的样本并不尽如人意。其中，资源型城市样本容量仅为13（成长型1，成熟型10，衰退型1，再生型1），非资源型城市的样本容量为49。由于成长型、衰退型和再生型的样本量过少（分别只占所在类型的5.00%、4.17%、6.25%），对四个类型进行对比分析的科学性难免会受到影响。因此，下文将不深入到资源城市类型的内部进行研究。但是，考虑到从整个调查研究的尺度来看，对于资源型城市的样本选取是趋近于随机的。那么，将13个城市作为资源型城市的代表，将资源型城市和非资源型城市作为对比的对象，就有足够的可信度了。因此，本文一方面将侧重于资源型城市和非资源型城市的对比分析；另一方面在个别环节，也将成熟型资源城市纳入了对比研究的范畴。

此外，从表11-5的13个样本城市所分布的地区来看，东北地区有2个，华北地区有5个，中南地区有1个，西南地区有5个，华东地区有1个。这与中国的资源分布呈"西多东少，北多南少"的情况大体是吻合的。

表11-5　各类资源型城市样本名单及其占比

资源型城市类型	成长型	成熟型	衰退型	再生型
名称	黔南布依族苗族自治州	张家口、邢台、忻州、晋城、临汾、延边朝鲜族自治州、大庆、凉山彝族自治州、广安、雅安、平顶山	泸州	淄博
数量（个）	1	10	1	1
各类型在全国的数量（地级行政区）（个）	20	66	24	16
样本占总体的比重（%）	5.00%	15.15%	4.17%	6.25%

（二）资源型城市政府发展能力的现状分析

总体分析，一级指标到三级指标三个层次是从宏观到微观的一个分析架构，旨在用梯级展示不同层面上资源型城市政府发展能力的特点。

1. 地方政府发展能力的总体评价

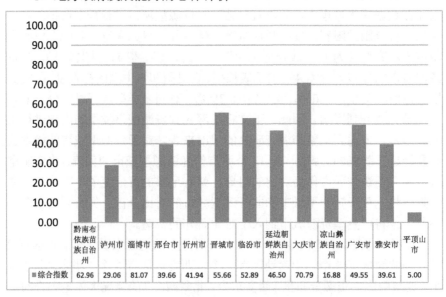

	黔南布依族苗族自治州	泸州市	淄博市	邢台市	忻州市	晋城市	临汾市	延边朝鲜族自治州	大庆市	凉山彝族自治州	广安市	雅安市	平顶山市
综合指数	62.96	29.06	81.07	39.66	41.94	55.66	52.89	46.50	70.79	16.88	49.55	39.61	5.00

图 11-1　对样本地方政府发展能力的总体评价

图 11-1 展示了 13 个资源型城市样本政府发展能力的总体得分。从得分状况来看，13 个城市出现了明显的分化。黔南布依族苗族自治州、淄博市、大庆市得分均超过 60 分。而泸州市、凉山彝族自治州、平顶山市则低于 30 分，其余城市介于 30～60 之间。而对类型分布特征深入分析，发现以上 6 个城市所属的资源型城市的类型十分分散，难以提炼出不同类型的特征。这说明 13 个样本城市的个性化较强。不能简单地将四个类型的划分依次套用到资源型城市地方政府发展能力的划分上。

2. 地方政府核心发展能力的分析

从图 11-2 可以看出，在六项一级指标上，除了学习创新能力外，资源型城市地方政府发展能力的均值较非资源型城市均处于劣势，而成熟型整体上又劣于资源型城市的整体水平。在 2016 年进行的调查中，也发现了类似的情况。"非资源型城市的政府发展能力显著高于'成熟型'和'衰退型'。"[1]但是，经过独立样本 T 检验之后会发现，资源型和非资源型城市在各个一级指标上的差异均是不显著的（参见表 11-6）。而成熟型与非资源型城市也存在着同样的状况（参见表 11-7）。

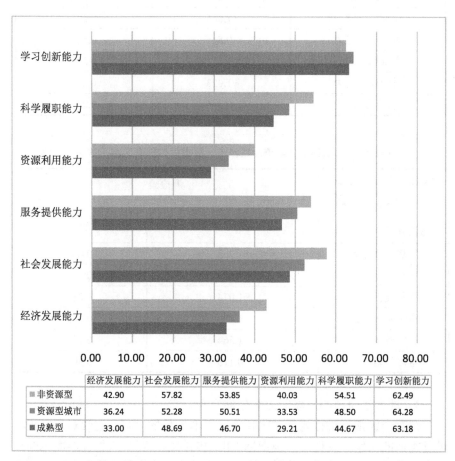

	经济发展能力	社会发展能力	服务提供能力	资源利用能力	科学履职能力	学习创新能力
非资源型	42.90	57.82	53.85	40.03	54.51	62.49
资源型城市	36.24	52.28	50.51	33.53	48.50	64.28
成熟型	33.00	48.69	46.70	29.21	44.67	63.18

图 11-2 不同资源禀赋地方政府发展能力一级指标均值雷达图（含成熟型资源城市）

---

[1] 朱光磊. 中国政府发展研究报告 2016[M]. 北京：中国人民大学出版社，2017：346.

表 11-6   资源型与非资源型城市一级指标的独立样本 T 检验

资源型与非资源型城市 一级指标	T 检验	
	T	显著性
经济发展能力	-1.279	0.206
社会发展能力	-1.066	0.291
服务提供能力	-0.545	0.588
资源利用能力	-1.211	0.231
科学履职能力	-1.023	0.311
学习创新能力	-0.346	0.731

表 11-7   成熟型与非资源型城市一级指标的独立样本 T 检验

成熟型与非资源型城市 一级指标	T 检验	
	T	显著性
经济发展能力	-1.760	0.084
社会发展能力	-1.640	0.107
服务提供能力	-1.074	0.287
资源利用能力	-1.870	0.067
科学履职能力	-1.564	0.123
学习创新能力	-0.118	0.907

3. 地方政府核心发展能力的分解分析

在对一级指标进行均值对比和独立样本 T 检验之后，继续对二级指标进行类似的操作。发现：一级指标中出现的问题，在二级指标层面也同样存在。具体来看，除了主动学习这一指标外，其余指标非资源型城市均高于资源型城市。不过，在秩序维护、基本保障、均等化、环境治理、主动学习、管理创新等方面，二者的均值的数值差异并不大（见图 11-3）。然

而，独立样本 T 检验结果显示，无论均值数值差异大小，这些差异在统计学意义上均是不显著的（见表 11-8）

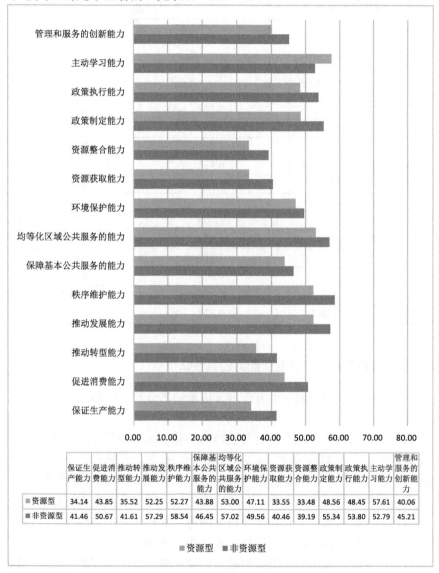

	保证生产能力	促进消费能力	推动转型能力	推动发展能力	秩序维护能力	保障基本公共服务的能力	均等化区域公共服务的能力	环境保护能力	资源获取能力	资源整合能力	政策制定能力	政策执行能力	主动学习能力	管理和服务的创新能力
■资源型	34.14	43.85	35.52	52.25	52.27	43.88	53.00	47.11	33.55	33.48	48.56	48.45	57.61	40.06
■非资源型	41.46	50.67	41.61	57.29	58.54	46.45	57.02	49.56	40.46	39.19	55.34	53.80	52.79	45.21

■资源型　■非资源型

图 11-3　不同资源禀赋城市发展能力二级指标均值

表 11-8　不同资源禀赋城市二级指标的独立样本 T 检验

资源型与非资源型城市　二级指标	T 检验	
	T	显著性
保证生产能力	-1.386	0.171
促进消费能力	-1.199	0.235
推动转型能力	-1.162	0.250
推动发展能力	-0.933	0.355
秩序维护能力	-1.213	0.230
保障基本公共服务的能力	-0.431	0.668
均等化区域公共服务能力	-0.649	0.519
环境保护能力	-0.415	0.679
资源获取能力	-1.305	0.197
资源整合能力	-1.014	0.315
政策制定能力	-1.118	0.268
政策执行能力	-0.903	0.370
主动学习能力	0.962	0.340
管理和服务的创新能力	-0.923	0.360

（三）资源型城市政府发展能力的共性认识

基于上述对资源型城市地方政府发展能力的分析，能够得出以下四点共性认识：

第一，资源型城市地方政府发展能力的整体水平较非资源型城市并不存在显著差异。表 11-6 和表 11-7 的结论均已说明：在统计学意义上，两类地方政府之间所存在的差异是不显著的。虽然在个别客观指标的均值上，资源型城市存在着一定的劣势，但政府发展能力是一个综合的指标体系，个别指标无法影响到资源型城市政府发展能力的整体水平。这一认识或可以为冲破一些对资源型城市的刻板印象提供了可能。

第二，资源型城市与非资源型城市所存在的差距主要存在于微观领域。从某种程度上来说，由三级指标所衡量的范畴就是微观领域。而一级指标和二级指标则分别指的是宏观领域和中观领域。第二部分的分析已经表明：在宏观领域和中观领域，两类城市之间的差异并不显著。而在第一部分对资源型城市发展基本状况的分析中，却又发现两类城市在部分领域是存在明显差距的。那么，为什么会出现这样的差异呢？在数据真实可信的前提下，只有一种可能：三级指标的差异在二级指标或一级指标层面被相互抵消了。验证这一结论并进一步挖掘，对于改进地方政府发展能力显然有着重要的参考价值。

第三，资源型城市政府发展能力也有着自身的"亮点"。当绝大部分数据显示非资源型城市"碾压"资源型城市的时候，却出现了一个"例外"：是主动学习能力方面，资源型城市的均值超过了非资源型城市。虽然，检验结果显示这种差异是不显著的，但是这至少可以作为资源型城市地方政府的一个"亮点"。它的存在对于寻找改革突破口，消除改革中存在的"悲观认识"是有一定帮助的。主动学习能力看似是"软性"能力，无法在短期内转化为实际的城市竞争力，但从长期来看却可以作为提升城市政府总体发展能力的基础和前提条件。因为，对于处于重要转型期的地方政府而言，新的要素、新的要求、新的技术等在不断涌现。主动学习能力在这一过程中可以作为助推政府"消化吸收"新事物的内在动力，其积极意义是很大的。

第四，公共服务是资源型城市改革中所忽略的短板。虽然资源型城市政府所面临的困难主要是由经济问题导致的，但是在全国构建服务型政府的宏观背景下，将公共服务因素抛开显然并不恰当。数据显示：资源型城市在多项公共服务指标上已经严重落后于非资源型城市。其原因一方面与经济发展阶段相关，由于经济基础薄弱，在公共服务领域的投入存在明显不足；另一方面也与政府发展理念相关，政府对于公共服务的保障性作用的认识还不够。从意识层面提高认识，努力弥补这一短板对于资源型城市而言是不能忽略的重要方面。

（四）资源型城市政府发展能力提升的障碍

探寻资源型城市政府发展能力提升所面临的障碍可以有多个维度。政府发展能力是一个由客观因素和主观因素构成的综合体系。对于客观因素，既有研究已从不同侧面进行了挖掘，在此不再赘述。而对于主观因素则鲜有研究论及，本书拟从刻板印象、认知水平和主观感知等三个层面对在能力提升过程中存在的障碍进行分析，并对其原因做出尝试性解释。

1. 对资源型城市形成了刻板印象

"资源型城市是以本地区矿产、森林等自然资源开采、加工为主导产业的城市。"[①]在舆论界、学术界甚至实务界的认识中，往往先入为主地认为资源型城市由于将资源开发与加工作为主导产业，所以通常面临着以下几个问题：其一，严重的环境问题；其二，城市发展水平严重落后于非资源型城市；其三，资源型城市的内生动力不强，无法实现自我脱困。在这些刻板印象的基础上，又衍生出以下判断：首先，经济发展与环境保护之间难以求得两全，资源开发与友好环境一起构成了一个矛盾体；其次，应当在资源型城市内复制非资源型城市的发展经验，大力推进城市经营和城市建设；最后，资源型城市缺乏自我更新的能力，需要上级政府甚至中央政府进行"输血"。

当这些认识逐渐固化之后，就形成了一种刻板印象，从而演化为对资源型城市的内部特性和发展变化的"视而不见"。上述刻板印象实际上是一种"思维的懒惰"，它们往往将部分资源型城市的特征作为整体特征来看待。国务院将资源型城市分为成熟型等四种类型恰恰就说明，在资源型城市内部存在着很大差异。正如一些研究所表明的，"部分资源型城市的环境污染问题并不比非资源型城市严重，如成长型资源型城市尚处于工业化早期，也可能是由于预防工作比较到位，并没有出现全面的环境污染状况。"[②]因此，着力破除这些对资源型城市的刻板印象，对于制定出切实有效的资源型城市政府发展能力提升路径是十分必要的。

2. 对资源型城市政府发展能力的细化认知存在严重不足

当前，对资源型城市的调查研究工作尚不深入。认识水平还局限于整体性认识，也就是说仅是从定性的角度认为资源型城市政府发展能力不足。但是这种不足具体表现在哪些方面，存在怎样的变化趋势并不清楚。本研究尝试从量化角度来对此类城市的能力进行综合评判，正是为了弥补上述

---

① 国务院印发文件《全国资源型城市可持续发展规划（2013—2020 年），见中国政府网，2013 年 12 月 3 日。

② 何李. 城市政府环保行为与公众感知存在差异的原因——以资源型城市为例[J]. 城市问题，2017（3）：96-103.

缺陷。但是，限于财力、精力和能力的掣肘，对资源型城市之间在更细微层面的差异还无法做出准确回应。

依托模糊的认知水平来指导实践显然是不可取的。因为细化认知的不足容易造成两种后果：其一，在政府改革过程中，难以找到基本着力点。纵然国务院文件已将资源型城市划分为四种类型。但是，任何一个资源型城市都有其独特性。政府发展能力的提升策略也应该与这个城市的政府发展能力现状相匹配。改革举措应该能够细化到"一城一策""因城施策"的层次；其二，丧失了从资源型城市内部发现政府发展能力提升契机的信心。主观认为：资源型城市的问题已经无法通过自身力量来解决，而只能借助于上级政府甚至中央政府的力量。这种信心的丧失，违背了唯物辩证法中外因通过内因发挥作用的基本规律，实际是一种逃避问题的态度。这很可能会导致资源型城市陷入单纯依靠外部输血的"死胡同"。

3. 没有认识到政府发展能力是一个综合体系

认识政府发展能力是一个综合体系也就是承认这一问题本身所存在的复杂性。然而，当前对这种复杂性的认识还是存在明显不足的。这种复杂性反映在以下两个维度上：

一方面，政府发展能力是一个既包括客观因素，也包括主观因素的综合体系。例如：资源型城市的公众对当地政府的主观认可度就深刻影响着政府发展能力的水平。本研究的指标体系在设计过程中也考虑到了这一问题，既纳入了主观指标也囊括了客观指标。其中，主观问卷的发放对象主要是当地的普通公众。由于资源型城市普遍面临着较为严重的经济问题，城市公众关心的主要还是跟物质生活息息相关的指标，对这些因素也更为敏感。而对于环境治理、政府管理创新、官员主动学习等后现代指标则并不十分关心。这就说明：公众的主观感知与政府的客观能力之间可能存在着一些错位。这种错位也往往会折射到政府发展能力的水平上。

另一方面，政府发展能力是一个包含经济发展、社会管理、服务提供、资源利用、科学履职和学习创新等六个方面的综合体系。六个方面之间并不是完全割裂的关系，而是相互促进的关系。任何一个短板，都可能严重拉低整体水平。例如：资源型城市在服务提供方面所存在的问题就产生了这样的效果。这就要求在选择政府发展能力的提升路径时，应参照政府发展能力在各项指标之间的分布状况，有针对性地采取措施。

三、提升路径：清理刻板印象以精细化实现个性发展

提升资源型城市政府的发展能力，既要有认识上的转变，也要有技术上的跟进；既要有自身的努力，也要有中央政府的助推。在以上两对关系的相互作用下，政府发展能力提升才有可能真正落到实处。

（一）清理刻板印象，加强对资源型城市的感知管理

刻板印象的产生是"思维惰性"的产物。清理对资源型城市的刻板印象主要可以在以下两个层面进行：其一，破除政府决策主体对资源型城市的刻板印象；其二，破除普通公众对资源型城市的刻板印象。

在第一个层面中，决策主体主要指为资源型城市进行政策供给的上级政府及中央政府（含其内设的相关部门）。上述主体在决策之前，应该对资源型城市现状展开更为深入细致的调研，摸清资源型城市政府发展能力的现状，从而进一步完善相关决策机制。前文中的数据分析已经表明：在绝大部分领域，资源型城市和非资源型城市的地方政府之间的差异性是并不显著的，那么，由此认为资源型城市应该享受特殊对待的观点似乎也就站不住脚了。资源型城市与非资源型城市有很多共通之处，不宜过度强调资源型城市的特殊性。当然，也不能走向另一个极端。例如：资源型城市在产业结构中的独特性就是真实存在的。不过，哪些领域受到了这种独特性的影响，其范围有多大，只有通过进一步的调研才能获得。在此基础上所认定的资源型城市的特性才可以作为相关决策的依据。

在第二个层面中，当地公众对政府所形成的刻板印象也在影响着政府发展能力的提升。例如：公众可能认为是政府的不作为、乱作为导致了自身糟糕的境况。又比如：由于在信息公开、形象打造、政策宣传等方面的工作不到位。虽然当地政府已经做出了努力，但是并未被当地公众感知到，以至于他们对当地政府的判断还停留在既往的认识基础上。鉴于上述原因，有必要摸清本地公众对政府发展能力的偏好和习惯，并将其作为提升政府发展能力的参考依据。这一点常常被忽略。实际上，在公众认知层面，政府发展能力获得提升，对于获得政府公信力，降低施政成本都是有很大益

处的。

以上两个层面的行动和努力可以用一个概念来概括——感知管理。所谓感知管理，就是政府将公众的感知特性作为施政依据的一个过程。在感知管理中，将客体的观念本身纳入了施政目标范畴。这在信息多元化、参与扩大化、传播快速化的时代，具有重要的价值。

（二）借助精细化信息来明确政府发展能力的个性化提升策略

由于本研究总体上是针对地方政府发展能力的方面上的研究，而非仅针对资源型城市，因此难以对更为细化的指标做进一步的分析与提炼。但是对于政府决策者而言，这些不利因素是有必要也是有条件克服的。只有继续推进对资源型城市状况的摸查（其中要特别加强对资源型城市主、客观信息的调查与整理），才能为政府决策和执行过程的优化提供科学的支撑。

精细化信息的欠缺一直是阻碍政府施政的关键阻力之一。现阶段，借助于大数据、云计算等现代技术手段和智库、第三方评估等管理机制，这一阻力是完全可以冲破的。首先，由于资源型城市均处在一个剧烈的变动期，经济结构的调整难免会映射到公民的主观认知上，因此，要着重监测这些城市中所出现的主客反差现象。反差过大就容易引发群体性事件，政府的施政成本也会迅速增加。其次，在精细化信息的基础上，既可以针对不同的资源型城市政府的发展能力，制定个性化的提升方案，也可以将突出的治理关节点作为突破口。例如：针对当地公众比较关心的空气污染和水污染问题，开展专项的信息收集和发布工作。政府若能在空气和水的治理上有较好的表现，那么将大大推动公众对政府环保措施的认可度。另外，"这两类污染也是引发环境群体性事件的主要污染类型"①，增进这两项工作也有一定的治安价值。最后，在资源型城市政府的发展能力提升过程中，一定不要忘记了经济转型这个核心任务。资源型城市的核心问题还是发展问题，没有好的经济发展作为保障，进行环保感知管理也将困难重重。政府发展能力并不是各种能力的简单叠加，"推动转型能力"的重要性更为突出，再加上其他能力的协调配合才能使其相得益彰，也才能从整体上优化

---

① 张萍，杨祖婵. 近十年来我国环境群体性事件的特征简析[J]. 中国地质大学学报（社会科学版），2015（2）：53-61.

资源型城市政府的发展能力。

（三）着力挖掘资源型城市政府的内生积极力量

内生力量是资源型城市实现真正转型的根本。改革的经验表明，任何一个地区的成功转型不可能完全依靠外部力量来实现。外部力量只是外因，它的价值在于催生内因的触发和成长。实际上，资源型城市所具备的内生积极力量有很多，这就要看采用何种方式来挖掘。

资源型城市在发展初期是将资源作为城市的核心，并由此衍生出相关的产业和社会架构。那么，随着技术的进步和发展理念的革新，欲实现资源型城市转型，最核心的环节并不是找到新的经济支柱，而是确立以人为本的工作理念。鉴于历史包袱较重，在资源型城市转型的过程中，城市政府必须发挥引领作用。而欲使其发挥引领作用，提升公务员队伍的工作能力，转变其工作理念则显得尤为重要。前文的分析已经表明，资源型城市政府在主动学习能力方面有着较好的表现。在接下来的工作中，就可以将这点作为突破口，通过进一步学习，推动公务员队伍在政策制定、政策执行、管理创新等方面的能力提升。由于资源型城市受计划经济的影响较大，也就意味着政府在经济社会发展过程中的影响也就更大。那么，相信这些内生力量的变化一定能够转化为实实在在的推动力，从而使一些基础的客观数据提高上去。这种以长板带动短板的工作方式或可大大增加此类城市政府及其工作人员的改革信心。

（四）中央政府应增强对资源型城市在公共服务领域的投入力度

鉴于资源型城市与非资源型城市之间在部分公共产品供给方面所存在的差距是惊人的。有观点据此指出，资源型城市的改革工作只应围绕经济结构调整展开。这一论点实际上是在孤立地看待资源型城市问题。实际上，加强资源型城市在公共服务领域的资金和精力投入同样有着重要性和紧迫性。首先，受服务政策在全国范围内广泛传播的影响，资源型城市对公共服务的迫切需求也被激发出来。虽然，从发达国家的经验来看，对公共服务的需求提升往往发生在现代化完成之后。但是，由于中国的地域发展不平衡，在发达地区完成现代化任务的同时，欠发达地区可能才处于现代化中期，而中央政府所提出的建设服务型政府的方针却又是适用于全国范围的。这就使得资源型城市这类尚未实现现代化的欠发达地区也衍生出了对优质公共服务产品的需求。其次，公共服务的有效供给对于经济社会转型有着重要的支撑作用。经济转型往往带来失业率增加、治安形势严峻等问题。而公共服务的有效供给则可以为公众提供必要的生活保障和值得期待的未来。这能够为所在城市实现经济转型提供一个良好的社会环境。然而，政府提供公共服务不但需要理念转变和机构改革，更需要大量的财政投入。而严重的财政困难又使资源型城市政府无力回应社会的公共服务需求。与此同时，公共服务又是收益率较低的公共事业，这就使得财政与服务需求之间的矛盾更加尖锐了。

　　鉴于上述原因，中央政府应该在资源型城市公共服务建设中扮演更为重要的角色。"在建设服务型政府的初期阶段，中央政府和中间层级政府的积极性以及推动作用是不可否认的：有利于积聚力量，推动基层政府积极参与服务型政府建设。"①在具体的举措上：一方面，增加对资源型城市公共服务的转移支付。这种转移支付更应该强调专项性，要"有的放矢"，而不能是粗糙的"一揽子计划"。另一方面，强化在部分公共事项上"条条"职能的下沉作用。也就是不依赖于当地的官僚机构，而是由中央政府或者省级政府的职能部门，依靠自上而下的业务网络，甚至直接派驻工作组的方式来推进相关公共服务的开展。这实际上是从另一个侧面来帮助资源型城市的脱困，使当地政府能将更多精力放在调整经济结构上。

四、结论

　　资源型城市和非资源型城市的划分依据是：城市辖区内所具有的资源禀赋。资源的开发与加工构成了经济基础，特定的经济基础又会有相应的社会结构与之匹配。而环境、文化、治安等衍生问题也会形成独特的形态。不过，在前文分析的基础上能够发现，单纯从资源特征的角度来看待此类城市是不够的。而是还需要考虑到以下三项原则：

---

① 朱光磊，薛立强. 服务型政府建设的六大关键问题[J]. 南开学报（哲学社会科学版），2008（1）：47-54.

第一，认识资源型城市发展规律需从小处着眼。在经济学中，有一个术语叫"资源诅咒"，具体指的是那些资源丰富的国家，由于对资源过度依赖反而存在着严重的经济社会问题。从某种程度上来说，这一术语同样适用于中国的资源型城市。然而，对中国资源型城市发展规律的认识，仅仅停留在这样一个宏观层面是不够的，而是还需要更深入的调研论证。在此基础上，对此类城市政府发展能力的把握也才能更为准确。带着这些微观认识去开展行动才有可能准确抓住改革的关节点，创造改革契机。

第二，谋求资源型城市的转型发展，提升地方政府的发展能力不可或缺。得出这样的判断，是综合考虑历史因素和当前改革经验的结果。一个拥有较强政府发展能力的资源型城市的地方政府是城市转型的关键。虽然，当用面板数据分析来透视这一能力时，得到了"其政府能力严重不足"的悲观结论。但是，这一结论的得出恰恰又构成了改革的起点。从而将来自于中央政府、上级政府、民众、舆论等多元主体的主观认识，也纳入提升资源型城市地方政府发展能力的分析架构内。与此同时，再通过夯实认知基础，抓住自身短板，巧妙借助外力等方式，或可开辟出一条提升资源型城市政府发展能力的有效路径。

第三，要明确改革中不同政府主体的职责与分工。不能简单地由中央政府"大包大揽"，也不可放任资源型城市政府"自生自灭"。不同类型政府都有自身优势得以有效发挥的特定空间。分析表明：中央政府应重点着力于公共服务领域，而不宜过多涉足微观的经济事务。而资源型城市的地方政府则要挖掘自身积极因素，加大公务员队伍的建设力度，而不可一味向上寻求"帮助"。唯有做好中央政府与资源型城市政府之间的职责划分，才能各司其职、合理分工，从而共同推进资源型城市的转型与进步。

（作者单位：中南财经政法大学哲学院政治学系）

第十二章　县级政府发展能力的现状及提升路径的研究

张艺烁

　　县级政府根据其辖区经济结构特征以及政府职能结构特征，可以分为两个大类：一是县政府（包括县级市），二是市辖区政府。自秦朝以来，县作为中国历史上最稳定、最持久的政权建制，在中国政治发展过程中具有特殊的地位。县政府作为独立性和综合性较强的行政单元，其主要职责就是"农政"，即在辖域内如何更好地实现农业的生产发展、农民生活水平提升和农村社会的和谐稳定。在政府职能转变和城镇化进程加快的大背景下，县政府的职责重点相应会发生变化，县政府的管理模式和发展能力也需要在很大程度上适应这一大背景。与县政府行政级别相同的市辖区等县级政府，同样需要在大背景下实现管理方式和发展能力的提升。如何更好地履行公共服务、市场监管、社会管理、环境保护等职责，如何在履行职责的同时实现发展能力的提升和发展路径的优化，如何使发展能力的提升更好地契合城镇化水平，需要县级政府积极探索，也需要学术界进行深入的研究。

一、问题提出：不同类型县级政府及其发展能力的提升

　　改革开放近四十年来，中国经济建设取得了巨大成就。经济的快速发展带动了城市数量增多、规模扩大和城镇化水平的提升。城镇化进程的加快，既是中国经济快速发展的产物，同时也对中国经济转型跨越发展提出

了更高要求。根据国家统计局公布的数据显示，2011 年中国常住人口城市化率为 51.27%，首次超过了 50%。与此同时，中国城镇化面临着更高的发展要求，即在城市数量增多和规模扩大的同时，如何实现城市发展质量和效率的提升；如何与工业化更加协调地推进，更好地实现国家现代化；如何通过城镇化的深入推进，促进区域协调发展，缩小城乡发展差距；如何在推进城镇化的同时，促进政府管理和社会治理的现代化。这些既是实践过程中需要解决的问题，也是理论研究中需要回答的问题。

基于这样的实际，本研究在城镇化和转变政府职能的视域下，以县级政府发展能力作为研究对象，尝试提出县级政府发展能力概念并阐述其构成要素，考察县级政府发展能力的现状，分析阻碍县级政府发展能力提升的主要原因，进而探索提升县级政府发展能力的路径。

国内学界对县级政府发展能力的研究成果较多，特别是近十多年来，涌现出了一批代表性成果。周平认为，县级政府能力作为一种功能性力量，可以从广义政府和狭义政府两个角度加以考察，前者主要关注理论分析，后者主要涉及实证分析。他提出了县级政府发展能力的七个构成要素，分别是规划发展、制度创新、资源配置、市场规制、公共物品提供、组织协调和社会控制等能力[1]。赵宏、陈自强指出，实现县级政府能力提升的关键，在于有效开发利用和合理配置政府资源，重点在于政府内部、外部两方面资源的充分挖掘和合理配置，要实现这一目标，需要坚持政府改革[2]。王敬尧将县级财政视作县级政府运行的基础，认为县级财政是影响县域治理的核心变量。他将县级政府治理能力主要概括为服务能力，进而将县级政府治理能力分解为县级政府财政来源、支出结构、财政能力、服务能力、管理和应急反应能力等几个方面[3]。李晓园重点考察了县级政府公共服务能力及其影响因素，她认为，县级政府公共服务能力可分解为五种亚能力，分别是规划能力、资源汲取能力、资源配置能力、执行能力和危机管理能力，影响县级政府公共服务能力的主要有行政环境、政府人力资源、政府回应和行政文化等因素。其中，行政环境因素对县级政府的资源汲取能力影响较大，政府人力资源因素对县级政府的公共服务规划能力、资源配置

---

① 周平. 县级政府能力的构成和评估[J]. 云南行政学院学报，2002（5）：24-28.

② 赵宏，陈自强. 我国县级政府能力建设的基本途径[J]. 思想战线，2007（2）：53-56.

③ 王敬尧. 县级治理能力的制度基础：一个分析框架的尝试[J]. 政治学研究，2009（3）：36-46.

能力和危机管理能力影响较大，政府回应因素对县级政府执行能力影响较大①。张立荣和李晓园建构了县级政府公共服务能力结构，并进行了一定程度的实证检验②。杭琳和赵连章考察了新型城镇化视域下县级政府的角色定位，他们从新型城镇化、县域经济发展、公共服务、农民市民化和县域行政管理等方面明确了县级政府的角色定位和职能发挥③，并提出了县级政府职能重构的对策建议，认为县级政府职能重构的基本目标是实现县级政府职能模式的转换和管理方式的变革，具体目标是适应新型城镇化的大背景，建设公共服务型县级政府④。纪晓岚和曾莉探讨了城镇化进程中县级政府的能力建构问题，认为政府职能与政府能力的限度相关度较强，政府绩效与政府能力的效度相关度较强。两组关系间的内在张力是县级政府能力发展的困境所在⑤。姚锐敏研究了县级政府依法行政的动力系统，他指出，内部驱力、外部拉力、司法推力和社会压力共同构成了县级政府依法行政的动力系统，但目前动力系统在这四方面存在一些问题，进而提出了增强县级政府行政总体动力的四项途径⑥。张立荣和刘毅从整体性治理的视角出发，考察了县级政府社会管理在职能、责权、协作和公共政策等四方面存在的碎片化问题，进而从"转变政府职能""再造组织结构""推动协同治理"和"改善决策机制"等四方面提出了系统性和整合性的创新策略⑦。

通过梳理目前学界关于县级政府发展能力的研究成果可以发现，在研究方法上侧重于质性研究，运用定量分析和数据统计方法的研究成果相对较少。在研究内容上，从城镇化大背景下考察县级政府发展能力的研究也

---

① 李晓园. 县级政府公共服务能力与其影响因素关系研究——基于江西、湖北两省的调查分析[J]. 公共管理学报, 2010（4）：57-66.

② 张立荣, 李晓园. 县级政府公共服务能力结构的理论建构、实证检测及政策建议——基于湖北、江西两省的问卷调查与分析[J]. 中国行政管理, 2010（5）：120-125.

③ 杭琳, 赵连章. 新型城镇化进程中县级政府的角色定位[J]. 当代世界与社会主义, 2013（6）：150-152.

④ 杭琳, 赵连章. 城镇化进程中县级政府职能重构的对策建议[J]. 江淮论坛, 2014（2）：24-28.

⑤ 纪晓岚, 曾莉. 城镇化进程中的县级政府能力建构：解读、困境和方向[J]. 经济社会体制比较, 2014（3）：38-47.

⑥ 姚锐敏. 县级政府依法行政动力系统存在的主要问题及改善途径——基于我国 23 个省市区的调查统计数据[J]. 政治学研究, 2014（5）：25-36.

⑦ 张立荣, 刘毅. 整体性治理视角下县级政府社会管理创新研究[J]. 管理世界, 2014（11）：178-179.

相对较少。基于已有的研究成果和研究现状，本研究尝试运用质性研究和量化研究相结合的方法，以统计数据作为支撑，考察县级政府发展能力的现状。同时，本研究尝试以当前快速城市化进程作为研究背景，研究县级政府发展能力的提升路径。

二、评估结果：不同类型县级政府发展能力存在显著差异

（一）样本选取

根据研究主题和研究对象，本研究首先对 62 个城市的问卷结果进行操作化处理，将地方政府发展能力六项主观指标得分求和，得出地方政府发展能力的总体得分情况。再从不同级别的城市中选出得分最低、居中和最高的城市，由此选取了两个直辖市（北京、上海）、一个计划单列市（深圳）、两个省会城市（昆明、成都）和两个地级市（泸州、淄博）。再对六个城市的 51 个区县的 970 份有效调查问卷进行操作化处理，得出各个区县在 6 项一级指标和 14 项二级指标中的得分情况。相关数据主要采用 SPSS 统计软件进行统计分析。

需要说明的是，由于本年度的地方政府发展能力的主、客观数据综合评价主要是以地级市为单位开展的，这就导致在县级政府层面未能得出主、客观指标综合分析的相关数据。因此在本章的研究中，将主要依据调查问卷所获得的调查对象对县级政府各项能力的总体评价数据展开分析工作。

（二）县级政府发展能力的现状分析

本研究将县级政府分为五种类型，即直辖市和计划单列市各辖区、省会城市各辖区、省会城市下辖各县、地级市各辖区、地级市下辖各县。首先对县级政府的总体发展能力进行分析，在此基础上，分析县级政府的六项核心发展能力，力图准确、全面反映县级政府发展能力的现状。

1. 县级政府发展能力的总体评价

图 12-1 显示了直辖市和计划单列市下辖区、省会城市下辖区、省会城市下辖县、地级市下辖区和地级市下辖县等五种类型县级政府发展能力

的总体评价。总体来看，不同类型城市的县级政府发展能力的总体评价具有较大差异。地级市下辖县政府发展能力总体评价得分最高，为 3.75 分，地级市下辖区政府发展能力总体评价得分最低，为 3.3 分。地级市下辖区县政府发展能力总体评价的差异性较大，原因可能在于，地级市下辖的县政府在工作内容和政府过程上的综合性、独立性更强，由此导致其在经济发展、社会发展和公共服务等领域取得的突破和创新更为明显。

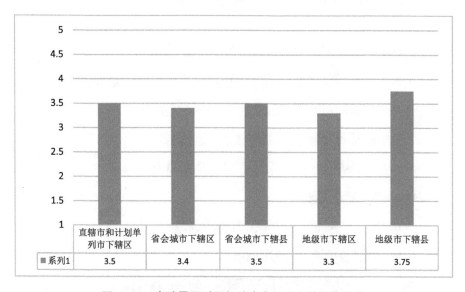

图 12-1　当地居民对县级政府发展能力的总体评价

具体来看，在市辖区政府中，直辖市和计划单列市辖区政府获得的总体评价分数最高，为 3.5 分，地级市下辖区政府发展能力总体评价得分最低，为 3.3 分。这表明，不同行政层级城市的市辖区政府发展能力的总体评价具有一定的差异性。原因可能在于，直辖市和计划单列市区政府所处的发展阶段更倾向于后现代化，所具备的发展条件更为充分；地级市区政府所处的发展阶段更倾向于现代化，所具备的发展条件相对不足。

在县政府中，地级市下辖县政府发展能力总体评价得分相对较高，为 3.75 分，省会城市下辖县政府发展能力总体评价得分相对较低，为 3.5 分。这表明，不同行政层级城市的县政府发展能力的总体评价具有一定的差异性。不同行政层级城市下的县级政府所具备的发展条件不同，所处的发展阶段不同，由此导致发展能力具有一定的差异性。原因可能在于，地级市下辖的县政府所处的发展阶段相对较低，在经济发展、社会发展和公共服务等领域取得突破和进展的空间相对较大。

（1）直辖市和计划单列市下辖区政府发展能力的总体评价

本研究选取了北京市、上海市和深圳市作为研究对象。以五分制为标准，北京市辖区居民对当地政府发展能力的总体评价见图 12-2。

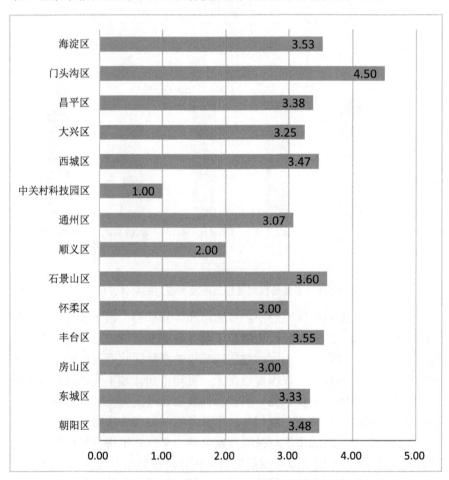

图 12-2　北京市辖区居民对当地政府发展能力的总体评价

根据图 12-2 可以发现，在北京市 14 个市辖区中，市辖区居民对当地政府发展能力总体评价的均值为 3.15。其中，门头沟区政府发展能力获得当地居民的评价最高，中关村科技园区政府发展能力获得的评价最低。原因可能在于，门头沟区所处的发展阶段和所具备的发展条件相较于中关村科技园区而言，有一定的差距，由此导致其在政府发展和社会发展领域取得进步的空间更大，当地居民对政府发展能力的总体评价相对较高。中关村科技园区的产业结构和发展模式与其他市辖区而言有较明显的区别，该区政府的管理模式和发展模式与其他区政府也存在一定的差异性，由此导致当地居民对政府发展能力的总体评价与其他区政府而言的差异性也较为显著。这表明，在分析当地居民对县级政府发展能力的总体评价时，既要着眼于当地政府所处的发展阶段，又要关注当地政府发展的特殊性。

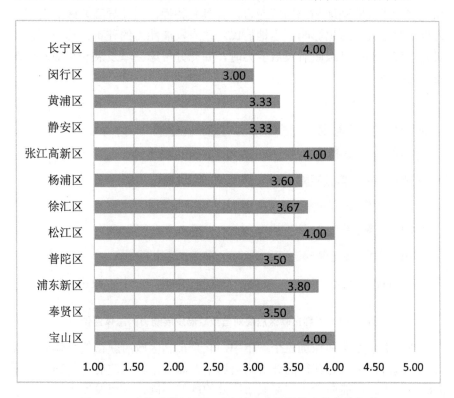

图 12-3　上海市辖区居民对当地政府发展能力的总体评价

图 12-3 反映了上海市 12 个市辖区居民对当地政府发展能力的总体评价情况。总体评价均值为 3.64。其中，长宁、张江、松江和宝山四区政府的发展能力获得居民的评价最高，闵行区政府获得的评价最低。原因可能在于，长宁、张江、松江和宝山四区所处的发展阶段和具备的发展条件较闵行区而言，更具独特性和优越性。由此导致四区政府发展能力的总体评价较闵行区而言，也更高一些。这表明，在分析县级政府发展能力时，要充分考虑不同县级政府在发展条件和发展环境上的差异性。

图 12-4 反映了深圳市辖区居民对当地政府发展能力的总体评价，在深圳市 6 个市辖区中，市辖区居民对当地政府发展能力总体评价的均值为 4.04。其中，宝安区政府的发展能力获得当地居民的评价最高，罗湖区和龙岗区政府发展能力获得的评价最低。原因可能在于，宝安区的产业结构和发展模式较罗湖区和龙岗区而言，更具独特性，由此导致其政府发展能力也相对更强，这也影响了当地居民对政府发展能力的评价。这表明，在研究城市内部的县级政府发展能力时，要充分考虑县域发展和县级政府发展的差异性。

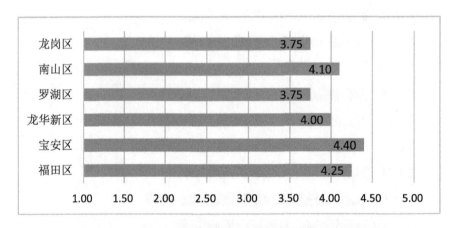

图 12-4 深圳市辖区居民对当地政府发展能力的总体评价

在北京、上海和深圳三个城市中，北京市辖区政府获得的总体评价最低，上海市辖区政府获得的评价均值居中，深圳市辖区政府获得的总体评价最高。原因可能在于，三座城市所处的区位不同，城市发展定位不同，城市所具备的发展条件不同，由此导致发展能力有所区别，相应地影响到当地居民的评价。深圳市作为改革开放的前沿地带，城市的创新性和开放性的特征更为明显，城市发展能力更强，由此导致当地居民的评价也较高。

（2）省会城市下辖区政府发展能力的总体评价

本研究选取了昆明市和成都市作为研究对象。其中，昆明市下辖5区2县。以五分制为标准，昆明5个市辖区的居民对当地政府发展能力的总体评价见图12-5。

根据图12-5可以发现，在昆明市5个市辖区中，当地居民对政府发展能力总体评价的均值为2.74。其中，官渡区政府获得的总体评价最高，西山区获得的总体评价最低。原因可能在于，官渡区所具备的区位条件和发展条件较西山区而言更为优越，官渡区的产业结构更为合理，其发展能力较西山区而言更强，导致当地居民对当地政府发展能力的总体评价更高。

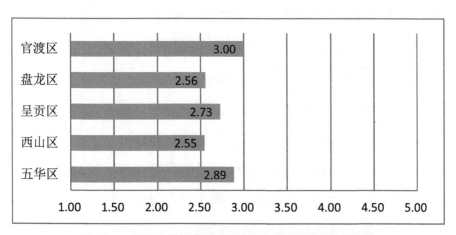

图12-5　昆明市辖区居民对当地政府发展能力的总体评价

图12-6反映了成都市辖区居民对当地政府发展能力的总体评价。成都市下辖12个区、2个县。在12个市辖区中，当地居民对政府发展能力的总体评价均值为3.67。其中，天府新区获得的总体评价得分最高，新都区和龙泉驿区获得的评价最低。原因可能在于，作为国家级新区，天府新区所享受的政策支持力度更大，新区的发展定位更高，新区内产业、人才、基础设施等要素更为完备，新区对民生的投入力度更大。由此导致新区的发展能力较其他市辖区而言更为突出，当地居民对政府的总体评价相应也

较高。

通过比较昆明市和成都市的市辖区政府所获得的发展能力总体评价可以发现，成都市辖区政府所获得的总体评价更高，且与昆明市的差异性明显。这既与市辖区的综合发展能力有关，也与当地居民在市辖区发展中的获得感有关。市辖区发展条件、发展路径、发展模式的差别，导致了市辖区发展能力的差别。市辖区对民生和公共服务关注度的差别，也会影响当地居民对市辖区发展的总体评价。因此，在分析县级政府发展能力时，既要关注影响发展能力的因素，也要关注影响当地居民评价的因素。

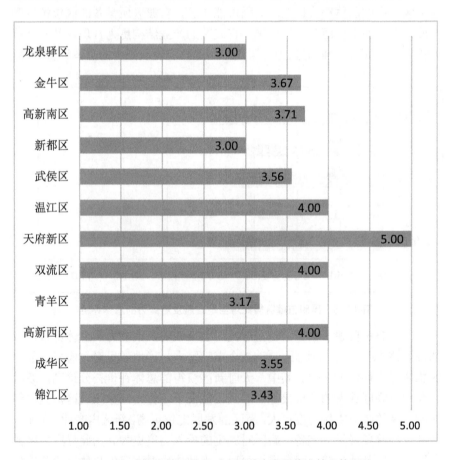

图 12-6　成都市辖区居民对当地政府发展能力的总体评价

（3）地级市下辖区政府发展能力的总体评价

本研究以泸州市和淄博市作为研究对象。考察地级市下辖区政府的发展能力情况。以五分制为标准，泸州市 3 个区的居民对当地政府发展能力的总体评价见图 12-7。

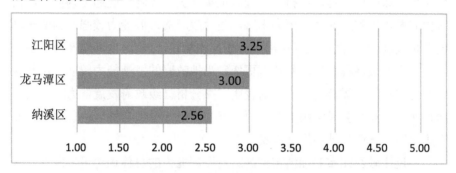

图 12-7　泸州市辖区居民对当地政府发展能力的总体评价

图 12-7 显示在泸州市 3 个市辖区中，当地居民对政府发展能力的总体评价均值为 2.94 分。其中，纳溪区获得的评价最低，为 2.56 分，龙马潭区获得的评价居中，为 3 分，江阳区获得的评价最高，为 3.25 分。原因可能在于，江阳区的区位条件较纳溪区和龙马潭区而言更为优越，辖区内经济社会发展状况和公共服务提供水平更高。由此导致该区的政府发展能力更强，当地居民的评价更高。

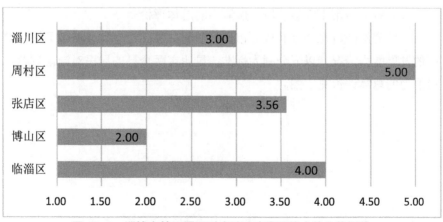

图 12-8　淄博市辖区居民对当地政府发展能力的总体评价

　　图 12-8 显示的是淄博市辖区居民对当地政府发展能力的总体评价。在淄博市的 5 个市辖区中，当地居民对政府发展能力的总体评价均值为 3.51 分。其中，周村区的总体评价得分最高，为 5 分，博山区的得分最低，为 2 分。原因可能是，周村区所处区位条件更为优越，交通更为便捷，辖区内旅游资源和产业资源更为丰富，当地政府的发展能力较强，当地居民的评价较高。博山区所处区位离中心城区相对较远，辖区内涉农产业较多，二、三产业发展程度较之其他区更低，当地政府的发展能力较弱，由此导致当地居民的总体评价较低。这表明，在分析县级政府发展能力时，要兼顾自然因素和社会经济因素两方面，既要考虑区县的自然区位条件，也要考虑交通、产业等社会经济因素。

　　通过比较泸州市和淄博市辖区政府发展能力的总体评价可以发现，两地市辖区居民的总体评价差异性较大。淄博市辖区居民对当地政府发展能力的总体评价明显高于泸州市。市辖区政府发展能力评价的差异性，总体来看，既与市辖区的发展能力有关，也与市辖区所在地级市的发展能力有关，还与当地居民的评价有关。具体来看，与当地的区位条件和经济社会发展条件有关。这表明，在分析县级政府发展能力的影响因素时，要兼顾县级政府的实际需求和县级政府所在市的实际需求，要兼顾自然条件和社会经济条件，要兼顾客观因素和居民评价的主观因素。

　　（4）省会城市下辖县政府发展能力的总体评价

　　本研究继续以昆明市和成都市作为研究对象。考察省会城市下辖县政府的发展能力情况。以五分制为标准，昆明市两个县的居民对当地政府发展能力的总体评价见下图。

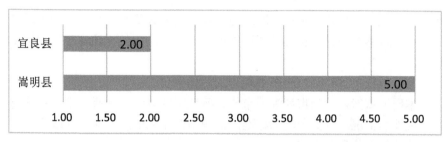

图 12-9　昆明市辖县居民对当地政府发展能力的总体评价

图 12-9 反映了昆明市辖县居民对当地政府发展能力的总体评价情况。在两个市辖县中，当地居民对政府发展能力的总体评价均值为 3.5。其中，宜良县得分为 2 分，嵩明县得分为 5 分，两县得分差异性较大。这种差异性，既与县政府本身的实际发展有关，也与当地居民的评价有关，还与数据收集工作的准确性有关。这表明，在分析县级政府发展能力时，既要关注与发展能力本身有关的因素，还要注意所采集的数据的信度。

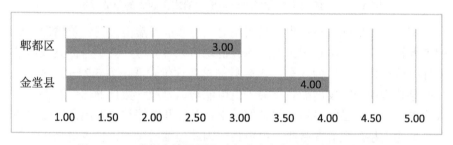

图 12-10　成都市辖县居民对当地政府发展能力的总体评价

根据图 12-10 可以发现，在成都市的两个市辖县中，当地居民对政府发展能力的总体评价平均得分为 3.5 分。其中，郫都区得分相对较低，为 3 分，金堂县得分相对较高，为 4 分，两县得分差异性较小。这表明，郫都区和金堂县政府的综合发展能力较为相近，两县居民对政府和民生发展的获得感较为相近。原因可能在于，两县在产业结构、发展程度上处于较为相近的水平，两县在民生保障和公共服务提供水平上也较为相近。

通过比较昆明市和成都市的市辖县政府发展能力的评价可以发现，两地的市辖县政府发展能力评价总体得分较为一致，但县政府之间的差异性较为明显。这种现象与县政府的发展水平有关，发展能力不同的县政府必然在得分上显示出差异性；同时还与当地居民的评价有关，当地居民对城市发展获得感的差异，也影响了评价得分的高低；此外，还与数据的信度有关。

（5）地级市下辖县政府发展能力的总体评价

本研究依然以泸州市和淄博市作为研究对象。考察地级市下辖县政府的发展能力情况。以五分制为标准，泸州市两个县的居民对当地政府发展能力的总体评价见图12-11。

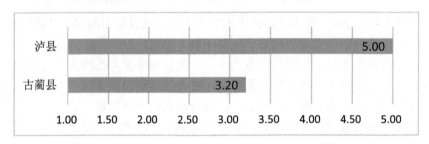

图12-11　泸州市辖县居民对当地政府发展能力的总体评价

图12-11反映了泸州市辖县居民对当地政府发展能力的评价情况。泸州市下辖泸县和古蔺县居民的总体评价均值为4.1分。其中，泸县政府的总体评价分数较高，为5分；古蔺县的总体评价较低，为3.2分。这可能与两县政府的实际发展能力有关，也可能与调查统计数据的信度有关。客观因素方面，泸县的自然区位条件、交通条件和经济社会发展条件较之古蔺县更为优越，政府发展能力也更强，因此当地居民的评价也更高。主观因素方面，样本采集的信度等因素导致当地居民的评价有显著差异性。

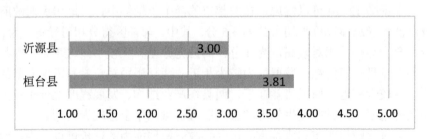

图12-12　淄博市辖县居民对当地政府发展能力的总体评价

图 12-12 反映了淄博市辖县居民对当地政府发展能力的总体评价。当地居民的总体评价均值为 3.40 分。其中，桓台县的评价相对较高，为 3.81 分；沂源县的评价相对较低，为 3 分。原因可能在于，桓台县与淄博市中心的距离较沂源县更近，受城市经济的影响程度更深，市县发展一体化程度更高，由此导致当地居民对政府发展能力的评价更高。这表明，城乡发展一体化程度在很大程度上影响了县级政府的发展能力，也影响了当地居民的评价。

通过比较泸州市和淄博市辖县居民对当地政府发展能力的总体评价可以发现，泸州市辖县居民的评价相对更高，淄博市辖县之间居民评价的差异性更小。这表明，在分析县级政府发展能力时，既要考虑独立县级政府的发展能力情况，也要分析县级政府之间在发展能力上的差异性。提升县级政府发展能力，既要注重县级政府本身，也要兼顾县域之间的实际发展。

2. 县级政府核心发展能力的分析

为进一步分析县级政府发展能力现状，本研究考察了关于五类县级政府的发展经济能力、社会治理能力、服务提供能力、资源利用能力、科学履职能力和学习创新能力等六项核心发展能力。

（1）直辖市和计划单列市下辖区政府核心发展能力的总体评价

本研究在考察总体发展能力的基础上，进一步对北京、上海和深圳的市辖区政府发展能力的六项核心发展能力进行研究。六项核心发展能力包括经济发展能力、社会发展能力、服务提供能力、资源利用能力、科学履职能力和学习创新能力。同样以五分制为标准，北京市辖区居民对当地政府核心发展能力的评价结果如图 12-13 所示。

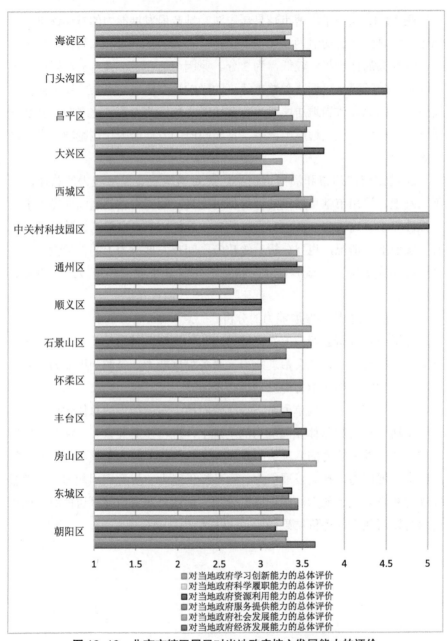

图12-13　北京市辖区居民对当地政府核心发展能力的评价

上海市辖区居民对当地政府核心发展能力的评价如图 12-14 所示。

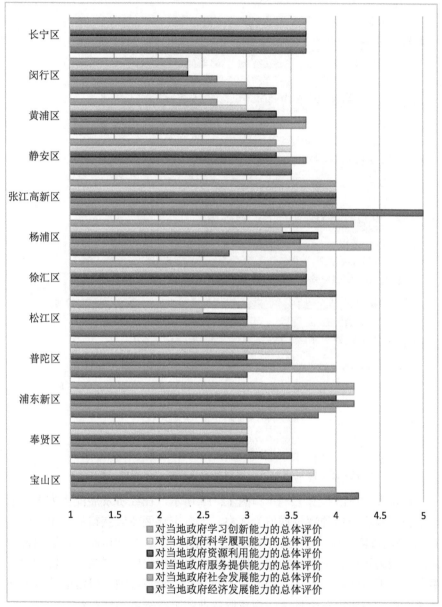

图 12-14　上海市辖区居民对当地政府核心发展能力的评价

深圳市辖区居民对当地政府核心发展能力的评价如图 12-15 所示。

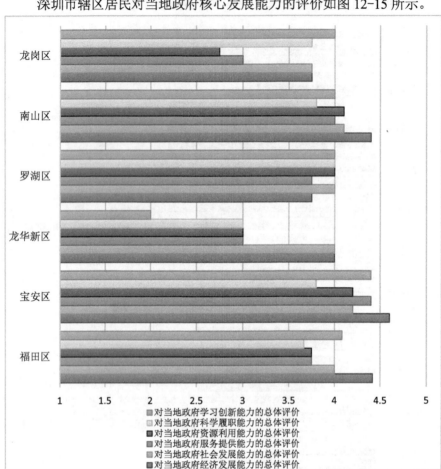

图 12-15　深圳市辖区居民对当地政府核心发展能力的评价

　　根据图 12-13、图 12-14 和图 12-15 所示，在经济发展能力方面，北京市辖区政府获得的评价均值为 3.25，上海市辖区政府获得的评价均值为 3.68，深圳市辖区政府获得的评价均值为 4.15。在三个城市的市辖区内部，北京市的朝阳区、上海市的宝山区和深圳市的宝安区获得当地居民的评价最高。原因可能在于，这三个区在产业结构、经济转型、资源配置等方面的能力更为突出，三个地区在商贸服务业和工业领域的优势地位明显。在三个城市的市辖区之间，北京市的顺义区和中关村科技园区获得的评价最低，深圳市的宝安区获得的评价最高。原因可能在于，顺义区涉及第一产业的经济生产活动较多，在推动转型和促进民营企业发展方面能力相对薄弱，当地居民对经济发展能力的评价不是太高；中关村科技园区的产业侧重于高新技术类，与经济发展能力的直接关联度不是太强。三个地市辖区评价结果的差异与市辖区自身的发展情况有关，也与市辖区所在城市的发展能力有关，还与当地居民的评价标准有关。核心发展能力的评价结果与总体发展能力的评价结果一致性较强，这表明，在直辖市和计划单列市下辖区中，深圳市辖区政府的经济发展能力更强。这也反映了作为改革开放前沿地带的深圳，在经济发展领域成效显著。

在社会发展能力方面，北京市辖区政府获得的评价均值为3.31，上海市辖区政府获得的评价均值为3.7，深圳市辖区政府获得的评价均值为4.01。其中北京市的中关村科技园区、上海市的杨浦区和深圳市的宝安区获得当地居民的评价最高。原因可能在于，三个地市辖区政府在发展经济的同时，注重发挥本地区公民在参与公共事务的作用，三个地市辖区政府注重发挥社会组织的作用，在调解社会矛盾方面的能力较强。在三个地市辖区之间，北京市门头沟区获得的评价最低，为2分，上海市杨浦区获得的评价最高，为4.4分。这表明，市辖区之间在社会发展能力方面的差异性也较为显著。原因可能在于，北京市门头沟区政府在维护社会治安、有效化解社会矛盾方面的能力不足，由此导致当地居民评价较低。上海市杨浦区在鼓励当地居民参与公共事务管理和鼓励发展社会组织方面的成效显著，由此导致当地居民评价较高。

在服务提供能力方面，北京市辖区政府获得的评价均值为3.27，上海市辖区政府获得的评价均值为3.51，深圳市辖区政府获得的评价均值为3.65。其中北京市的中关村科技园区、上海市的浦东新区和深圳市的宝安区获得当地居民的评价最高。原因可能在于，三个地市辖区政府在保障基本公共服务能力和实现区域公共服务均等化方面的举措较多，能力较强。在三个地市辖区之间，北京市门头沟区获得的评价最低，为2分，深圳市宝安区获得的评价最高，为4.4分。原因可能在于，北京市门头沟区兼具城乡社会发展形态，且与北京市中心城区的发展存在一定差距，当地政府在公共服务基础设施建设、实现区域内基本公共服务均等化和强化环境治理等方面的能力不足，当地居民的评价相对较低。

在资源利用能力方面，北京市辖区政府获得的评价均值为3.26，上海市辖区政府获得的评价均值为 3.39，深圳市辖区政府获得的评价均值为3.63。其中北京市的中关村科技园区、上海市的浦东新区、张江高新区和深圳市的宝安区获得当地居民的评价最高。这可能是因为，这四个市辖区在获取资源、吸引外来人口和进行资源整合的力度更大，成效更为显著，因此当地居民的评价更高。在三个地市辖区之间，北京市门头沟获得的评价最低，深圳市宝安区获得的评价最高。这可能是由于门头沟区的发展与北京市中心城区存在一定差距，当地政府在资源获取和整合开发方面的工作力度有限，吸引外来人才和有效引进项目的能力较为薄弱，由此导致当地居民的评价较低。

在科学履职能力方面，北京市辖区政府获得的评价均值为3.25，上海市辖区政府获得的评价均值为 3.38，深圳市辖区政府获得的评价均值为3.67。其中北京市的中关村科技园区、上海市的浦东新区和深圳市的罗湖区获得当地居民的评价最高。原因可能在于，中关村科技园区政府、浦东新区政府和罗湖区政府在决策过程中能够较好地保障公众参与的有效性，政策制定和执行过程中部门间协同度较高，由此获得了当地居民的较高评价。在三个地市辖区之间，北京市的顺义区和门头沟区获得的评价最低，上海市浦东新区获得的评价最高。这可能是因为，顺义区和门头沟区政府在政策制定和执行中的效果偏差，政府机构设置和运行的问题相对较多，部门间协同度和工作效率相对较低，由此导致当地居民的评价较低。

在学习创新能力方面，北京市辖区政府获得的评价均值为3.31，上海市辖区政府获得的评价均值为3.40，深圳市辖区政府获得的评价均值为3.75。其中北京市的中关村科技园区、上海市的浦东新区和深圳市宝安区获得当地居民的评价最高。原因可能在于，三个市辖区政府在主动学习、重视创新等方面的工作力度较大，特别是中关村科技园区作为国家级科技园区，浦东新区作为国家级新区，在政府创新中扮演着重要角色，因此获得的评价较高。在三个地市辖区之间，北京市的门头沟区获得的评价最低，深圳市的宝安区获得的评价最高。这可能是由于，门头沟区政府在主动学习、管理和服务创新等方面的工作力度相对较小，由此导致当地居民的评价较低。

为进一步研究直辖市和计划单列市的市辖区政府发展能力现状，本研究利用独立样本 T 检验，比较北京、上海和深圳市辖区六项政府发展能力的评价均值，得出了表 12-1。

表 12-1 北京、上海、深圳市辖区政府核心发展能力评价均值 T 检验结果

分组变量		北京市辖区—上海市辖区	北京市辖区—深圳市辖区	上海市辖区—深圳市辖区
经济发展能力	t	-1.779	-3.177	-1.774
	显著性	0.088	0.005	0.095
社会发展能力	t	-2.176	-3.438	-1.733
	显著性	0.04	0.003	0.102
服务提供能力	t	-1.378	-1.607	-0.585
	显著性	0.181	0.125	0.567
资源利用能力	t	-0.506	-1.108	-0.93
	显著性	0.617	0.282	0.366
科学履职能力	t	-0.516	-1.389	-1.152
	显著性	0.61	0.182	0.266
学习创新能力	t	-0.366	-1.258	-1.004
	显著性	0.717	0.225	0.33

在统计学意义上，北京市辖区政府与上海市辖区政府在社会发展能力存在显著差异，与深圳市辖区政府在经济发展能力和社会发展能力上存在显著差异。上海市辖区政府与深圳市辖区政府不存在显著差异。这可能是因为，较上海市辖区政府而言，北京市辖区政府在发展社会组织、培育第三部门方面的能力较为薄弱，当地居民参与公共事务的渠道较少。上海和深圳由于对外开放水平和经济发展水平较高，市场发育程度较高，社会结构分化和利益诉求更为深刻，当地政府在维护秩序、化解矛盾方面的作用更为突出。这说明，直辖市和计划单列市下辖区应该重点关注经济发展和社会发展方面能力的提升。

（2）省会城市下辖区政府核心发展能力的总体评价

本研究在考察总体发展能力的基础上，进一步对昆明和成都的市辖区

政府发展能力的六项核心发展能力进行研究。六项核心发展能力包括经济发展能力、社会发展能力、服务提供能力、资源利用能力、科学履职能力和学习创新能力。同样以五分制为标准，昆明市辖区居民对当地政府核心发展能力的评价结果如图 12-16 所示。

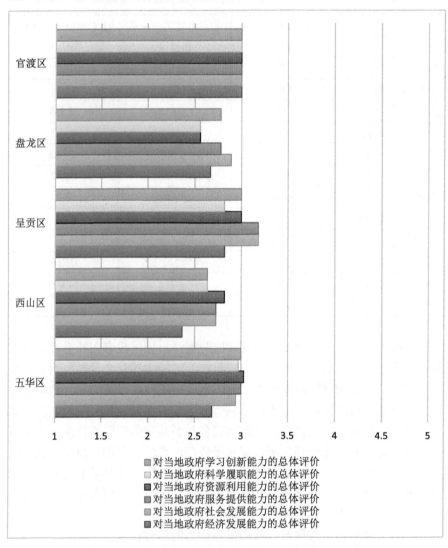

图 12-16　昆明市辖区居民对当地政府核心发展能力的评价

成都市辖区居民对当地政府核心发展能力的评价如图 12-17 所示。

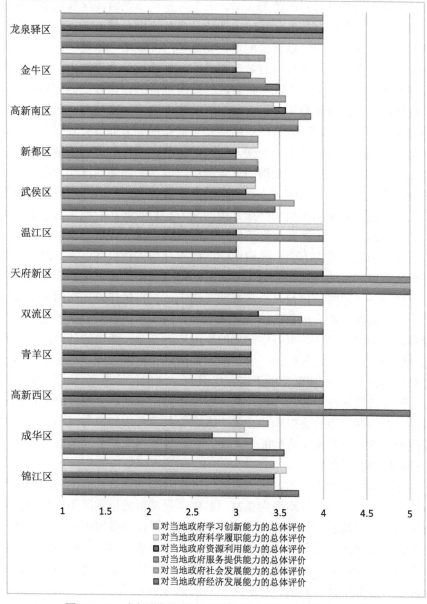

图 12-17　成都市辖区居民对当地政府核心发展能力的评价

　　在经济发展能力方面，昆明市辖区政府获得的评价均值为2.93，成都市辖区政府获得的评价均值为3.67。其中，昆明市的官渡区和成都市的高新西区、天府新区获得当地居民的评价最高。原因可能在于，官渡区作为昆明的中心城区之一，辖区内商贸、物流等产业聚集，机场、火车站等交通枢纽分布其中，当地政府有效改善基础设施建设的力度较大，促进产业转型升级的力度较大，由此导致官渡区政府获得的评价较高。高新西区作为成都的高新产业聚集地，经济发展程度和产业聚集度较高，天府新区作为国家级新区，在政策利用、产业结构和发展布局等方面具有较强的优势，因此当地政府发展经济能力较强，居民的评价也相对较高。在两个地市辖区之间，昆明市的西山区获得的评价最低，成都的高新西区和天府新区获得的评价最高。这可能因为，西山区涉农产业较多，二、三产业发展程度较低，当地政府推动转型和产业升级的能力相对较弱，当地民营企业发展不足，由此导致西山区发展经济能力相对较弱，居民评价也较低。

　　在社会发展能力方面，昆明市辖区政府获得的评价均值为3.25，成都市辖区政府获得的评价均值为3.62。其中，昆明市的呈贡区和成都市的天府新区获得当地的评价最高。这可能是由于，呈贡区作为昆明的中心城区之一，天府新区作为成都的核心区域之一，两地居民参与公共事务的渠道较多，社会组织在公共事务中发挥的作用较为充分，两地的社会治安状况相对较好。因此两地居民的评价较高。在两地市辖区之间，昆明市的西山区获得的评价最低，成都市的天府新区获得当地的评价最高。原因可能是，西山区经济发展能力较为薄弱，与之联系较为紧密的社会发展能力也相对较差，西山区当地社会组织和公民个人在公共事务中的参与度不够高，辖区政府有效化解社会矛盾的能力不足，由此导致当地社会发展能力较弱，居民评价也相对较低。

　　在服务提供能力方面，昆明市辖区政府获得的评价均值为3.24，成都市辖区政府获得的评价均值为3.71。其中，昆明市的呈贡区和成都市的天府新区获得当地的评价最高。原因可能是，呈贡区作为昆明市的中心城区，在公共服务设施建设和均等化程度方面，走在昆明市辖区的前列；天府新区作为国家级新区，在保障基本公共服务、实现教育医疗资源均等化和保护环境等方面进行了大量创新实践。因此获得当地居民的评价最高。在两个地市辖区之间，昆明市的西山区获得的评价最低，成都市的天府新区获得当地的评价最高。这可能是因为，西山区地处昆明市郊，区域内农村地域较为广阔，城乡间发展差距较大，由此导致西山区公共服务设施建设和公共服务的均等化程度均低于其他市辖区，由此导致当地居民的评价较低。

在资源利用能力方面，昆明市辖区政府获得的评价均值为3.20，成都市辖区政府获得的评价均值为3.38。其中，昆明市的五华区和成都市的高新西区、天府新区、龙泉驿区获得当地居民的评价最高。原因可能在于，五华区和龙泉驿区在招商引资、吸引外来人才投资兴业等领域的工作进展较快，获得的评价较高，高新西区和天府新区作为功能区和国家级新区，在有效引进项目、吸引外来人才就业和与智库合作等方面的能力更强，因此获得的评价较高。在两个地市辖区之间，昆明市的盘龙区获得的评价最低，成都的高新西区、天府新区和龙泉驿区获得的评价最高。这可能是因为，盘龙区正处于产业结构转型期，资源获取和整合能力相对有限，有效引进项目和与企业进行有效协作的能力较为薄弱，由此导致资源利用能力相对较低，当地居民评价也较低。

在科学履职能力方面，昆明市辖区政府获得的评价均值为3.14，成都市辖区政府获得的评价均值为3.59。其中，昆明市的官渡区、成都市的高新西区、天府新区、龙泉驿区和温江区获得当地的评价最高。原因可能是，官渡区、龙泉驿区和温江区近年来在政府管理创新方面取得了新进展，优化了制定政策和执行等流程，部门间协同度和工作效率有了较大提升。天府新区和高新西区的发展定位决定了辖区内政府管理的较高水平和全新模式，因此当地居民的评价更高。在两个地市辖区之间，昆明市的盘龙区获得的评价最低，成都市的天府新区、高新西区、温江区和龙泉驿区获得的评价最高。这可能是因为，盘龙区政府在政策制定和执行上的能力相对不足，机构运行和部门间协同配合的效果相对较差，由此导致当地居民的评价较低。

在学习创新能力方面，昆明市辖区政府获得的评价均值为3.20，成都市辖区政府获得的评价均值为3.52。其中，昆明市的五华区、呈贡区和官渡区，成都市的天府新区、高新西区、双流区和龙泉驿区获得当地的评价最高。这可能是由于，这七个市辖区政府更加重视主动学习和管理服务创新，进行了一系列地方政府创新的实践，由此获得了当地居民的较高评价。在两个地市辖区之间，昆明市的西山区获得的评价最低，成都市的高新西区、双流区、天府新区和龙泉驿区获得的评价最高。原因可能是，西山区政府在管理服务创新中的实践相对较少，主动学习意识不足，由此导致当地居民的评价较低。

　　为进一步研究省会城市市辖区政府发展能力现状，本研究利用独立样本 T 检验，比较昆明、成都市辖区六项政府发展能力的评价均值，如表 12-2 所示。

表 12-2　昆明、成都市辖区政府核心发展能力评价均值 T 检验结果

分组变量	经济发展能力		社会发展能力		服务提供能力		资源利用能力		科学履职能力		学习创新能力	
	t	显著性	t	显著性	t	显著性	t	显著性	t	显著性	t	显著性
昆明市辖区—成都市辖区	-2.635	0.021	-2.383	0.033	-2.525	0.025	-2.052	0.061	-3.518	0.004	-3.303	0.006

　　根据表 12-2 显示的结果，在统计学意义上，昆明市辖区和成都市辖区在经济发展、社会发展、服务提供、科学履职和学习创新这五方面能力上存在显著差异，这样也印证了两个地市辖区政府在评价均值上的差异性。导致这种结果的原因可能与省会城市市辖区的整体发展水平有关，虽然同是省会城市的市辖区，但由于自然区位条件、经济社会发展条件不同，导致市辖区之间在保证生产、推动产业结构转型升级、促进社会组织和第三部门发展、实现基本公共服务均等化等方面存在较大的差异性。这说明，省会城市市辖区政府在发展能力上具有较大的差异性。

　　（3）地级市下辖区政府核心发展能力的总体评价

　　本研究在考察总体发展能力的基础上，进一步对泸州和淄博的市辖区政府发展能力的六项核心发展能力进行研究。六项核心发展能力包括经济发展能力、社会发展能力、服务提供能力、资源利用能力、科学履职能力和学习创新能力。同样以五分制为标准，泸州市辖区居民对当地政府核心发展能力的评价结果如图 12-18 所示。

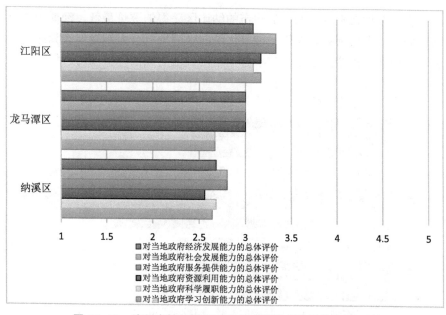

图12-18 泸州市辖区居民对当地政府核心发展能力的评价

图12-19反映了淄博市辖区居民对当地政府核心发展能力的评价结果。

在经济发展能力方面,泸州市辖区政府获得的评价均值为3.43,淄博市辖区政府获得的评价均值为3.60,其中泸州市的江阳区和淄博市的临淄区获得当地居民的评价最高。原因可能是,江阳区地处泸州市中心城区,区域内交通、物流、商贸等要素聚集,辖区经济发展和产业转型升级能力较强,因此当地居民的评价也更高。临淄区交通区位条件优越,辖区内产业聚集,当地政府保证生产和促进民营企业发展能力较强,因此当地居民评价较高。在两个地市辖区之间,泸州市的纳溪区获得的评价最低,淄博市的临淄区获得的评价最高。这可能是因为,纳溪区地处泸州市南部,辖区内涉农产业较多,二、三产业发展程度相对较低,当地经济发展能力相对薄弱,由此导致当地居民的评价较低。

在社会发展能力方面,泸州市辖区政府获得的评价均值为3.51,淄博市辖区政府获得的评价均值为3.70。其中,泸州市的江阳区和淄博市的周村区获得的评价最高。这可能因为,两地政府在化解社会矛盾、维护社会稳定等方面工作成效显著,两地居民和社会组织在公共事务中的参与度较高。在两个地市辖区之间，泸州市的纳溪区获得的评价最低，淄博市的周村区获得的评价最高。原因可能是，纳溪区当地社会组织发展较为缓慢，社会组织和公民个人参与公共事务不足，当地居民的评价相对较低。

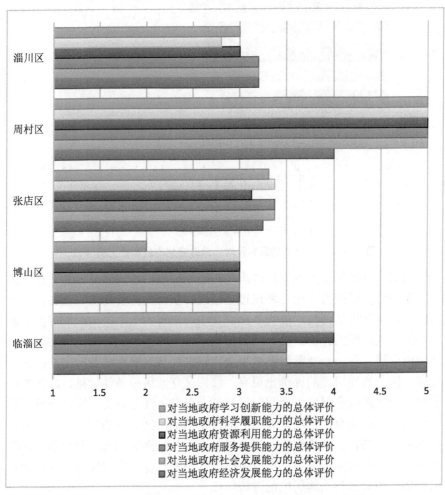

图 12-19　淄博市辖区居民对当地政府核心发展能力的评价

在服务提供能力方面，泸州市辖区政府获得的评价均值为 3.51，淄博市辖区政府获得的评价均值为 3.70。其中，泸州市的江阳区和淄博市的周村区获得的评价最高。原因可能是，这两个区经济发展水平和社会发展水平相对较高，当地政府在促进区域公共服务均等化和治理环境等方面的能力也较为突出，由此获得了当地居民的较高评价。在两个地市辖区之间，泸州市的纳溪区获得的评价最低，淄博市的周村区获得的评价最高。这可能是由于，纳溪区经济发展水平相对较低，经济发展有限，当地政府保障基本公共服务的难度也相对较大，由此导致当地居民的评价较低。

在资源利用能力方面，泸州市辖区政府获得的评价均值为3.39，淄博市辖区政府获得的评价均值为3.69。其中，泸州市的江阳区和淄博市的周村区获得的评价最高。这可能因为，两地政府资源获取和整合的能力较强，有效引进项目和外来人才的力度更大，因此当地居民的评价也更高。在两地市辖区之间，泸州市的纳溪区获得的评价最低，淄博市的周村区获得的评价最高。这可能是因为，纳溪区经济社会发展水平相对较低，辖区对外来人才和外部资金项目的吸引力相对较小，当地政府资源利用的能力较为有限，由此导致当地居民的评价较低。

在科学履职能力方面，泸州市辖区政府获得的评价均值为3.33，淄博市辖区政府获得的评价均值为3.70。其中，泸州市的江阳区和淄博市的周村区获得当地的评价最高。原因可能是，两个地市辖区政府在政策制定和政策执行上的能力较为突出，且在政府部门内部的机构设置合理度和部门间的协同度较高，因此获得的评价较高。在两个地市辖区之间，泸州市的龙马潭区获得的评价最低，淄博市的周村区获得的评价最高。这可能是由于龙马潭区政府在机构设置和运行、政策制定和执行等过程中的能力相对薄弱，因此当地居民的评价较低。

在学习创新能力方面，泸州市辖区政府获得的评价均值为3.33，淄博市辖区政府获得的评价均值为3.58。其中，泸州市的江阳区和淄博市的周村区获得的评价最高。原因可能是，两地市辖区政府在推进经济社会发展的同时，重视政府自身管理服务创新能力的培养，因此当地居民的评价也更高。在两个地市辖区之间，泸州市的纳溪区获得的评价最低，淄博市的周村区获得的评价最高。这可能是由于，纳溪区在地方政府创新中的实践探索相对较少，当地政府的主动学习意识相对不足，因此当地居民的评价较低。

为进一步研究地级市辖区政府的发展能力现状，本研究利用独立样本T检验，比较泸州、淄博市辖区六项政府发展能力的评价均值，得出了表

12-3。

表 12-3　泸州、淄博市辖区政府核心发展能力评价均值 T 检验结果

分组变量	经济发展能力		社会发展能力		服务提供能力		资源利用能力		科学履职能力		学习创新能力	
	t	显著性	t	显著性	t	显著性	t	显著性	t	显著性	t	显著性
泸州市辖区—淄博市辖区	-1.369	0.243	-0.816	0.46	-0.816	0.460	-0.880	0.428	-0.871	0.433	-0.448	0.678

根据统计结果，泸州市和淄博市的市辖区政府在六项核心发展能力上均未呈现出显著的差异性。这说明，两个地市辖区政府在发展能力上的差异性较小，但水平较低，地级市的市辖区政府评价均值低于直辖市、计划单列市和省会城市的市辖区政府。为了提升地级市的市辖区政府发展能力，有必要从这六个方面入手并深入推进。

（4）省会城市下辖县政府核心发展能力的总体评价

本研究在考察总体发展能力的基础上，进一步对昆明和成都的市辖县政府发展能力的六项核心发展能力进行研究。六项核心发展能力包括经济发展能力、社会发展能力、服务提供能力、资源利用能力、科学履职能力和学习创新能力。同样以五分制为标准，昆明市辖县居民对当地政府核心发展能力的评价结果如图 12-20 所示。

成都市辖县居民对当地政府核心发展能力的评价结果如图 12-21 所示。

在经济发展能力方面，昆明市辖县政府获得的评价均值为 3.5，成都市辖县政府获得的评价均值是 3.5。其中，昆明市的嵩明县、成都市的金堂县获得当地的评价最高。原因可能是，两地政府在推动产业结构调整和优化升级方面的举措更多，改善当地基础设施建设的力度更大，因此当地居民的评价也更高。在两个地市辖县之间，昆明市的宜良县获得的评价最低，嵩明县获得的评价最高，成都的金堂县和郫都区得分居中。这可能是由于，宜良县政府在保证生产、促进消费和推动转型方面的能力相对薄弱，由此导致当地居民的评价较低。

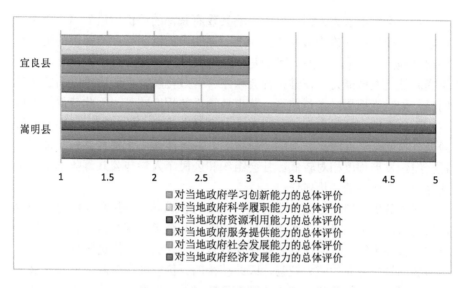

图 12-20　昆明市辖县居民对当地政府核心发展能力的评价

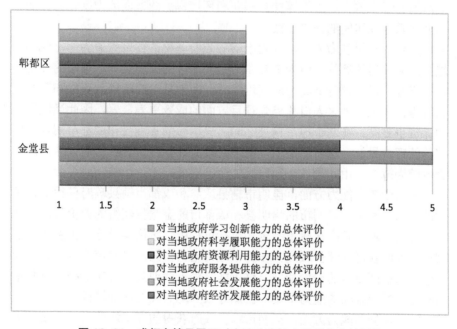

图 12-21　成都市辖县居民对当地政府核心发展能力的评价

在社会发展能力方面，昆明市辖县政府获得的评价均值为 4，成都市辖县政府获得的评价均值是 3.5。其中，昆明市的嵩明县和成都市的金堂县获得当地的评价最高。原因可能是，两地县政府在发展经济的同时，也注重提高社会发展能力，在维护社会秩序、有效化解社会矛盾等方面的成效明显，同时当地居民参与地区公共事务管理的程度较高，因此获得的评价较高。在两地市辖县之间，昆明市的宜良县和成都市的郫都区获得的评价最低，昆明市的嵩明县获得的评价最高。这可能是由于宜良县和郫都区的社会组织发展程度相对较低，社会组织和公民个人参与公共事务不足，由此导致当地居民的评价较低。

在服务提供能力方面，昆明市辖县政府和成都市辖县政府获得的评价均值为 4。其中，昆明市的嵩明县和成都市的金堂县获得当地居民的评价最高。原因可能是，两地县政府在保障基本公共服务、推进区域内基本公共服务均等化方面的能力较强，因此获得的评价较高。在两个地市辖县之间，昆明市的宜良县和成都市的郫都区获得的评价最低。这可能由于两地县政府在发展教育、卫生等社会事业和环境保护两方面的力度较为薄弱，由此导致当地居民的评价较低。

在资源利用能力方面，昆明市辖县政府获得的评价均值为 4，成都市辖县政府获得的评价均值为 3.5。其中，昆明市的嵩明县和成都市的金堂县获得当地居民的评价最高。原因可能是，两地县政府的资源获取和整合能力较强，在吸引外来人口和外来项目方面的成效更为显著，因此当地居民的评价也更高。在两个地市辖县之间，昆明市的宜良县和成都市的郫都区获得的评价最低。这可能是由于两地县政府在招商引资、引进人才方面的力度较为薄弱，由此导致当地居民的评价较低。

在科学履职能力方面，昆明市辖县政府和成都市辖县政府获得的评价均值为 4。其中，昆明市的嵩明县和成都市的金堂县获得的评价最高。原因可能是两地县政府在政策制定和执行过程中，重视科学化、民主化、法制化，因此获得的评价较高。在两个地市辖县之间，昆明市的宜良县和成都市的郫都区获得的评价最低。这可能是由于两地县政府在机构运行和部门间协同配合方面的能力不足，由此导致当地居民的评价较低。

在学习创新能力方面，昆明市辖县政府获得的评价均值为 4，成都市辖县政府获得的评价均值为 3.5。其中，昆明市的嵩明县和成都市的金堂县获得当地的评价最高，这可能是因为两地县政府在管理服务创新上的实践更多，主动学习意识更强，因此获得的评价较高。在两个地市辖县之间，昆明市的宜良县和成都市的郫都区获得当地的评价最低。原因可能是两地县政府对创新和学习能力的重视程度相对不够，主动学习意识和创新意识相对薄弱。因此获得的评价较低。

　　为进一步研究省会城市辖县政府的发展能力现状，本研究利用独立样本 T 检验，比较昆明市和成都市的市辖县六项政府发展能力的评价均值，得出了表 12-4。

表 12-4　昆明、成都市辖县政府核心发展能力评价均值 T 检验结果

分组变量	经济发展能力		社会发展能力		服务提供能力		资源利用能力		科学履职能力		学习创新能力	
	t	显著性	t	显著性	t	显著性	t	显著性	t	显著性	t	显著性
昆明市辖县—成都市辖县	-0.277	0.808	.000	1.000	0.000	1.000	0.000	1.000	0.000	1.000	0.000	1.000

　　根据检验结果显示，昆明市和成都市的市辖县政府在六项核心发展能力上的差别都不显著。这说明，省会城市的市辖县政府在发展能力上的区别较小。原因可能在于，省会城市下辖县的数量较少，与市辖区的联系较为紧密，在产业布局、公共服务提供、资源利用等方面与省会城市市辖区相接近。因此在发展能力上的区别较小。

　　（5）地级市下辖县政府核心发展能力的总体评价

　　本研究在考察总体发展能力的基础上，进一步对泸州和淄博的市辖县政府发展能力的六项核心发展能力进行研究。六项核心发展能力包括经济发展能力、社会发展能力、服务提供能力、资源利用能力、科学履职能力和学习创新能力。同样以五分制为标准，泸州市辖县居民对当地政府核心发展能力的评价结果如图 12-22 所示。

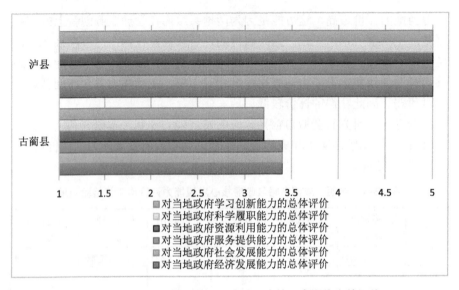

图 12-22　泸州市辖县居民对当地政府核心发展能力的评价

淄博市辖县居民对当地政府核心发展能力的评价结果如图 12-23 所示。

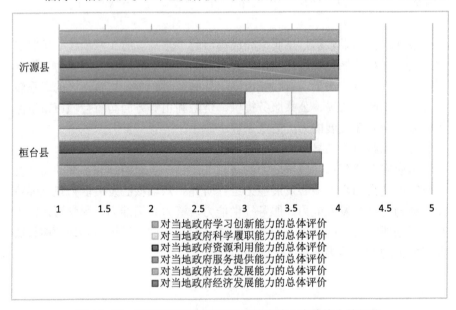

图 12-23　淄博市辖县居民对当地政府核心发展能力的评价

在经济发展能力方面，泸州市辖县居民对当地政府发展能力的评价均值为 4.2，淄博市辖县政府获得的评价均值为 3.39。其中，泸州市的泸县和淄博市的桓台县获得当地居民的评价最高。原因可能是，与古蔺县相比，泸县经济发展条件更为优越，区位优势更为突出，当地政府发展经济的能力更强；与沂源县相比，桓台县距离淄博市中心更近，交通、产业、人口等优势更为显著，当地经济发展更具优势，因此获得的评价较高。在两个地市辖县之间，淄博市的沂源县获得的评价最低，泸州市的泸县获得的评价最高。这可能是由于，沂源县产业基础较为薄弱，二、三产业发展程度相对较低，当地政府推动转型和产业升级的能力较为有限，因此获得的评价较低。

在社会发展能力方面，泸州市辖县获得的评价均值为 4.2，淄博市辖县政府获得的评价均值为 3.92。其中，泸州市的泸县和淄博市的沂源县获得当地的评价最高，原因可能是，泸县和沂源县政府在维护社会秩序、有效化解社会矛盾方面的工作力度较大，当地居民和社会组织参与公共事务的渠道更多，由此获得的评价更高。在两个地市辖县之间，泸州市的古蔺县获得的评价最低，这可能是由于，古蔺县当地居民和社会组织参与公共事务的程度较低，当地政府社会发展的能力相对较弱，因此获得的评价较低。

在服务提供能力方面，泸州市辖县获得的评价均值为 4.2，淄博市辖县政府获得的评价均值为 3.91。其中，泸州市的泸县和淄博市的沂源县获得的评价最高。原因可能是，两县的经济社会发展水平较高，在保障基本公共服务、实现区域内基本公共服务均等化方面的能力较强，因此获得的评价较高。在两个地市辖县之间，泸州市的古蔺县获得的评价最低，这可能是由于，古蔺县的经济社会发展基础较为薄弱，且距离泸州市中心城区较远，城乡发展差距相对较大，该县在保障基本公共服务均等化上的难度较大，公共服务基础、社会建设进展相对缓慢，由此导致当地居民的评价较低。

在资源利用能力方面，泸州市辖县政府获得的评价均值为 4.1，淄博市辖县政府获得的评价均值为 3.86。其中，泸州市的泸县和淄博市的沂源县获得的评价最高。原因可能是，两地产业基础和营商环境较好，对外来人才和项目的吸引力度更大，当地政府在招商引资和资源整合方面的能力较强，因此获得的评价较高。在两个地市辖县之间，泸州市的古蔺县获得的评价最高，这可能是因为，古蔺县的经济社会发展状况相对较差，对人才和项目的吸引力度较小，当地政府与媒体、智库、企业等合作的能力较弱，因此当地居民的评价较低。

在科学履职能力方面，泸州市辖县获得的评价均值为 4.1，淄博市辖县政府获得的评价均值为 3.88。其中，泸州市的泸县和淄博市的沂源县获得当地居民的评价最高。这可能因为，两县政府政策制定和执行过程中更加重视科学性和规范性，公众在政策制定过程中的参与度更高，因此获得的评价较高。在两个地市辖县之间，泸州市的古蔺县获得的评价最低，原因可能是，政府部门间协同配合度相对较低，政府机构设置的合理性和机构运行效率相对较差，由此导致当地居民的评价较低。

在学习创新能力方面，泸州市辖县获得的评价均值为 4.1，淄博市辖县政府获得的评价均值为 3.88。其中，泸州市的泸县和淄博市的沂源县获得的评价较高。原因可能是，两地政府管理水平相对较高，学习创新意识较强，地方政府创新实践较多，因此获得的评价较高。在两个地市辖县之间，泸州市的古蔺县获得的评价最低，这可能由于，古蔺县政务服务水平相对较低，管理和服务意识相对滞后，创新意识不足，由此导致当地政府学习创新能力相对较弱。

为进一步研究地级市市辖县政府发展能力现状，本研究利用独立样本 T 检验，比较泸州市和淄博市的市辖县六项政府发展能力的评价均值，得出了表 12-5。

表 12-5　泸州、淄博市辖县政府核心发展能力评价均值 T 检验结果

分组变量	经济发展能力		社会发展能力		服务提供能力		资源利用能力		科学履职能力		学习创新能力	
	t	显著性	t	显著性	t	显著性	t	显著性	t	显著性	t	显著性
泸州市辖县—淄博市辖县	0.907	0.460	0.351	0.759	0.361	0.753	0.268	0.814	0.246	0.829	0.237	0.835

根据检验结果显示，在统计学意义上，泸州市和淄博市的市辖县政府在六项核心发展能力上的差异性均不显著。这说明，地级市辖县政府在发展能力上的区别较小，但与省会城市的市辖县相比，还存在一定的差距。这反映了地级市的市辖县政府发展实际，也在一定程度上表明为了增强地级市的市辖县政府发展能力，有必要在六方面的发展能力上都有所提升。

三、提升路径：在地方政府整体视域中实现差异化发展

"县级政府"作为一个内涵较丰富的概念，既包括了县政府和县级市政府，也包括市辖区政府。通过评估结果分析可以发现，不同类型的县级政府发展能力存在显著的特征差异，因此在探讨其能力提升路径时也必须充分考虑这些差异性。同时，也要把县政建设和县级政府发展能力提升放置在国家政权建设和地方政府的整体视域内加以考察①，充分考虑县级政府在地方政府层级结构中的地位及作用。

（一）要区分县级政府之间提升发展能力的差异性

要实现发展能力的提升，首先需要明确县级政府之间的差异性。对于县政府和县级市政府而言，由于其具有较强的综合性和独立性，因此其发展能力提升的重点应该是促进辖域内经济社会健康的发展，为辖域内居民提供优质公共服务。同时，要尽量缩小城乡差距，缩小县政府与市辖区在公共服务提供上的差距，实现城乡间基本公共服务的"有序均等化"。如昆明市的宜良县、成都市的郫都区和泸州市的古蔺县，在县政府经济发展和服务提供能力上明显弱于同一城市的市辖区，这既是县政府发展能力的薄弱环节所在，也是提升县政府发展能力的方向所在。

市辖区的性质属于城市政府的行政分治区。因此，其政府过程和工作内容上的独立性和综合性较弱，服务于城市发展的系统性和整体性较强，这是市辖区政府和县政府的区别所在。对于市辖区政府而言，其发展能力提升的重点，应该是在城市的统筹协调下，管理城市和为社区提供社会化

---

① 张立荣，刘毅. 整体性治理视角下县级政府社会管理创新研究[J]. 管理世界，2014（11）：178-179.

服务。要在服从于市辖区管理城市和服务市民这个基本任务和大局的前提下，做好区域经济发展工作。如北京市的中关村科技园区、上海市的浦东新区和深圳市的宝安区，在经济发展、社会发展和服务提供等方面的能力显著强于城市内部的其他市辖区，这反映了市辖区政府发展能力提升的方向。

此外，由于中国城市之间级别差异较大，还要对不同级别城市下的市辖区和县级政府发展能力提升做进一步分析。对于直辖市和计划单列市下的市辖区政府而言，根据数据分析得出的结论，需要重点推进社会发展能力的提升。将创新社区治理、发展社会组织、扩大当地居民对本地区公共事务的参与作为提升社会治理能力的重要着力点。如北京市的门头沟区，社会发展能力评价得分显著低于北京市辖区的得分均值。

对于省会城市的市辖区政府和县政府而言，根据统计描述和定量分析得出的结论，需要加快社会发展、经济发展、服务提供等能力的提升，要以市辖政府社会治理能力的提升来推动城市治理能力的提升，要以市辖区政府经济发展水平的提升来促进城市经济发展水平的提升。如昆明市的宜良县和盘龙区，成都市的郫都区，需要重点提升经济发展和社会发展能力。

对于地级市的市辖区政府和县政府而言，需要从提供服务、社会治理、经济发展、资源配置、科学履职和学习创新这六大领域推进发展能力的提升。如泸州市的纳溪区，在六项核心发展能力上的得分均低于泸州市的其他市辖区，需要从这六大领域提升政府的整体发展能力。需要认识到，地级市的县级政府在提升发展能力上面临的困难较多，提升发展能力的空间也相对较大。

（二）要从地方政府的整体视域中考察县级政府发展能力

县域政治具有相对独立存在与发展的意义，其政府过程和工作内容的综合性与独立性较为显著。在明确这一定位的同时，还要把提升县级政府发展能力这项工作放到地方政府的整体视域中加以考察，从"省—市—县—乡"四级地方政府层级架构中进行分析。四级地方政府都面临着转变职能和促进发展的任务，但四级政府的具体工作内容应该有明显区别。与其他层级政府一样，县级政府要提升发展能力，就必然通过经济发展能力、社会发展能力、服务提供能力、资源利用能力、科学履职能力和学习创新能力这六方面寻求突破。同时，要明确县级政府在这些工作中的具体定位，避免与其他层级政府在具体工作上的交织重叠，从"职责异构"的思路出发，探索提升发展能力的具体路径。

从"职责异构"的思路出发，在整体视域中考察县级政府发展能力，需要重点解决县级政府财政事权和支出责任不匹配的问题。[①]在省级以下的政府财政体制中，分税制的具体实践始终未能得到有效体现，财政事权和支出责任的重心存在一定程度的偏离，省级以下的地方政府在财政总支出中所占份额较大（参见表12-6）。

表 12-6　财政三级预算体制事权范围及财政支出分布

级次	中央财政	省、自治区、直辖市财政	市、县级财政
事权范围	国家安全、国防、内政、外交、宏观调控、大江大河治理与全流域国土整治、地区财力均平调节、全国性及跨地区基础设施建设与环境保护重点项目、大型国有企业兴建与控股监管、协调地区间经济和社会事业发展、中央机关运转、中央直接管理的事业发展，保证国家法制、政令和市场的统一。	区域型经济结构调整、环境改善与本级机关职能运转，省直接管理事业的发展等地方性支出，完善中观目标调控、承上启下增强行政活力与效能等。	本级政府辖区内行政事业费、公检法经费、地方统筹安排的基建投资、公用事业技改和科研投入、城市维护建设费、支农和社保等事业性支出，环境和公共设施投资。
财政支出比重（%）	25～30	15～20	50～55

资料来源：贾康. 财政的扁平化改革和政府间事权划分[J]. 中共中央党校学报，2007（6）.

提升县级政府发展能力，需要明确县级政府财政权责。应该根据纵向间职责划分的具体内容，调整财政事权和支出责任的归属，根据职责内容

[①] 贾康，梁季. 我国地方税体系的现实选择：一个总体架构[J]. 改革，2014（7）：57-65.

确定支出范围。可以考虑将事关社会治安、社区治理、居民生活、公共设施管理和城乡建设等领域的具体职责下移，明确县级政府在促进发展、管理社会和服务地方上的具体职责。可以根据地方政府的实际财力状况，科学划分财政权责，减轻县级政府的财政支出负担。

（三）要适应新型城镇化的发展要求

实现城镇化与工业化、信息化与农业现代化的协调发展，是中国走向现代化的必由之路。城镇化为工业化和信息化提供了发展空间，也为农业现代化发展提供了重要条件。2014 年 3 月，《国家新型城镇化规划（2014—2020）》公布，为下一阶段中国城镇化发展指明了方向，也为县政府发展能力的提升创造了条件。提升县级政府发展能力，应该以当前快速发展的城镇化为背景，根据《规划》中的主要预期指标，着力提升公共服务提供能力，逐步实现城乡间服务项目和内容的接轨，保证县域服务增长幅度要略快于城市，缩小城乡居民在享受当地政府所提供的公共服务上的差异性，实现城乡间基本公共服务"有序均等化"的目标。①

在提升公共服务提供能力的同时，要着力提高县域治理水平，这是县政府实现发展能力提升的重要方面。优化县域治理，可以从明确政府职责边界、建设"透明政府"、扩大公民政治参与等方面推进。②明确政府职责边界，既是新型城镇化发展的制度条件，也是对县级政府职能转变的明确要求。③要实现县级政府职责边界的明确化，就要处理好与市场、与社会的关系，需要明确"国家的本质是一种特殊的公共权力"这一基本论断，处理好强化管理和扩大服务间的关系。需要吸纳公民个体和社会组织作为县级政府发展能力提升和县域治理的重要主体，将民主发展和民生改善有机结合起来，搭建能够吸纳不同主体的民主参与平台，切实提升县域治理水平和县政府发展能力。

---

① 朱光磊，等. 服务型政府建设规律研究[M]. 北京：经济科学出版社，2013：335.

② 王国红，瞿磊. 县政改革：进路与交点[J]. 政治学研究，2010（2）：67-73.

③ 纪晓岚，曾莉. 城镇化进程中的县级政府能力建构：解读、困境与方向[J]. 经济社会体制比较，2014（3）：38-47.

四、结论

通过本章的论述，可以得到以下主要结论。

（一）县级政府发展能力的差异性较为明显

中国县级政府发展能力在总体上呈现出较为显著的差异性和不均衡性。直辖市、计划单列市和省会城市的市辖区政府在社会发展能力上均存在较大差异；省会城市的县级政府在经济发展能力上的差异性较大；地级市的市辖区政府、地级市的县级政府发展能力的整体差异性较小，但发展水平较低。

（二）县级政府发展能力的差异性与多种因素有关

县级政府发展能力的差异性，首先受到自然因素的影响。自然条件的差异性，导致县域社会发展条件的差异性，进而导致县级政府发展能力的差异性。中国的城乡发展差距和区域发展差距，深刻影响着中国发展格局，也导致县级政府间的发展能力差异性显著。目前关于县级政府发展也存在一些思想观念上的误区，也在一定程度上制约了县级政府的发展。

（三）提升县级政府发展能力，需要从多种路径展开

要解决这些问题，首先需要区分县级政府之间在提升发展能力上的差异性，要对不同级别城市下的县级政府进行深入分析；其次需要从地方政府的整体视域中考察县级政府发展能力，明确县级政府的职责定位和发展路径；最后需要适应新型城镇化的发展要求，按照《国家新型城镇化规划（2014—2020）》中的主要预期指标，切实提升县域治理水平和县级政府发展能力。

（作者单位：南开大学周恩来政府管理学院）

第十三章　地方政府社会治理能力的现状及其提升路径

丁远朋

自 20 世纪 90 年代以来，"治理"作为国际社科界新的理论概念而不断得到推广和研究。由于区别于传统的"管理"和"统治"，社会治理主体得到了诸多学者的关注。如张康之教授认为，社会多元化正逐渐成为时代的新特征，政府单一治理主体的时代已经式微，非政府组织以及其他社会自治力量逐渐成长起来，并逐渐成为社会治理的主要力量；政府应正视这一现实，并在现代化社会治理过程中对自身的角色准确定位①。基于这个逻辑，狄增如、樊瑛等认为，建立新型的多元主体合作共治的社会治理结构，不仅要从宏观层次上研究政府、组织和公民，国家、市场和社会之间的关系，而且要从微观上把握多元主体的行为及其相互关系②。可见学界已基本达成共识，即认为政府不再是社会治理的唯一主体，并且政府这一特殊的社会治理主体承担着协调其他多元治理主体形成治理合力的重要任务。

一、问题提出：地区差异与地方政府社会治理能力的提升

党的十八届三中全会首次提出"推进国家治理体系和治理能力现代化"后，政界、学界等领域对"社会治理"的运用和探讨呈现井喷式增长。大

---

① 张康之. 论主体多元化条件下的社会治理[J]. 中国人民大学学报，2014（2）：2-13.
② 乔智. 政府如何在社会治理中找准定位[J]. 国家治理，2015（24）：36-42.

致来看,目前我国学者对政府社会治理能力的研究主要集中在以下两方面。

其一,对政府社会治理职能和能力的研究。社会治理效能的提高,离不开政府职能的正确定位。赵光勇认为,国家治理能力现代化与政府的基本职能如何定位是密切相关的。国家的治理能力,通过党的执政能力和政府的治理能力体现出来,并服务于政府的职能和目的;政府职能的有效发挥是国家治理能力提升的重要环节①。李德新也认为,政府改革是实现社会治理现代化的关键,必须加快政府职能转变的进程,准确定位政府在社会治理中应扮演的角色②。王浦劬教授则明确指出,政府职能转变的目标定位应该是分解政府原有的强大权力;使公共权力在各个治理主体之间恰当分解、合理归位,从而造就办事高效、权力有限、有所作为的现代政府,并积极构建政府与其他治理主体的良好共治关系及其实施机制③。

其二,对社会治理评估的研究。科学认识社会治理状况,需要有一套健全的评估标准和评估体系。祁海军提出社会治理评估主要涉及三个层面,即治理主体、治理过程和治理绩效。由于社会治理主体的多元性,所以评估的方式也不能是单一的;治理过程是一个动态的过程,在对社会治理过程进行评估时也必然需要动态的方式;对治理绩效的评估不仅要采用纵向比较法,探寻本地区不同时期的治理效果,而且还要采用横向比较法,在横向比较中发现同期不同地区社会治理效果的差异④。此外"中国社会管理评价体系"课题组提出了一个包含人类发展、社会公平、公共服务、社会保障、公共安全和社会参与等六个基本维度的中国社会治理评价指标体系,并详细介绍了中国社会治理指数的测评方法⑤。该指标体系对衡量中国社会治理状况、引领社会管理创新和社会治理改革的发展方向具有重要的参考价值和指导意义。

上述分析对于拓展和深化社会治理研究,以及推进国家治理现代化等具有重要意义。然而立足于全面深化改革的历史新阶段,在国家治理现代

①　赵光勇. 以政府职能转变提升国家治理能力[N]. 中国社会科学报, 2015-1-16.

②　李德新. 论中国政府社会治理职能的理性归位[J]. 社科纵横, 2014 (12): 59-65.

③　王浦劬. 论转变政府职能的若干理论问题, 国家行政学院学报[J]. 2015 (1): 31-39.

④　祁海军. 地方政府社会治理能力评估——以河南省为例[J]. 学习论坛, 2015 (8): 73-77.

⑤　"中国社会治理评价指标体系"成果发布会在京举行[EB/OL]. 见 http://theory.people.com.cn/n/2012/0629/c148980-18411389.html. 2012 年 6 月 29 日。

化和政府职能转变的大背景下，现有研究存在以下几方面的不足：

其一，缺乏对社会治理能力的系统分析。目前学者探讨国家治理能力、政府能力等概念较多，且大多将之与社会治理能力混淆使用。习近平总书记曾明确指出"国家治理能力"的概念意蕴，即"运用国家制度管理社会各方面事务的能力，包括改革发展稳定、内政外交国防、治党治国治军等各个方面"①。可见"国家治理能力"反映的是制度运作和政府治理行为的水平和绩效，是对制度法规和政府治理模式有效性、合法性和权威性的直观度量。不少学者曾对"政府能力"做出界定和内涵阐释，具有代表性的，如施雪华认为政府能力是"为完成政府职能规范的目标和任务，拥有一定的公共权力的政府组织所具有的维持本组织的稳定、存在和发展，有效地治理社会的能量和力量的总和"②。由于社会治理是"旨在建立一种国家与社会、政府与非政府组织、公共机构与私人机构等多元主体协调互动的治理状态，是在科学规范的规章制度的指引下，强调各行为主体主动参与的社会发展过程"③，所以国家治理能力、政府能力与社会治理能力虽然概念相近，但不能简单等同、混淆使用。

其二，缺乏对地方政府治理能力的细化考量和实证研究。自党的十八届三中全会以来，学界对地方政府治理能力及现代化等问题进行了理论探讨和实践评估操作。如唐天伟等在阐述治理现代化以及地方政府治理现代化内涵的基础上，构建了地方政府治理现代化的测度指标体系④。郁建兴等学者则重点阐述了城市化进程与地方政府治理转型的关系，并构建出一个新的分析框架⑤。但现有研究大多都是基于中央与地方关系的视域范畴，将地方政府与中央政府相对应地进行分析，缺乏在横向上对不同地区的地方政府进行比较研究。在我国地域辽阔、区域差异大等的国情下，地方政

---

① 习近平. 切实把思想统一到党的十八届三中全会精神上来[EB/OL]. http://cpc.people.com.cn/xuexi/n/2015/0720/c397563-27331317.html. 2015 年 7 月 20 日.

② 施雪华. 政府权能理论[M]. 杭州：浙江人民出版社，1998：309.

③ 向德平，苏海. "社会治理"的理论内涵和实践路径[J]. 新疆师范大学学报（哲学社会科学版），2014（6）：19-25.

④ 唐天伟，曹清华，郑争文. 地方政府治理现代化的内涵、特征及其测度指标体系[J]. 中国行政管理，2014（10）：46-50.

⑤ 郁建兴，冯涛. 城市化进程中的地方政府治理转型：一个新的分析框架[J]. 社会科学，2011（11）：4-11.

府间绝非简单复制关系，因此必须深化、细化对不同地区的地方政府社会治理的比较研究。

作为国家结构形式的重要组成部分，地方政府是地方经济、社会等发展的领导者、组织者、管理者和推动者，是国家开展治理活动、履行社会管理职能的基本载体。当前的社会转型期为地方政府的社会治理带来诸多现实挑战，因此深化研究地方政府的社会治理能力现状及提升路径，无疑具有重要的现实意义。

二、现状分析：东强西弱且能力结构不平衡

由于社会治理体系是国家治理体系的子系统，社会治理能力是国家治理能力的有机构成，"是衡量国家治理能力的重要指标"①，所以对地方政府社会治理能力的评估不同于对国家治理能力的整体性评估，而是对国家治理总框架下子系统的评估。同时对社会治理能力的评估可以在一定程度上反映国家治理能力状况，为提升国家治理能力提供有益借鉴。在中国特定的国情下，地方政府社会治理能力在反映特定发展阶段和时代特征的同时，会呈现一定的差异性。以经验数据为依据分析地方政府社会治理能力的"共性"与"个性"，对于准确认识中国地方政府的社会治理效能，提升社会治理能力具有重要价值。

（一）地方政府社会治理能力指标及其权重

综合考虑既有研究成果和指标选取原则，本文将"地方政府社会治理能力"界定为地方各级行政机关与社会组织、公民力量等行为主体协同合作、多元互动，以国家法律和各种规章制度为依循，应对本地区社会问题，促进社会资源合理配置，满足民众合理需求的能力。由于"社会治理蕴涵了服务至上和公正至上的管理理念，它既要将政府从包揽一切的财政重负中解脱出来，又要谋求社会多个主体、多种力量的协商合作；既要增强私营部门、公民社会的活力和自主性，又要保证私营部门和公民社会对具体

---

① 祁海军. 地方政府社会治理能力评估——以河南省为例[J]. 学习论坛，2015（8）：73-77.

意义上的公众负责；既要提高社会管理的效率，又要保证社会管理过程和结果的相对公正。"①因此全面透视地方政府的社会治理能力，涉及政府自身的内部体系、政府与市场之间、政府与社会之间的关系等三种维度。在这三种维度下，地方政府社会治理能力具体涉及社会发展能力、服务供给能力、科学履职能力等一级指标，以及推动发展能力、秩序维护能力等七项二级指标，如 13-1 所示。

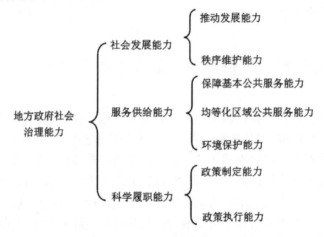

图 13-1　地方政府社会治理能力示意图

　　将通过问卷等形式获取的样本城市社会治理能力作为因变量，将一级指标之下的七项二级指标作为自变量，通过 SPSS 软件进行线性回归分析，得到回归模型（见表 13-1），并根据其拟合优度分析（见表 13-2），可得出决定系数 R^2 为 0.290，表明该回归模型中自变量对因变量的解释程度较高，进而将回归模型中各项自变量的标准化系数 Beta 作归一化处理，得到各项二级指标以及一级指标的权重系数（见表 13-3）。

---

① 孙晓莉. 西方国家政府社会治理的理念及其启示[J]. 社会科学研究，2005（2）：7-11.

表 13-1　二级指标回归模型

模型		非标准化系数		标准系数	t	显著性
		B	标准误差	试用版		
1	（常量）	48.010	8.425		5.698	0.000
	推动发展	−0.756	0.379	−0.759	−1.995	0.051
	秩序维护	0.579	0.274	0.557	2.113	0.039
	基本保障	−0.869	0.242	−0.983	−3.597	0.001
	均等化	0.489	0.310	0.569	1.580	0.120
	环境治理	0.139	0.127	0.158	1.094	0.279
	政策制定	0.253	0.324	0.289	0.781	0.438
	政策执行	0.155	0.338	0.174	0.457	0.649
因变量：社会治理能力						

表 13-2　回归模型拟合优度分析

模型	R	R 方	调整 R 方	标准估计的误差
1	0.539	0.290	0.196	14.84132

表 13-3　一二级指标权重系数

二级指标	推动发展能力	秩序维护能力	保障基本公共服务能力	均等化区域公共服务能力	环境保护能力	政策制定能力	政策执行能力
二级权重系数	0.218	0.160	0.282	0.163	0.045	0.083	0.050
一级权重系数	0.378			0.490			0.133

（二）样本选取

通过对地方政府社会治理实践的观察发现，地方政府的社会治理能力与地区经济发展水平之间具有一定的相关性，因此本部分将主要依据国家对"经济区域"的划分办法，对不同地区地方政府的社会治理能力进行分析。选择这种划分方法主要考虑以下三个方面的因素：其一，地方经济社会发展状况不仅影响地方政府的社会治理能力，而且本身也是其能力的客观表现；其二，中国经济区域的划分综合考虑了各地区经济社会发展状况和地理位置等因素；其三，这一视角适应了党中央、国务院对区域发展战略的重大谋划和部署，所以分析结果对各地区地方政府社会治理能力提升无疑具有重要的借鉴价值。

　　鉴于此，根据国家统计局 2011 年 6 月的划分办法，本研究将全国划分为东部、东北、中部和西部等四大地区。①本课题共在全国范围内选取了62 个样本城市，但由于平顶山市社会治理方面的数据缺失较多，因此暂不将其纳入分析范围，所以有效城市样本共计 61 个，如表 13-4 所示。

表 13- 4　四个地区地方政府样本分布情况

地区	省、直辖市、自治区	样本城市
东部地区	北京、天津、河北、上海、江苏、浙江、福建、山东、广东、海南	北京、天津、秦皇岛等 25 个城市
中部地区	山西、安徽、江西、河南、湖北、湖南	太原、武汉、长沙等 11 个城市
西部地区	内蒙古、广西、重庆、四川、贵州、云南、西藏、陕西、甘肃、青海、宁夏、新疆	成都、重庆、贵阳等 18 个城市
东北地区	辽宁、吉林、黑龙江	大连、长春、哈尔滨等 7 个城市

（三）不同地区地方政府社会治理能力的现状分析

　　1. 不同地区地方政府社会治理能力的总体评价

　　通过比较四个地区地方政府社会治理能力的均值得分，可以发现东部地区地方政府的社会治理能力总体上高于其他三个地区，东北地区排在第二位，西部地区地方政府社会治理能力均值得分垫底，且与排位前三的东部、东北和中部地区差异较大（见图 13-2）。

---

　　① 中华人民共和国国家统计局. 东中西部和东北地区划分办法. 2011 年 6 月 13 日。

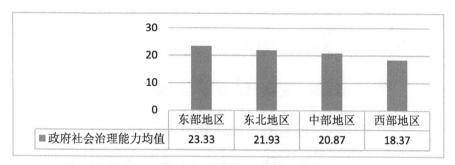

图 13-2　四个地区地方政府社会治理能力均值得分

本研究进一步采取独立样本 ANOVA 检验，比较四个地区地方政府社会治理能力的均值得分（见表 13-5），发现在统计学意义上，东部地区显著高于西部地区，而与其他地区以及其他地区之间的差异性并不显著。

表 13-5　四个地区地方政府社会治理能力的均值得分

分组变量		均值差	标准差	显著性	95%置信区间	
					下限	上限
东部地区	东北地区	1.40326	2.72055	0.608	−4.0446	6.8511
	中部地区	2.45718	2.30190	0.290	−2.1523	7.0666
	西部地区	4.95670*	1.96666	0.015	1.0185	8.8949
东北地区	中部地区	1.05392	3.07604	0.733	−5.1057	7.2136
	西部地区	3.55344	2.83391	0.215	−2.1214	9.2282
中部地区	西部地区	2.49952	2.43482	0.309	−2.3761	7.3752
*.在 0.05 水平，相关性显著。						

2. 不同地区地方政府社会治理能力细化比较分析

（1）不同地区地方政府社会治理能力的一级指标比较

本研究以样本地方政府"社会发展能力""服务供给能力"和"科学履职能力"三项指标均值得分为基础，首先考察四个地区的三项一级指标的总体特征，如图 13-3 所示。

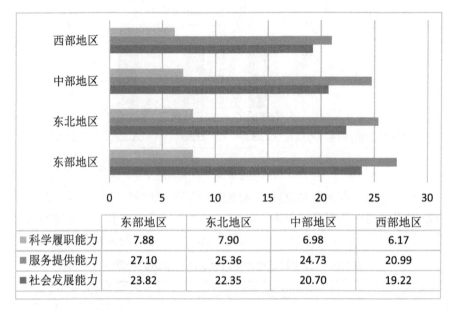

	东部地区	东北地区	中部地区	西部地区
■科学履职能力	7.88	7.90	6.98	6.17
■服务提供能力	27.10	25.36	24.73	20.99
■社会发展能力	23.82	22.35	20.70	19.22

图 13-3　地方政府社会治理能力一级指标总体得分

如图 13-3 所示，从地区之间比较的维度来看，受经济社会状况和发展基础等因素影响，四个地区地方政府的社会治理能力在结构上呈现出一定的差异性特征。具体而言，首先东部地区在这三项指标能力中表现突出，尤其是在"社会发展能力"和"服务供给能力"方面，较其他地区具有较为明显的优势。可见东部地区地方政府的社会治理水平在全国范围内处于相对领先地位；其次，对于中部地区来说，服务提供能力与东北地区较为接近，但在社会发展能力和科学履职能力方面则与东部、东北地区差距明显。再次，西部地区在社会发展能力、服务提供能力以及科学履职能力等方面均值得分垫底，可见其社会治理能力与其他地区差距明显。值得注意的是，东北地区在社会发展能力和服务提供能力方面的表现仅次于东部地区，并且在科学履职能力方面比东部地区略有优势。可见在全国范围内，东北地区地方政府的科学履职能力表现突出。这与党中央、国务院实施新一轮东北地区等老工业基地振兴战略的决策部署密切相关。国家发改委印发的《推进东北地区等老工业基地振兴三年滚动实施方案（2016—2018 年）》（下称《实施方案》）中，着重强调推动东北地区体制机制改革创新，并以推动政府职能转变，切实提高行政管理效率和透明度为突破口。按照简政放权、放管结合、优化服务的新要求，东北地区各级政府大幅度清理和削减审批事项和环节，明确各级政府部门的权力边界、责任边界和权责分工，制定落实负面清单、责任清单和权力清单等，提高民主科学决策水平等，这无疑增强了地方政府的科学履职能力。

　　本研究进一步对独立样本采取 ANOVA 多重检验，比较了四个地区地方政府社会治理能力三项一级指标的均值。可以发现，在统计学意义上，东部地区在社会发展能力、服务提供能力以及科学履职能力方面显著高于西部地区，而与其他地区差异并不显著。东北、中部以及西部之间在三项一级指标的差异也不显著（见表 13-6）。

表 13-6　四个地区地方政府治理能力一级指标的均值比较

			均值差	标准差	显著性	95%置信区间	
						下限	下限
社会发展能力	东部地区	东北地区	1.47	2.40	0.54	-3.34	6.28
		中部地区	3.12	2.03	0.13	-0.95	7.19
		西部地区	4.60*	1.74	0.01	1.12	8.08
	东北地区	中部地区	1.65	2.72	0.55	-3.79	7.09
		西部地区	3.13	2.50	0.22	-1.88	8.14
	中部地区	西部地区	1.48	2.15	0.49	-2.83	5.78
服务供给能力	东部地区	东北地区	1.74	3.54	0.63	-5.34	8.82
		中部地区	2.36	2.99	0.43	-3.63	8.35
		西部地区	6.10*	2.56	0.02	0.99	11.22
	东北地区	中部地区	0.63	4.00	0.88	-7.38	8.63
		西部地区	4.37	3.68	0.24	-3.01	11.74
	中部地区	西部地区	3.74	3.16	0.24	-2.60	10.08
科学履职能力	东部地区	东北地区	-0.03	1.00	0.98	-2.03	1.97
		中部地区	0.89	0.84	0.30	-0.80	2.58
		西部地区	1.71*	0.72	0.02	0.26	3.15
	东北地区	中部地区	0.92	1.13	0.42	-1.34	3.18
		西部地区	1.73	1.04	0.10	-0.35	3.82
	中部地区	西部地区	0.81	0.89	0.37	-0.97	2.60

*.在 0.05 水平，相关性显著。

（2）不同地区地方政府社会治理能力的二级指标比较

为充分展现不同地区地方政府社会治理能力的特征差异，本研究进一步考察了四个地区的七项二级指标均值得分情况，如图13-4所示。

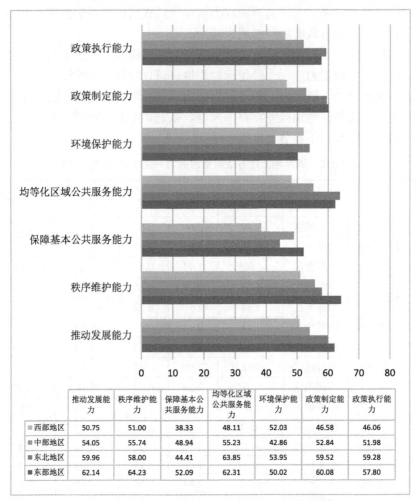

	推动发展能力	秩序维护能力	保障基本公共服务能力	均等化区域公共服务能力	环境保护能力	政策制定能力	政策执行能力
西部地区	50.75	51.00	38.33	48.11	52.03	46.58	46.06
中部地区	54.05	55.74	48.94	55.23	42.86	52.84	51.98
东北地区	59.96	58.00	44.41	63.85	53.95	59.52	59.28
东部地区	62.14	64.23	52.09	62.31	50.02	60.08	57.80

图13-4　地方政府社会治理能力二级指标均值

由图13-4可知，四个地区的七项二级指标均值分布大致呈现出"W"形状，存在明显的"极点"，这反映出地方政府不同社会治理能力内部之间具有不平衡性，同时也反映出转型时期各地区政府社会治理能力存在一定的共性特征。具体而言，四个地区的地方政府在推动社会发展能力、秩序维护能力以及均等化公共服务能力方面表现突出，而保障基本公共服务和环境保护能力则明显较弱。这说明在提高服务供给能力的过程中，地方政府应特别注重从保障基本公共服务和加大环境保护力度等方面着手。

中部地区绝大多数指标的均值得分要高于西部地区，但其环境保护能力相对不足，不仅明显低于西部地区，而且也明显低于中部地区其他能力的指标得分。这一方面揭示了环境保护能力已成为制约中部地区社会治理水平的突出"瓶颈"，另一方面也在一定程度上说明西部地区在环境保护方面的工作较有成效。除环境保护能力外，西部地区在社会治理的其他能力方面得分均垫底，其中保障基本公共服务能力得分低于40。这说明西部地方政府要提高社会治理水平，不能"一蹴而就"，而必须系统地增强推动发展、维护秩序、保障基本公共服务、均等化区域公共服务以及政策制定与执行等各方面能力，尤其要注重在基本公共服务保障方面下功夫。

东北地区在推动发展能力、秩序维护能力、政策制定能力等方面稍逊于东部地区，而在均等化区域的服务能力、环境保护能力以及政策执行能力方面，则略优于东部地区。此外值得注意的是，东北地区的保障基本公共服务能力明显较弱，仅高于西部地区，与其他方面能力明显不相匹配。可见保障基本公共服务能力已明显构成东北地区地方政府社会治理中的"短板"。

在社会发展能力方面，东部地区的推动发展能力和秩序维护能力的得分都是最高的。东北地区在这两项的得分紧随东部地区之后，排在第二位；西部地区在推动发展能力和秩序维护能力的得分垫底，且与其他地区相差较大。通过独立样本 ANOVA 检验发现，东部地区在推动发展能力以及秩序维护能力方面显著高于西部地区，而与其他地区以及其他地区之间的差异并没有显著性（见表 13-7）。导致这种结果的原因可能与各地多年来普遍注重社会发展、维护社会稳定等相关。

表 13-7　四个地区地方政府社会发展能力二级指标的均值比较

			均值差	标准差	显著性	95%置信区间	
						下限	上限
推动发展能力	东部地区	东北地区	2.18	6.71	0.75	−11.25	15.61
		中部地区	8.10	5.67	0.16	−3.27	19.46
		西部地区	11.40*	4.85	0.02	1.69	21.10
	东北地区	中部地区	5.91	7.58	0.44	−9.27	21.10
		西部地区	9.21	6.99	0.19	−4.78	23.20
	中部地区	西部地区	3.30	6.00	0.58	−8.72	15.32
秩序维护能力	东部地区	东北地区	6.22	6.25	0.32	−6.29	18.74
		中部地区	8.49	5.29	0.11	−2.10	19.08
		西部地区	13.23*	4.52	0.00	4.18	22.27
	东北地区	中部地区	2.27	7.07	0.75	−11.89	16.42
		西部地区	7.00	6.51	0.29	−6.03	20.04
	中部地区	西部地区	4.74	5.59	0.40	−6.46	15.94

*.在 0.05 水平，相关性显著。

在服务提供能力方面，东部地区地方政府在保障基本公共服务能力上得分最高，较其他地区具有明显优势，但在均等化区域公共服务能力方面则稍逊于东北地区，而在环境保护能力方面则差于东北和西部地区。在四个地区中，东北地区的均等化公共服务能力与环境保护能力最为突出，但其保障基本公共服务的能力明显较低，仅高于西部地区。相比之下，中部地区的保障基本公共服务的能力相对较高，仅次于东部地区，但其环境保护能力得分垫底，且与其他三个地区差距较大。就西部地区而言，保障基本公共服务能力和均等化区域公共服务能力最弱，但其环境保护能力要高于东部和中部地区。通过独立样本 ANOVA 检验发现，在统计学意义上，东部地区在保障基本公共服务能力、均等化区域公共服务能力方面显著高于西部地区，而与其他地区以及其他地区之间在服务提供能力中的各二级指标上没有显著性差异（见表 13-8）。

表 13-8　四个地区服务提供能力二级指标的均值比较

			均值差	标准差	显著性	95%置信区间	
						下限	上限
保障基本公共服务能力	东部地区	东北地区	7.67	7.63	0.32	-7.61	22.96
		中部地区	3.15	6.46	0.63	-9.79	16.08
		西部地区	13.76*	5.52	0.02	2.70	24.81
	东北地区	中部地区	-4.53	8.63	0.60	-21.81	12.76
		西部地区	6.08	7.95	0.45	-9.84	22.01
	中部地区	西部地区	10.61	6.83	0.13	-3.07	24.29
均等化区域公共服务能力	东部地区	东北地区	-1.54	7.73	0.84	-17.01	13.93
		中部地区	7.08	6.54	0.28	-6.01	20.17
		西部地区	14.20*	5.58	0.01	3.02	25.38
	东北地区	中部地区	8.62	8.73	0.33	-8.87	26.11
		西部地区	15.74	8.05	0.06	-0.37	31.85
	中部地区	西部地区	7.12	6.91	0.31	-6.72	20.97
环境保护能力	东部地区	东北地区	-3.94	7.75	0.61	-19.46	11.59
		中部地区	7.16	6.56	0.28	-5.97	20.29
		西部地区	-2.01	5.60	0.72	-13.23	9.21
	东北地区	中部地区	11.09	8.76	0.21	-6.46	28.65
		西部地区	1.92	8.07	0.81	-14.25	18.09
	中部地区	西部地区	-9.17	6.94	0.19	-23.06	4.72

*.在 0.05 水平，相关性显著。

在科学履职能力方面，东部地区在政策制定能力方面得分最高，但在政策执行能力方面不如东北地区。东北地区政策制定能力与政策执行能力等两项指标得分较高且较均衡。相比之下，中部地区、西部地区得分偏低，尤其是西部地区的政策制定与执行能力与前两者相比差距较大。通过独立样本的 ANOVA 检验，可以发现在统计学意义上，东部地区在政策制定能力以及政策执行能力方面显著高于西部地区，而与其他地区以及其他地区之间的差异性并不显著（见表 13-9）。这可能与党中央全面推进从严治党、依法治国等"四个全面"战略布局有重要关系。

表 13-9　四个地区地方政府科学履职能力二级指标的均值比较

			均值差	标准差	显著性	95%置信区间	
						下限	上限
政策制定能力	东部地区	东北地区	0.55	7.72	0.94	−14.91	16.01
		中部地区	7.24	6.53	0.27	−5.84	20.32
		西部地区	13.50*	5.58	0.02	2.32	24.67
	东北地区	中部地区	6.69	8.73	0.45	−10.79	24.17
		西部地区	12.94	8.04	0.11	−3.16	29.05
	中部地区	西部地区	6.26	6.91	0.37	−7.58	20.09
政策执行能力	东部地区	东北地区	−1.48	7.57	0.85	−16.63	13.68
		中部地区	5.82	6.40	0.37	−7.00	18.64
		西部地区	11.74*	5.47	0.04	0.78	22.69
	东北地区	中部地区	7.30	8.56	0.40	−9.83	24.43
		西部地区	13.21	7.88	0.10	−2.57	28.99
	中部地区	西部地区	5.91	6.77	0.39	−7.65	19.47

*.在 0.05 水平，相关性显著。

三、提升路径：以分级、多元、协同的方式实现全面提升

国家"十三五"规划明确强调"加强和创新社会治理，推进社会治理精细化，构建全民共建共享的社会治理格局"。为此我们要将政府治理、社会协同和公众参与结合起来，通过治理过程中的"共建"，实现治理目标的"共享"。在此理念指导下，我们应基于地方政府的社会治理现状，着重从以下三方面提升社会治理能力。

（一）以打破"职责同构"为抓手，增强政府科学履职能力

从逻辑上讲，提高地方各级政府的社会治理能力，必须首先从优化政府组织治理体系本身着手，增强政府内部治理能力，提升科学履职水平。中国纵向政府间的"职责同构"格局不仅造成上、下级政府间职责划分不清，难以形成"错落有致"的分工协作，而且也造成了地方政府社会治理

工作的同质化，重复建设、重复治理较为普遍，从而导致资源浪费。因此，提升地方政府的社会治理能力，必须增强政府组织体系和管理结构的科学性，合理划分政府层级间以及部门间的职责范围，制定清晰的"职责配置表"，从而建立起权责清晰、高效有效和规范运作的制度基础。

当前，提升地方政府科学履职能力的重要举措就是实行纵向间政府的合理分权，该谁管理和落实，谁就负责到底。一般说来，中央和省主要履行宏观管理职责，地市政府处在地方政府的中间层，应当起到承上启下的统筹和协调作用；县、区、乡、镇的基础性和微观性决定了其政府的执行性和直接面向基层的实务性，主要履行具体社会管理和公共服务职责。在依法规定的职责范围内，各层级地方政府各负其责，纵向间能够优势互补、协同合作，从而既能权责明晰、互不推诿，又能落实社会治理责任，形成政府部门的合力治理。另一方面，财力是地方政府运行最基本的基础，可靠而充足的财政收入是地方政府治理能力提升的基础。因此在实行纵向间政府合理分权的同时，必须通过立法等措施建立科学的财政制度，根据经济社会的总体发展水平，确保中央和地方治理的财源和各级政府的事权以及财力支出水平的基本平衡，从而为提升地方政府社会治理能力提供重要保障。

（二）以服务型政府建设为契机，增强政府服务供给能力

随着改革开放和社会主义市场经济的深入发展，中国已经从以经济发展为龙头来带动社会整体发展，逐渐过渡到通过促进社会、政治发展来为经济发展铺平道路，实现真正意义上的全面发展的历史阶段。十八届三中全会强调"市场在资源配置中起决定性作用，并不是起全部作用。"[①]换言之，让市场在资源配置中发挥决定性作用，不等于政府可以"袖手旁观"。实际上，作为社会主义市场经济中有机统一的"两只手"，政府与市场要优势互补、形成合力。正如习近平同志指出的，"'看不见的手'和'看得见的手'都要用好，努力形成市场作用和政府作用的有机统一、相互补充、相互协

---

① 习近平. 关于《中共中央关于全面深化改革若干重大问题的决定》的说明[N]. 人民日报，2013-11-16。

调、相互促进的格局"①。因此我们发展社会主义市场经济，不仅需要"有效市场"，还需要"有为政府"，更好地发挥政府作用。面对国家内部发展的巨大压力与复杂的国际环境，且受特定政治文化传统的制约，中国需要一个既符合国家发展，又符合现实需要的"有为政府"。

　　新的发展阶段以及由此产生的新的社会基本层面，需要政府职能更进一步的调整，为社会发展提供更强大的支持与保障。而当前服务型政府建设的推进是地方政府提升社会治理能力的重要契机，也是各地区实现"以服务缩小差距"的重要机遇。"中国建设服务型政府的总体思路，是以科学发展观为指导，以职能转变为基础，以强化服务为发展方向，既要坚持整体的快速发展，又要容忍差别的存在，并在此过程中发挥好政府与社会两个积极性"②。因此要切实推进建设服务型政府，必须创新地方政府社会治理机制，有效拓展地方政府在公共服务、市场监管、生态保护和社会管理等方面的职责，特别是要推进政府职能更多地向提供公共服务方面调整。具体而言，地方各级政府加大对公共服务领域的财政投入，并努力做到设计公共服务体系和财力在所辖不同地区使用的基本均等化；以公共服务为导向，着重培育地方政府基本公共产品的供给能力；并完善政府体制机制建设，优化政府工作流程，逐步建立中国特色的公共服务体系。此外从欧美发达国家的经验来看，社会组织是地方政府社会治理的重要补充形式，并在公共服务建设和公共产品的供给方面发挥重要作用。因此要积极培育社会组织，拓展其在公共服务方面的参与"份额"，引导、鼓励其发挥社会治理功能，从而构建多元参与、协同治理的格局。

（三）以绿色发展理念为指引，推进地方政府绿色治理能力建设

　　随着中国经济社会的发展，生态环境危机慢慢成为制约发展质量提升、实现可持续发展的瓶颈，而当前地方政府社会治理能力中的明显"短板"就是保护环境能力不足。十八届五中全会从"五位一体"的整体布局出发，把绿色发展理念摆在突出位置，具有鲜明的时代特色和针对性，对纠正"唯GDP"式粗放型发展具有重大作用。因此必须以绿色发展理念为指引，积

---

　　① 习近平谈治国理政[M]. 北京：外文出版社，2014：116-118.

　　② 朱光磊，于丹. 建设服务型政府是转变政府职能的新阶段——对中国政府转变职能过程的回顾与展望[J]. 政治学研究，2008（6）：67-72.

极推进各级政府绿色治理能力的建设。

　　绿色治理是指"各社会主体对生态环境问题的共同治理"，但由于"生态环境问题属于公共问题，在现阶段，我国公共产品的主要投资方式还是以政府为主导，责任以政府承担为主，获得的收益由公民共同分享"①，所以各级政府在绿色治理中起着关键性作用。加强政府绿色治理能力建设，可以从以下方面着手：首先要转变观念，彻底告别简单以 GDP 论英雄的传统政绩观，树立尊重自然、顺应自然、保护自然的生态文明理念，切实把生态文明建设放到更加突出的位置；其次，加强政府与社会组织及公民的协调合作，根据参与各主体的优势以及问题的具体特征来明确环境治理中的主次责任，并加强各主体和各层级之间互动与交流，增进信息了解。其中，政府要主动从整体上协调好各主体之间的关系，建立一个平等、公平的网络化协作平台，激发各参与主体的积极性与创造性，从而增强绿色治理的合理性。此外绩效评估对地方政府的治理行为具有较强的导向作用，因此必须与时俱进地构建新的评估机制，以便有效地引导地方政府加强绿色治理。应该加大环境治理指标在绩效评估指标体系中所占的比重，以便引导政府更加注重环境保护方面的社会职能。

四、结论

　　受自然地理因素、社会经济基础以及国家发展战略等因素影响，东部、东北、中部和西部等四个地区的社会治理能力在结构上体现出一定的差异性。同时，由于处于经济和社会转型的相同背景以及全面深化改革的历史新起点，各地区地方政府的社会治理能力又具有一定的共性，反映出中国社会整体发展的时代性特征。

　　其一，公共服务供给能力，尤其是保障基本公共服务能力依然是各地区地方政府普遍存在的"软肋"。由于中国社会治理处于现代化与后现代化的"两化叠加"阶段，各地区地方政府不仅要积极推动经济转型升级，而且要满足民众日益高涨的服务需求。当前各个地区地方政府的服务供给能

---

① 杨立华，刘宏福. 绿色治理：建设美丽中国的必由之路[J]. 中国行政管理，2014（11）：6-12.

力差异不大，但与其他方面能力相比，服务供给水平明显偏低。为此东部地区要积极利用自身经济社会发展基础和条件，调整自身职责重心向公共服务方面转移，并注重总结经验，为其他地区公共服务能力建设做出表率、提供经验。东北地区保障基本公共服务能力明显较低，且与其他方面的治理能力差距较大。所以国家关于东北地区发展的《实施方案》，明确了东北地区在鼓励就业创业、加快重大民生工程建设等领域的具体工作任务。在此指导下，东北地区要积极推进城区的老工业区搬迁改造和独立工矿区改造搬迁，继续大力实施棚户区改造工程，并加大对资源枯竭城市财力性转移支付支持力度等，逐步增强地方政府的服务供给能力。

其二，环境保护能力建设是各地区政府社会治理中面临的共同课题。在四个地区二级指标均值得分状况中可以看出，环境保护能力低下已成为地方政府社会治理中的"通病"，这也反映了中国社会发展的阶段性特征。改革开放以来，中国各地区政府积极培育市场力量，实现了中国经济和综合国力的腾飞。然而在当前转型时期，经济增长、社会建设与生态保护的矛盾日益突出，传统经济发展方式无法有效实现全面协调可持续发展。习近平总书记明确指出"绿水青山就是金山银山"，在此基础上十八届五中全会提出了"创新、协调、绿色、开放、共享"的五大发展理念。作为中国发展思路、发展方向、发展着力点的集中体现，该理念反映了环境保护、生态建设对中国发展的重要意义。长期以来，中国地方政府在经济发展方面投入较多，而对环境保护能力建设有所疏忽。因此在提升社会治理能力的过程中，各地区地方政府，尤其是东部、中部等地区要加大对环境保护能力的投入和建设，并与社会发展能力、科学履职能力建设相协调。

其三，四个地区社会治理能力结构与国家总体发展要求和战略布局趋向吻合。在"沿海地区优先发展""西部大开发""振兴东北"以及"中部崛起"等区域发展战略的基础上，党中央、国务院积极推动政府职能转变，加强服务型政府的建设。强化政府公共服务职能。党的十八大报告指出，"建设职能科学、结构优化、廉洁高效、人民满意的服务型政府"。而《中共中央关于全面深化改革若干重大问题的决定》则明确提出要加强地方政府公共服务、市场监管、社会管理、环境保护等职责。可见党中央根据社会发展的时代特征，已经在国家顶层设计方面对政府职能转变有了更清晰的认识，对地方政府应担负的职责有了更加准确的定位。这些战略部署对于改善当前地方政府社会治理现状，具有很强的针对性和前瞻性。为此各地区要根据当地实际情况，结合本土优势，积极响应国家发展要求和战略布局，以推进服务型政府建设为契机，着重增强自身服务供给能力，从而提升自身社会治理水平。

（作者单位：南开大学周恩来政府管理学院）

第十四章 地方政府服务提供能力的现状及其提升路径

王　通

伴随着社会结构分化和利益格局多元化，我国居民的公共需求呈现扩大化和多样化的发展趋势，不断完善我国的公共服务体系成为应对这一趋势的必然要求，同时也是现阶段实现政府发展的题中之意。2016 年 8 月，国务院发布《关于推进中央与地方财政事权和支出责任划分改革的指导意见》（国发〔2016〕49 号），对中央和地方的财政事权与支出责任进行规范；2017 年 1 月，国务院印发《"十三五"推进基本公共服务均等化规划》（国发〔2017〕9 号），对我国公共服务均等化建设做了制度性安排。作为重要的服务主体，地方政府的服务提供能力成为影响我国公共服务体系建设的重要因素，自然也构成地方政府发展能力的重要考量因素之一。

一、问题提出：职能转变与地方政府服务提供能力的提升

完善的公共服务体系是服务型政府的重要标志，逐步建立起全方位、覆盖广、多层次、高效能、制度化的公共服务体系是强化政府公共服务职能的着力点，[①]这既是地方政府服务提供能力的发展方向，同时也是衡量地方政府服务提供能力的价值标准。但是，在学术研究中，对地方政府服务提供能力的理解及视角差异，会影响我们对地方政府服务提供能力的现状评估和路径优化。因而，对地方政府服务提供能力的现状及提升路径进

---

① 朱光磊，等. 服务型政府建设规律研究[M]. 北京：经济科学出版社，2013：96.

行分析，首先需要厘清地方政府服务提供能力的概念、动力机制和关注焦点等基本问题。

（一）地方政府服务提供能力的研究现状

1. 地方政府服务提供能力的概念

对政府服务提供能力的理解，学界主要有两种不同的界定范畴。一种定义是将政府服务能力等同于政府能力，而将公共服务等同于经济社会发展和解决公共问题，如"政府能力是指政府有效地采取并促进集体性行动的能力，而从产出来看，政府能力就是政府提供公共产品和公共服务的能力"①；另一种定义则是将政府服务提供能力视为政府能力体系的一部分，而以公共产品和公共服务的产出绩效来衡量政府服务提供能力。前者对政府服务提供的概念采用了广义的理解方式，将地方政府服务提供能力解读为地方政府的经济社会发展能力，而将地方政府服务提供的实际产出视为经济社会发展的伴生品；后者则将地方政府服务提供能力聚焦于地方政府公共服务的实际产出。在本章中，地方政府服务提供能力的概念界定主要采用狭义的方式，即公共服务是指为了保障公民的基本权利，不断满足日益增长的公共需求，实现社会全面协调可持续发展，政府直接或间接向全体公民提供的各种必要的公共服务设施和条件。②具体则包括保障基本公共服务的能力、均等化区域公共服务的能力和保护环境的能力等三个维度。

2. 地方政府服务提供能力的动力机制研究

关于地方政府为什么要提供公共服务，即服务提供的动力机制问题，学界有四种不同的观点。其一，竞争论。有学者以"蒂布特模型"（"用脚投票"模型）为基础，认为地方政府提供公共服务是"通过一系列的政策措施来直接或间接提供比竞争对手（其他同级政府）更充分更优质的公共服务，提高本地居民的满意度，吸引生产性要素的流入，以增强政府的现实能力与未来潜力"③，除此之外，来自官员的"政治晋升锦标赛"分析同样属于竞争论。其二，压力论。该论点将地方政府服务提供行为解释为地方政府应对上级政府考核压力的行为，如政绩考核压力等；或者解读为

---

① 世界银行. 变革世界中的政府[M]. 北京：中国财政经济出版社，1997：38.

② 朱光磊，等. 服务型政府建设规律研究[M]. 北京：经济科学出版社，2013：102.

③ 彭宗超，庄立. 中国地方政府公共服务竞争力相关概念探析[J]. 中国行政管理，2008（5）：75-80.

地方政府面对居民日益增长的公共需求压力而进行的回应行为。其三，创新论。地方政府服务提供能力的提升是地方政府的主动求变，如以项目管理等系统优化行为更好地解决公共问题和满足公共需求①、以公共产品和服务的创新，实现地方政府输出环节的制度创新②。其四，转型论。地方政府公共服务职能的强化是政府转型的外部表现和必然结果，比如从"发展型政府"向"公共服务型政府"的转型意味着政府实现向以公民为中心，以提供公共物品为主要职能的政府角色的转变③。

从满足公民的公共需求来看，竞争论和压力论将地方政府提供和优化公共服务的行为视为地方政府的被动行为，这种分析路径解释了我国公共服务体系建设中服务设施的重复性建设、政府公共服务的职能异化和公共服务职能的选择性施政等问题；创新论和转型论则将地方政府提供和优化公共服务的行为视为地方政府的主动作为，这些视角则解释了我国地方政府在公共服务建设中的成绩和进步。本章认为，对地方政府服务提供行为的解释，应该以地方政府公共服务职能的本质为出发点：由政府提供公共服务是国家自身的内在规定性所要求的。伴随着我国经济社会的持续快速发展，各种社会问题日益凸显出来，党和政府充分认识到加强社会管理和公共服务的必要性和紧迫性，并且在思想和行动上，中国政府的职能重心正在逐步转向社会管理和公共服务。④因而，对地方政府服务提供能力的现状及提升路径的研究应该围绕政府职能展开。

3. 地方政府服务提供能力评价的关注焦点

地方政府的绩效并不仅仅是由"内在"因素决定的，而是和"生态性"因素一起决定的，如一个地区的社会和经济结构，同样起着重要的作用。⑤因此，对于地方政府服务提供能力产生影响的除了供给能力等"内在因素"之外，还应该包括制度环境等"生态性因素"。以本次"中国地方政府发展

---

① 杨国鹏，杨玉武. 转型期政府项目管理能力与我国政府管理创新[J]. 理论与改革，2006（6）：75-79.

② 刘景江. 地方政府创新：概念框架和两个向度[J]. 浙江大学学报（人文社会科学版），2009（4）：35-42.

③ 郁建兴，徐越倩. 从发展型政府到公共服务型政府——以浙江省为个案[J]. 马克思主义与现实，2004（5）：65-74.

④ 朱光磊. 中国政府发展研究报告（第2辑）[M]. 北京：中国人民大学出版社，2010：45-46.

⑤ 罗伯特·帕特南. 使民主运转起来[M]. 南昌：江西人民出版社，2001：234.

指数"的调查结果为基础，同时结合国内外学者的相关研究成果，可以将我国地方政府服务提供能力的关注焦点归纳为制度匹配、系统优化、服务差距等三个方面：

（1）制度匹配。所谓制度匹配问题，是指对有助于提升地方政府服务提供能力的支持性条件进行问题分析，以衡量其对地方政府服务提供能力的阻碍机理和优化空间。在我国地方政府服务提供的过程中，央、地关系的规范化是对其影响较为明显的制度条件，这同时也是学界研究的焦点问题。而在央、地关系中，央、地间事权与财力间的职责分配问题则被视为制约地方政府服务提供能力提升的结构性问题。2017 年 1 月，国务院印发《"十三五"推进基本公共服务均等化规划》，同时推出"十三五"国家基本公共服务清单，对基本公共教育等 8 个领域的 81 项基本公共服务的服务对象、服务指导标准、支出责任、牵头负责单位等进行了规范。①这是从制度设计层面对央地间财力与事权关系的规范，但这是否会对地方政府服务能力的提升产生实质影响，又是否能够满足不同地区地方政府服务提供能力提升的需求，需要我们做进一步的分析。

（2）系统优化。地方政府服务提供能力的提升不仅需要有良好的制度环境支持和财力汲取能力支撑，其服务提供系统本身的作用发挥同样会有影响，而对服务提供系统的评估需要考察其功能性要素。比如，在政府过程性要素中，意见表达环节中公共需求的识别问题就成为提升服务提供能力的重要影响因素。以"十三五"国家基本公共服务清单中的"农村义务教育学生营养改善"为例，国家政策的出台在一定程度上归功于民间公益的探索，而民间公益"免费午餐计划"的启动则源于其发起人邓飞因偶然的机会得知西部贫困地区儿童"饿着肚子"上学。②尽管在此之前，杭州市、柳州市等地方政府就进行了类似的服务供给，但就公共需求转化为公共服务行动而言，部分社会群体和部分公共需求的意见表达面临过程性的缺失困境。此外，公务员的公共服务能力提升也是优化地方政府服务提供系统的重要组成部分。根据英国公共服务能力建设经验，对文官系统进行

①　国务院关于印发"十三五"推进基本公共服务均等化规划的通知[EB/OL]. 国务院官网，2017-3-01.

②　许源源，王通. 公共物品供给中的合作与责任：政府与社会组织[J]. 马克思主义与现实，2015（2）：168-173.

"领导与管理变革、商业技能与行为、有效地提供项目和计划、重新设计服务和服务的数字化提供"①等方面的能力建设，有助于政府服务提供能力的提升。高效能的公共服务体系建设需要高水平经济社会发展的支持，在尚未具备这种经济社会基础的情况下，可以借助"条件不够，态度补"②来实现服务提供能力的增量提升，即提升公务员公共服务的态度来提升政府服务提供的满意度水平。但是，我国公务员队伍中存在的"官本位"观念，"衙门作风"和"重权力归属，轻权力运作"等政府运行性问题，③显然会成为影响地方政府服务提供能力的重要影响因素。

（3）服务差距。现阶段，我国公共服务体系建设的基本目标是基本公共服务的均等化。所谓均等化，是指"全体公民都能公平可及地获得大致均等的基本公共服务，其核心是促进机会均等，重点是保障人民群众得到基本公共服务的机会"，其基本依据为"享有基本公共服务是公民的基本权利，保障人人享有基本公共服务是政府的重要职责"。④当前，实现基本公共服务均等化的重要难题在于我国经济社会结构中的地区发展差距、城乡发展差距和阶层间的贫富差距等问题，尤其以地区间经济社会发展的差距会对地方政府的服务提供能力的影响最为明显。

（二）地方政府服务提供能力评价的分析思路

服务型政府是"以公共服务为基本目标"⑤的政府，提供公共服务是地方政府履行服务职责的直接表现。但是，从既有研究成果的分析可以看出，地方政府服务提供能力的实际作用及优化提升不仅受地方政府本身的影响，而且会受到服务提供系统的外部因素制约。因而，对地方政府服务提供能力的评价可分为政府服务提供系统和外部环境因素等两条脉络。

---

① 竺乾威. 文官公共服务能力建设：英国的经验及启示[J]. 南京社会科学，2013（10）：67-74.

② 朱光磊. 城市公共服务体系建设纲要[M]. 北京：中国经济出版社，2010：47.

③ 朱光磊. 中国政府发展研究报告（第1辑）[M]. 北京：中国人民大学出版社，2008：130.

④ 国务院关于印发"十三五"推进基本公共服务均等化规划的通知[EB/OL]. 国务院官网，2017-3-01.

⑤ 朱光磊，孙涛. "规制——服务型"地方政府：定位、内涵与建设[J]. 中国人民大学学报，2005（1）：103-111.

1. 政府服务提供系统分析脉络

政府服务提供系统分析脉络具体是指在服务提供过程中，地方政府的供给能力、供给意愿和供给方式等因素对地方政府服务提供能力产生的影响。以本年度"中国地方政府发展能力"的调查结果为数据来源，通过保障基本公共服务的能力、均等化区域公共服务的能力和保护环境的能力等三个二级指标同地方政府服务提供能力（对当地政府服务提供能力的总体评价）进行相关分析，结果如表 14-1 所示。

表 14-1　地方政府服务提供能力与服务提供系统间的相关性的分析

变量	地方政府服务提供能力		
	皮尔逊相关性	显著性	相关性
保障基本公共服务的能力	0.932**	0.000	**. 在 0.01 级别（双尾），相关性显著
均等化区域公共服务能力	0.911**	0.000	**. 在 0.01 级别（双尾），相关性显著
环境保护能力	0.757**	0.000	**. 在 0.01 级别（双尾），相关性显著
**. 在 0.01 水平（双尾），相关性显著。			

从输出结果看，"地方政府服务提供能力"与"保障基本公共服务的能力"之间的皮尔逊（Pearson）相关系数 $R=0.932$，$P=0.000$，在 $\alpha=0.01$ 的条件下达到统计显著性线性相关；"地方政府服务提供能力"和"均等化区域公共服务能力"之间的皮尔逊（Pearson）相关系数 $R=0.911$，$P=0.000$，在 $\alpha=0.01$ 的条件下达到统计显著性线性相关；"地方政府服务提供能力"和"环境保护能力"之间的皮尔逊（Pearson）相关系数 $R=0.757$，$P=0.000$，在 $\alpha=0.01$ 的条件下达到统计显著性线性相关。以上结果显示，政府服务提供系统与地方政府服务提供能力呈现出高度的相关关系；环境保护能力与地方政府服务提供能力间的相关度虽然弱于保障基本公共服务能力和均等化区域公共服务能力与地方政府服务提供能力间的相关度，但相关系数依旧达到 0.757。由此可见，地方政府服务提供系统本身会对地方政府服务提供能力产生极为显著的影响。

2. 外部环境因素分析脉络

外部环境因素分析脉络是指对地方政府服务提供系统之外的制度性因素和经济社会发展性因素进行分析。根据《"十三五"国家基本公共服务清单》，本章以支出责任为标准，对该基本公共服务清单进行了整理，如表14-2所示。

表14-2　"十三五"国家基本公共服务责任分担项目数统计表

	中央负责	地方负责	地方负责，中央奖补	央地比例分担	央地其他分担形式①	政府与其他主体分担	个人、用人单位、基金等	总计（项）
基本公共教育	1	1	1	5	0	0	0	8
基本劳动就业创业	1	8	1	0	0	1	0	11
基本社会保险	0	0	0	0	0	1	6	7
基本医疗卫生	0	0	16	3	1	0	0	20
基本社会服务	0	9	0	0	4	0	0	13
基本住房保障	0	0	1	0	0	0	2	3
基本公共文化体育	0	0	7	0	3	0	0	10
残疾人基本公共服务	0	2	8	0	0	0	0	10
总计（项）	2	20	34	8	8	2	8	82

表中的82项基本公共服务项目②中，除两项政府与其他主体分担责任和8项政府外主体承担支出责任外，在剩余72项基本公共服务项目中：单独由中央承担支付责任的项目为两项，而单独由地方负责的项目为20项；由地方主要承担支付责任并由中央奖补的项目为34项，而央、地间比例分担和其他形式分担的项目则为16项。仅以项目数的统计学视角看，地方政府是基本公共服务主要的供给主体，在基本公共服务中承担相当大的供给任务，也就是说，地方政府的经济发展和地方政府财力将对地方政府服务

---

① 央地其他分担形式包括央地分类负责、央地分级负责、央地共同负责、央地分别负责等。

② 国家基本公共服务清单包含81项基本公共服务，但是，"农村义务教育学生营养改善"根据服务对象的不同，国家试点县由中央负责，地方试点县则由地方负责，本章在表中将其分为2项基本公共服务，因而表中基本公共服务的项目数之和为82。

提供能力产生直接影响。

　　根据本年度"中国地方政府发展能力"调查数据分析，地方政府服务提供能力与经济发展能力、社会发展能力等地区发展能力和资源利用能力、科学履职能力、学习创新能力等政府自身发展能力同样呈现出显著的相关关系。这表明经济社会发展性因素会对地方政府服务提供能力产生实质性的影响。具体结果如表 14-3 所示。

表 14-3　地方政府服务提供能力与其他发展能力间的相关性的分析

变量	政府服务提供能力		
	皮尔逊相关性	显著性（双尾）	相关性
经济发展能力	0.837**	0.000	**. 在 0.01 水平（双尾），相关性显著
社会治理能力	0.895**	0.000	**. 在 0.01 水平（双尾），相关性显著
资源利用能力	0.894**	0.000	**. 在 0.01 水平（双尾），相关性显著
科学履职能力	0.921**	0.000	**. 在 0.01 水平（双尾），相关性显著
学习创新能力	0.889**	0.000	**. 在 0.01 水平（双尾），相关性显著

　　由此可见，政府服务提供系统和外部环境因素等两方面因素均会对地方政府服务提供能力产生影响。政府服务提供系统对地方政府服务能力的影响会以公共服务提供实际绩效得以直接体现，而外部环境因素对地方政府服务提供能力的影响则需要我们做进一步分析。综上所述，从政府服务提供系统和外部环境因素等两方面进行分析，可以有效地描述和诠释我国地方政府服务提供能力的现状及提升路径。

二、评估结果：显著的地区差距和渐优的制度环境

　　根据前文所述的地方政府服务提供能力评估的分析思路，具体评价工作将从两个维度展开。一是对地方政府服务提供系统的评价，具体包括保障基本公共服务的能力、均等化区域公共服务的能力和保护环境的能力；二是对地方政府服务提供外部环境的评价，具体包括经济发展能力、社会

发展能力、资源利用能力、科学履职能力和学习创新能力等对地方政府服务提供能力产生的影响，其中经济发展能力和社会发展能力为地区发展因素，资源利用能力、科学履职能力和学习创新能力则构成政府发展因素；制度性因素则根据表 14-2 所示的"'十三五'国家基本公共服务责任分担项目数统计表"进行分析。

（一）样本选取

在分析服务提供能力的地区问题时，本章以国家"经济区域"的划分方法，依据国家统计局 2011 年 6 月 13 日的划分方法，将 62 个样本城市划分为东部、中部、西部和东北地区等四大地区（香港、澳门、台湾地区暂不统计）[①]，得出表 14-4 的样本分布情况。

表 14-4 四个地区地方政府样本分布情况

地区	省、直辖市、自治区	样本城市
东部地区	北京、天津、河北、上海、江苏、浙江、福建、山东、广东、海南	保定市、北京市、沧州市、福州市、广州市、海口市、杭州市、衡水市、淮安市、济南市、莱芜市、廊坊市、丽水市、临沂市、南京市、秦皇岛市、上海市、深圳市、石家庄市、天津市、无锡市、厦门市、邢台市、珠海市、淄博市，共 25 个城市。
中部地区	山西、安徽、河南、湖北、湖南	长沙市、合肥市、晋城市、临汾市、平顶山市、太原市、武汉市、忻州市、信阳市、许昌市、郑州市、周口市，共 12 个城市。
西部地区	内蒙古、广西、重庆、四川、贵州、云南、西藏、陕西、甘肃、新疆	成都市、广安市、贵阳市、红河哈尼族彝族自治州、呼和浩特市、昆明市、拉萨市、兰州市、凉山彝族自治州、泸州市、怒江傈僳族自治州、黔南布依族苗族自治州、钦州市、遂宁市、乌鲁木齐市、西安市、雅安市、重庆市，共 18 个城市。
东北地区	辽宁、吉林、黑龙江	长春市、大连市、大庆市、哈尔滨市、沈阳市、延边朝鲜族自治州、营口市，共 7 个城市。

---

① 中华人民共和国国家统计局. 东西中部和东北地区划分方法，中华人民共和国国家统计局网站，2011 年 6 月 13 日。

（二）地方政府服务提供能力的现状分析

对于地方政府服务提供能力的评估而言，一般分为两种不同的衡量路径：总体绩效评估和主观绩效评估。总体绩效评估法是指以某个特定的指标评价体系对地方政府服务提供能力进行综合评价，既包括地方政府服务提供能力的客观评价，也包括当地居民对地方政府服务提供能力的主观认知；主观绩效评估以地方政府所辖区域的居民为评估主体，评估居民对政府服务提供的满意水平或评估政府服务满足居民服务需求的满意程度。

1. 地方政府服务提供能力的总体评价

（1）总体绩效评估

以本年度"中国地方政府发展能力"调查结果为基础，对 62 个地方政府服务提供能力的主观评价和客观评价进行加权评估，并且将其转化为 5～95 分的数据列，[①]则 62 个地方政府服务提供能力的总体情况如表 14-5 所示。

表 14-5　62 个地方政府服务提供能力总体绩效评价表

平均值	中位数	最大值	最小值	四分位数		
				25%	50%	75%
53.15	53.08	95.00	5.00	40.46	53.08	63.65

从表 14-5 可以看出，62 个地方政府服务提供能力的平均得分为 53.15 分，最大值和最小值分别为 95.00 分和 5.00 分；以四分位数来看，有 25% 的地方政府服务提供能力在 40.46 分以下，而有 25%的地方政府服务提供能力在 63.65 分以上。这表明，我国地方政府服务提供能力存在较大的差距。而这种差距在图 14-1 中可以得到清晰展示：有 11 个地方政府服务提供能力得分在 70 分以上，其中 90~100 分为 3 个、80~90 分和 70~80 分均为 4 个；有 6 个地方政府服务提供能力得分在 30 分以下，其中 0~10 分为 1 个、10~20 分为 2 个、20~30 分为 3 个；有 45 个地方政府服务提供能力得分在 30~70 分之间，得分从低到高的区间（以 10 分为单位）频数分别

---

① 权重及 5～95 分数据列的详细分析和计算过程，见本书第一部分第二章相关内容。

为 7 个、15 个、12 个和 11 个。

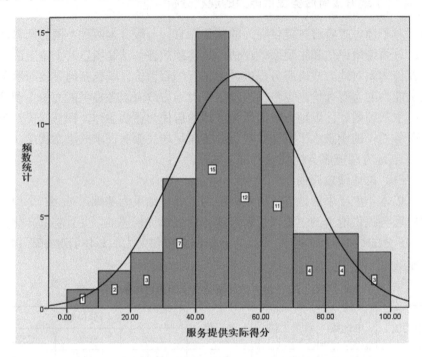

图 14-1　62 个地方政府服务提供能力总体绩效得分频数统计图

（2）主观绩效评估

以本年度被调查对象为评估主体，参考其对当地地方政府服务提供的重要性评价和主观绩效评价，可对地方政府服务提供能力进行重要性—主观绩效分析。在本次"中国地方政府发展能力"调查中，62 个地方政府服务提供能力的重要性—主观绩效的分布情况如图 14-2 所示。

从单个样本的服务提供能力来看，大部分地方政府辖区居民对其服务提供能力的评价超出了对公共服务重要性的评价，即分布在"Y=X"趋势线的下方。其中，杭州市、深圳市、淄博市、广州市等经济社会较发达的地方政府，其居民对政府服务提供能力的评价远远高于对公共服务重要性的评价，公共服务的"获得感"较为显著；大连市、太原市、泸州市等地区居民对政府服务提供能力的评价与居民对公共服务重要性的评价基本持平，政府服务提供能力基本满足居民对公共服务重要性的期待；周口市、衡水市、长春市等地区居民对政府服务提供能力的评价则低于居民对公共服务重要性的评价，地方政府服务提供的居民的"获得感"需要做进一步的努力。

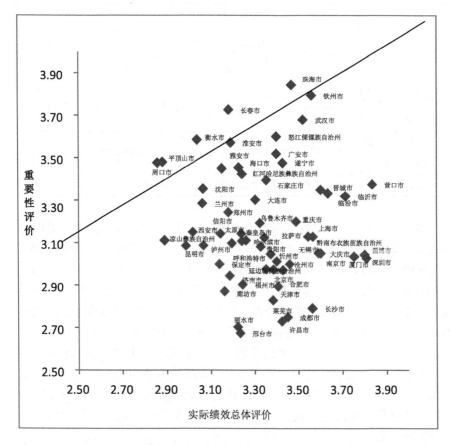

图 14-2　地方政府服务提供能力的重要性—主观绩效分布图

2. 地方政府服务提供能力的分解分析

（1）重要性—主观绩效视角分析

在本次"中国地方政府发展能力"调查中，服务提供能力包含保障基本公共服务的能力、均等化区域公共服务的能力和环境保护能力等三项二级指标。以成对样本 T 检验（paired-sample T test）的方法对全国 62 个地方政府的保障基本公共服务的能力、均等化区域公共服务的能力和环境保护的能力等进行重要性—主观绩效评估，则得出表 14-6 所示结果。

表 14-6　地方政府服务提供主观绩效与重要性配对样本 T 检验

绩效—重要性	配对差值					t	自由度	显著性（双尾）
	平均值	标准差	标准误差平均值	差值 95% 置信区间				
				下限	上限			
保障基本公共服务的能力	-0.18807	0.14966	0.01901	-0.22608	-0.15006	-9.894	61	0.000
均等化区域公共服务的能力	-0.29105	0.18728	0.02378	-0.33861	-0.24349	-12.237	61	0.000
环境保护能力	-0.47611	0.23292	0.02958	-0.53526	-0.41696	-16.095	61	0.000

如表 14-6 所示，"保障基本公共服务的能力""均等化区域公共服务的能力"和"环境保护的能力"三个维度的配对样本 T 检验中，其差值 95%置信区间分别为（-0.22608，-0.15006）、（-0.33861，-0.24349）、（-0.53526，-0.41696），而临界置信水平均为 0.000，我国地方政府服务提供的主观绩效与重要性之间具有显著的差异性。而从其 t 值来看，"保障基本公共服务的能力""均等化区域公共服务的能力"和"环境保护的能力"分别为-9.894、-12.237、-16.095，这表明三者的主观绩效均值低于重要性均值。不同于单个样本重要性—主观绩效的差异化分布，我国地方政府服务提供主观绩效总体上低于居民对重要性的评价，我国地方政府服务提供的"获得感"需要做整体强化，而这需要我们在地方政府自身提升的基础上，做"地方政府外"的努力。

（2）总体绩效的地区差距视角的分析

为了对地方政府公共服务提供能力的地区差异进行分析，可以对东部地区、中部地区、西部地区和东北地区的 62 个样本城市的"保障基本公共服务的能力""均等化区域公共服务的能力""环境保护能力"等三项服务提供能力进行总体绩效评估。为平衡不同地区样本分布不均衡的缺陷，对四个地区服务提供能力的实际绩效取平均值，其结果如图 14-3 所示。

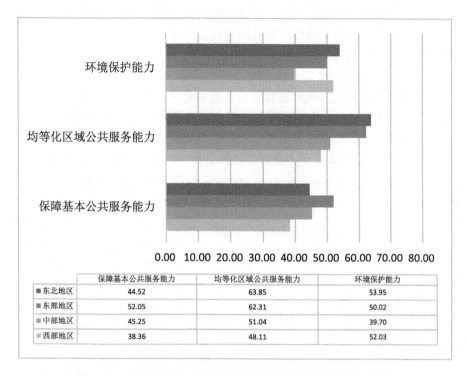

	保障基本公共服务能力	均等化区域公共服务能力	环境保护能力
■东北地区	44.52	63.85	53.95
■东部地区	52.05	62.31	50.02
▦中部地区	45.25	51.04	39.70
▢西部地区	38.36	48.11	52.03

图 14-3　不同地区地方政府服务提供能力总体绩效均值统计表

从图 14-3 可以看出，在"保障基本公共服务的能力"方面，东部地区地方政府的服务提供能力明显高于其他地区，而西部地区则落后于东部地区、东北地区和中部地区；在"均等化区域公共服务的能力方面"，东北地区和东部地区则优于中部地区和西部地区，尤其以西部地区的落后最为显著；在"环境保护的能力"方面，中部地区落后于其他三个地区，呈现一定的"中部凹陷"特征，而东部地区地方政府在环境保护方面较东北地区和西部地区具有一定劣势，在经济社会发展呈现优势的情况下，环境保护需要投入更多的努力。从总体来看，我国地方政府服务提供能力的差距与我国经济社会发展的地区差异具有相当显著的一致性，服务提供能力的地区差异极为显著。

3. 地方政府服务提供能力的三级指标分解分析

地方政府服务提供能力的三级指标分为主观和客观两种不同数据类型。从客观数据和主观数据等两种路径进行分析，我国地方政府服务提供能力呈现出明显的差异性。

（1）客观数据分析

本年度"中国地方政府发展能力"的调查中，地方政府服务提供能力的三级指标主要包括就业增长率、小学教育师生比、政府在教育方面的财政支出占比、城市建成区绿地率、城市空气质量达二级以上的天数、城市污水处理率等。对 62 个样本进行描述性分析，得出表 14-7 所示结果。

表 14-7　62 个地方政府服务提供能力三级指标——客观数据表

样本		千人口卫生技术人员数	千人口医疗床位数	政府在教育方面的财政支出占比（%）	城市建成区绿地率	城市空气质量达二级以上的天数（天）	城市污水处理率（%）
样本	样本量	62	62	62	62	62	62
	缺失值	0	0	0	0	0	0
平均数		6.38	5.47	15.20	39.65	257.02	89.92
中位数		5.95	5.20	15.50	39.02	255.50	92.00
最小值		1.92	2.59	2.12	29.50	130	75.00
最大值		13.40	9.33	23.76	72.96	362	100
四分位数	25	4.53	4.45	12.36	36.25	219.25	82.00
	50	5.95	5.20	15.50	39.02	255.50	92.00
	75	7.76	6.19	18.93	40.93	305.50	95.00

从表 14-7 可以看出，我国地方政府服务提供能力存在较大差距。其中，以最大值和最小值的比较看，除城市污水处理率相差较小以及城市空气质量达二级以上天数会受自然地理因素影响外，千人口卫生技术人员数、千人口医疗床位数、政府在教育方面的财政支出占比、城市建成区绿地率等均表现出较大的差距。

（2）主观数据分析

主观数据以被调查者的主观感受和主观期待为基础，在地方政府服务提供能力三级指标中主要包括公共保障制度建设、公共服务设施建设、社会事业的发展、公共服务设施均等化程度、医疗服务均等化程度、教育资源均等化程度、环境质量、环境治理能力等。以5分制进行评价，对东北地区、东部地区、中部地区和西部地区等地方政府取均值，得出图14-4所示结果。

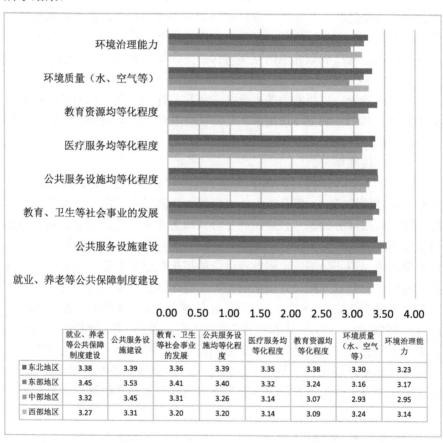

	就业、养老等公共保障制度建设	公共服务设施建设	教育、卫生等社会事业的发展	公共服务设施均等化程度	医疗服务均等化程度	教育资源均等化程度	环境质量（水、空气等）	环境治理能力
■东北地区	3.38	3.39	3.36	3.39	3.35	3.38	3.30	3.23
■东部地区	3.45	3.53	3.41	3.40	3.32	3.24	3.16	3.17
□中部地区	3.32	3.45	3.31	3.26	3.14	3.07	2.93	2.95
□西部地区	3.27	3.31	3.20	3.20	3.14	3.09	3.24	3.14

图14-4　不同地区地方政府服务提供能力三级指标——主观数据均值分布图

从图 14-4 可以看出，在保障基本公共服务方面，不论是"公共保障制度建设""公共服务设施建设"还是"社会事业发展"，东部地区地方政府的服务提供能力明显高于其他三个地区，而根据均值高低依次为东部地区、东北地区、中部地区和西部地区。在均等化区域公共服务方面，东部地区"公共服务设施均等化"水平高于其他三个地区，并且东部地区和东北地区优于中部地区和西部地区；在"医疗服务均等化"和"教育资源均等化"方面，东北地区均等化程度表现更为优异，并且东北地区和东部地区优于中部地区和西部地区。在环境保护能力方面，不论是"环境质量"还是"环境治理能力"，中部地区地方政府的服务提供能力均弱于其他三个地区，而西部地区和东北地区在环境保护方面均接近或者优于东部地区。

4. 地方政府服务能力的外部环境分析

地方政府服务提供能力的提升并非孤立的课题，其中也涉及一系列相关的要素。其中，制度环境因素和经济社会发展性因素同样会对地方政府服务提供能力产生重要的影响。

（1）制度环境分析

公共服务的本质性目的在于改善个体生存和发展的约束性条件，"保障个人的功能性活动，提升个人的可行能力，激发人的主体意识"。[1]作为政府体系组成部分的地方政府，履行公共服务职责、提升服务提供能力是我国地方政府的职责所在。同中央政府在收入再分配、宏观调控、维护经济的整体性、矫正外部效应和发挥供给的规模效益等方面的优势相比，地方政府在信息获取方面具有明显的优势，同时地方政府之间的竞争有利于社会服务水平的提高。[2]但是，在回答和处理央、地关系等制度性问题时，应该回到"中央与地方两个积极性"的基本指导思想，即"维护中央权威，尊重地方利益"。[3]从央地政府职责分配角度看，越是位于上层的政府，政治性职能越多；越是位于基层的政府组织，公益服务性职能越多。[4]《国务院关于推进中央与地方财政事权和支出责任划分改革的指导意见》明确

---

① 阿马蒂亚·森. 以自由看待发展[M]. 北京：中国人民大学出版社，2002：8-12.

② 赵聚军. 政府间核心公共服务职责划分的理论与实践[M]. 北京：中国人民大学出版社，2010：100-102.

③ 朱光磊. 当代中国政府过程[M]. 天津：天津人民出版社，2010：256-261.

④ 朱光磊. 现代政府理论[M]. 北京：高等教育出版社，2006：301.

提出"坚持财政事权由中央决定""激励地方政府主动作为""适度加强中央的财政事权""保障地方履行财政事权"等原则,①这些原则构成了地方政府服务提供过程中央地关系制度匹配的基本思想。央、地间公共服务的财力与事权配置失衡问题在制度设计上得到了初步解决,地方政府在公共服务体系中承担更多的供给任务则是与央、地间政府职能配置有关。

地区间经济社会发展的不均衡导致了不同地区地方政府服务提供能力的差异。在"十三五"国家基本公共服务清单中,中央财政在"中等职业教育国家助学金""中等职业教育免除学杂费""普通高中国家助学金""免除普通高中建档立卡等家庭经济困难学生学杂费"等基本公共服务项目中,重点向中西部地区给予比例倾斜是中央政府维护地区间基本公共服务均等化的重要表现。但是,如何更好地推动中西部地区经济社会发展以及发挥中央财政转移支付在地区间公共服务均等化中的重要作用,成为央、地关系调整的重要任务。

(2)经济社会发展性因素分析

以服务提供能力的三项二级指标(保障基本公共服务的能力、均等化区域公共服务的能力、环境保护的能力)同经济发展能力、社会发展能力、资源利用能力、科学履职能力和学习创新能力的二级指标分别进行相对独立变量的皮尔逊(Pearson)相关分析,得出表14-8的结果。

表14-8　地方政府服务提供能力指标与其他发展能力指标间的相关性分析

变量	保障基本公共服务的能力		均等化区域公共服务的能力		环境保护能力	
	皮尔逊相关性	显著性（双尾）	皮尔逊相关性	显著性（双尾）	皮尔逊相关性	显著性（双尾）
保证生产能力	0.856**	0.000	0.841**	0.000	0.639**	0.000
促进消费能力	0.848**	0.000	0.808**	0.000	0.693**	0.000
推动转型能力	0.807**	0.000	0.858**	0.000	0.655**	0.000

---

① 国务院关于推进中央与地方财政事权和支出责任划分改革的指导意见[EB/OL]. 国务院官网, 2016-08-24.

变量	保障基本公共服务的能力		均等化区域公共服务的能力		环境保护能力	
	皮尔逊相关性	显著性（双尾）	皮尔逊相关性	显著性（双尾）	皮尔逊相关性	显著性（双尾）
推动发展能力	0.929**	0.000	0.893**	0.000	0.709**	0.000
秩序维护能力	0.914**	0.000	0.895**	0.000	0.914**	0.000
资源获取能力	0.895**	0.000	0.901**	0.000	0.895**	0.000
资源整合能力	0.832**	0.000	0.864**	0.000	0.832**	0.000
政策制定能力	0.860**	0.000	0.886**	0.000	0.860**	0.000
政策执行能力	0.904**	0.000	0.876**	0.000	0.904**	0.000
主动学习能力	0.848**	0.000	0.708**	0.000	0.848**	0.000
管理和服务的创新能力	0.859**	0.000	0.872**	0.000	0.859**	0.000

注：**. 在 0.01 级别（双尾），相关性显著。

从表 14-8 中可以看出：（1）地方政府服务提供能力的提升并非孤立的课题，其中也涉及一系列相关的要素。政府自身发展能力（资源获取能力、资源整合能力、政策制定能力、政策执行能力、主动学习能力、管理和服务的创新能力）和地区发展能力（保证生产能力、促进消费能力、推动转型能力、推动发展能力、秩序维护能力）对地方政府服务提供能力均产生较为显著的影响。（2）在保障基本公共服务的能力和均等化区域公共服务的能力中，政府自身发展能力和地区发展能力的影响相对均衡，但是在环境保护的能力中，政府自身的发展能力产生的影响显然更为显著。这表明,政府的供给意愿在环境保护等非发展性公共服务中的作用更为关键。

三、提升路径：政府服务供给系统和外部生态环境的双重发力

提供公共服务是地方政府的职责之一，这不仅是国家自身的要求，而且对于改善社会成员的生存权和发展权以及促进地区经济社会发展具有重要的现实意义。同时，为社会成员提供公共教育等基本公共服务也是保障公民公共服务权利的重要举措。然而，地方政府服务提供能力的提升，一方面需要地方政府优化自身公共服务的供给机制，另一方面则需要改善地方政府公共服务供给系统的制度环境和社会基础等"生态性"因素。

（一）转变思想观念：地方政府服务提供能力的提升是循序渐进的过程

强化政府公共服务职能是政府职能转变的重要内容，但是"服务上水平"需要同"管理要补课"相协调。其一，地方政府的职能转变需要以一定的经济社会发展和较高的政府管理水平为基础，公共服务职能的强化不会一蹴而就；其二，从核心公共服务到基本公共服务再到支持性公共服务，地方政府服务提供水平的提升需要适应经济社会的发展阶段而进行动态调整、渐次增量；其三，不同地区之间、城乡之间以及不同社会阶层之间的服务差距既有地理因素的制约和历史因素的积累，也有地方政府公共服务供给意愿和供给能力的实际差距，平衡"三大服务差距"是一个复杂的系统性工程，需要分步骤、分阶段推进。提升地方政府服务提供能力既是一个时代任务，也是一个历史过程，因而需要我们认识到地方政府服务提供能力提升的循序渐进性。

（二）深入制度创新：地方政府服务提供能力提升需要优化外部环境

中央与地方财政事权和支出责任的规范、基本公共服务均等化规划的实施以及基本公共服务清单的公布等均有力地优化了提升地方政府服务能力的制度环境。但是，流动人口的基本公共服务保障、农业转移人口的基本社会保障以及欠发达地区地方政府财政能力不足等深层次的制度性障碍

会制约地方政府公共服务能力的提升，而对以上问题的解决则超出了地方政府的职责范围。因而，需要由更高层级政府对户籍制度的改革、土地制度的改革以及财政转移支付制度等相关性政策进行更深层次的改革。省级以下地方政府的公共服务责任分配以及对市场主体和社会力量机会主义行为的规制等，则需要地方政府进行有效的政策创新和制度供给。"生态性"因素的优化对政府公共服务绩效的提高具有必要的现实价值。

（三）优化供给系统：地方政府服务提供能力提升需要自身的努力

1997 年，世界银行对于公共部门的绩效改善提出了三项关键性基础建设的建议：制定和协调政策的强大的核心能力、能胜任的和有效的服务提供系统以及积极主动和精明强干的工作人员。[①]对于公共服务供给而言，提升地方政府服务提供能力需要其自身进行政策创新和过程优化等供给机制的优化以及财政支出结构和公务员公共服务能力等系统要素的强化。另外，在公共服务职责扩大化的发展趋势下，建构多元化的公共服务供给格局需要地方政府强化市场供给机制的监管、激发社会力量的参与贡献、培育社会组织等公共性组织，突出"多元参与"，合理调度社会资源，以创造"政府主动作为和社会全面参与"的公共服务供给新局面。

四、结论

服务型政府是"以公共服务为基本目标"的政府，提供公共服务则是地方政府履行服务职责的直接表现。但是，地方政府服务提供能力的提升并非孤立的课题，其中涉及一系列相关的要素。现阶段，我国公共服务体系建设的基本目标是基本公共服务的均等化。但是，结合我国经济社会发展格局和公共服务制度的现状，基本公共服务均等化在地方政府服务提供过程中出现以下内涵变化：首先，《"十三五"国家基本公共服务清单》所列的公共教育等八个领域的 81 个项目成为地方政府履行公共服务职责的"必选项"，不论是发达地区还是欠发达地区，地方政府都应将以上服务项

---

① 世界银行. 变革世界中的政府[M]. 北京：中国财政经济出版社，1997：80.

目的"城镇常住人口全覆盖"和"城乡区域均等化"作为施政任务，保障公民享受基本公共服务的权利；其次，经济社会发展水平是地方政府履行基本公共服务职责的基础，对于我国经济社会结构中的三大差距，中央财政应该发挥转移支付的地区公平功能，加大对欠发达地区地方政府的财政支持，政府财政应该发挥公共服务的兜底功能，加强农村地区和贫困人口的保障力度；最后，坚持公共服务"均等化"和"差异化"的辩证关系，作为基本公共服务城乡"有限均等化"、地区"局部均等化"和阶层"底线均等化"的同时，鼓励发达地区地方政府进行公共服务的"自选项"建设和各地地方政府根据本地实际进行公共服务的"地方化"建设。

本章从地方政府的供给能力、供给意愿与供给方式等政府服务提供系统分析脉络和制度性因素与经济社会发展性因素等外部环境因素分析脉络，对我国地方政府服务提供能力的现状及提升路径进行了评估和分析，并为我国公共服务体系建设和我国地方政府公共服务能力建设提供了转变思想观念、深入制度创新和优化供给系统等建议：一方面将我国地方政府服务提供能力建设纳入服务型政府建设的框架，从政府职能转变的视角审视我国地方政府服务提供能力的现状及提升；另一方面则从政府服务提供系统和外部环境因素等两个方面对我国地方政府服务提供能力提出现实的提升路径。

（作者单位：南开大学周恩来政府管理学院）

第十五章　杭州市政府发展能力的个案分析

李晨行

在推进国家治理体系和治理能力现代化的背景下，在促进政府职能转变的关键节点上，研究政府在实然和应然层面的发展能力与角色定位，显得尤为重要。本章在课题组综合调查的基础上，运用"地方政府发展能力指标体系"和相关典型事例来评析杭州市政府发展的各项能力，以期对中国城市未来发展的转型路径提供一个有益的参考。

一、问题提出：东部省会城市的政府发展能力的提升

20 世纪后半期，新公共管理理论受到国际理论界和实务界的青睐，由此，"治理"（governance）的概念开始受到广泛的重视与讨论。[1]通常，治理理论多强调参与主体多元化和过程的互动性，因此，治理常被认为是可以协调市场失灵和政府失灵的有效手段。然而，事实上，凡是涉及多元主体之间的互动行为，便可能出现协调失灵的问题。在一个或者更多的人际间、组织间或者体系间，沟通（联络、协商等）各方以及被代表对象的利益、身份之间的关系也问题重重。[2]"元治理"（meta-governance）可被视为对传统治理理论的调和，主张政府应以一种对信息的相对垄断地位在协商过程中贡献自身独特的资源，最重要的是参与治理校准。[3]但这绝不意味着政府的"单边主义"，而是强调政府在治理体系中应主要发挥组织、协

---

① 唐钧. 社会治理的四个特征[M]. 北京：北京日报出版社，2016：95.

② 鲍勃·杰索普. 治理与元治理：必要的反思性、必要的多样性和必要的反讽性[J]. 国外理论动态，2014（5）：14-22.

③ 同②。

调、规范和监督的作用。

　　客观而言，中国的经济社会发展体现出较为明显的区域不均衡性。杭州市作为东部地区浙江省的省会城市和长江三角洲城市群的中心城市，在改革开放近 40 年来，特别是自 1992 年社会主义市场经济体制确立以来，不断地探索转变政府职能、提升政府发展能力和创新社会治理之道。其政府在激发市场主体活力，培育社会组织发展和进行精细化社会治理等方面，取得了一系列显著的成绩。杭州市以政府为先导，广泛建立党政界、知识界、行业界、媒体界的"四界联动"，可谓是"元治理"理论在中国的一个示范性实践。目前，杭州市在总体上处于现代化向后现代化过渡的发展阶段。政治、经济、文化等领域的更好、更快发展，社会活力的进一步激发，仍需要一个偏强的、积极的"有为"政府做先导。将构建"党政引导与职能转变结合，社会事业与经营创业结合，价值认同与创业发展结合，项目带动与事业发展结合，以人为本与组织效能结合"①的复合治理体系作为基本目标，并在此过程中，努力提升政府自身的各项发展能力，促进政府职能从以"管理"为导向到以"管理—服务"为导向的转变。

　　对杭州市政府发展能力的个案研究，主要运用了课题组在前期工作中对该市相关客观数据的搜集②和居民对政府发展能力主观评价③的问卷调查结果，并根据本书所构建的指标体系和以政府为先导的"元治理"实践对杭州市的政府发展能力予以评价和分析。

二、评估结果：总体及核心能力优势突出

　　"任何一个特定的政府一经形成，会产生自己的特殊利益，并在组织和运行上形成基于自身的特点。任何实存的政府与该国对这个政府的法律规定相比，都存在着'偏离'倾向。"④建立和不断完善一个测量政府发展

---

　　① 王国平. 培育社会复合主体研究与实践[M]. 杭州：杭州出版社，2009：11-12.

　　② 客观数据主要是全市相关经济、社会发展方面的数据。

　　③ 问卷设计中，来自居民的评价主要是针对城市政府，也包括对一些市辖区、近郊区、远郊区政府的评价。

　　④ 朱光磊. 当代中国政府过程[M]. 天津：天津人民出版社，2008：12-13.

能力的指标体系，一定程度上是为了检验政府在实际运行过程中对促进经济社会发展所发挥作用的有效性程度，以便肯定并继续发挥优势，并且改进既往工作中的不足与政府角色的越位、错位和缺位等问题。信息化和数据化的时代背景，对政府的实际运行能力提出了更高的要求，包括创建智慧城市、进行精细化治理等。因此，尽可能精准地量化政府的各项发展能力，具有十分重要的现实意义。

（一）数据使用与样本选取

本章采用了课题组在前期工作中收集并经过标准化后的数据结果①，并计算出各地方政府发展能力的总得分②。研究除了要观察杭州市在所有样本城市中的排名，还对样本城市运用三种不同的方式进行分类，以便更清晰、直观地观察杭州市政府发展能力的总得分在各类别中的得分与排名状况。三组分类分别为：东部地区城市，涵盖了 62 个样本城市中的 25 个城市；副省级城市，涵盖了其中 13 个城市；浙江省内的地级市，涵盖了其中的两个城市，如表 15-1 所示。

表 15-1　分类选取的样本城市

类别	省、市、自治区	符合条件的样本城市
东部地区	北京、天津、河北、上海、江苏、浙江、福建、山东、广东	保定、北京、沧州、福州、广州、杭州、衡水、淮安、济南、莱芜、廊坊、丽水、临沂、南京、秦皇岛、厦门、上海、深圳、石家庄、天津、无锡、邢台、营口、珠海、淄博
副省级城市	广州、深圳、南京、武汉、沈阳、西安、成都、济南、杭州、哈尔滨、长春、大连、青岛、厦门、宁波	长春、西安、武汉、沈阳、深圳、厦门、南京、济南、杭州、哈尔滨、广州、大连、成都
浙江省内地级市	宁波、温州、嘉兴、湖州、绍兴、金华、衢州、台州、丽水、舟山	杭州、丽水

---

① 标准化后的数据结果是指，统一将特定指标的一组原始得分分布在 5～95 的数值大小范围之内，计算公式为：标准化数值=[（原始值-最小值）/（最大值-最小值）]×90+5。

② 各城市政府发展能力的总得分等于六项一级指标的原始值得分相加后再进行"5～95"的数据标准化处理。

（二）杭州市政府发展能力的现状分析

杭州是浙江省的省会城市，是中国 15 个副省级城市之一，地处中国东南沿海地区，浙江省北部、钱塘江下游、京杭大运河南端。历史上，杭州是中国七大古都之一，吴越文化的发源地之一，享有"人间天堂"的美誉。如今的杭州日益成为中国乃至世界知名的创新创业中心和重要的电子商务城。2016 年 G20 峰会的成功举办，更是进一步提升了杭州的国际知名度、影响力与吸引力。总体而言，杭州是将经济与文化、发展与生态、创业与休闲、传统与时尚、生活与艺术融为一体的城市。

1. 杭州市政府发展能力的总体评价

2016 年末，杭州全市户籍人口 736.00 万人，常住人口 918.80 万人，相较上年净流入约 17.00 万人，其中城镇人口 700.13 万人，占比 76.2%。2016 年全年生产总值 11050.49 亿元，增速为 9.5%，常住人口人均生产总值 121394 元（约 18282 美元）。三次产业占生产总值的比重为 2.8∶36.0∶61.2，如图 15-1 所示。

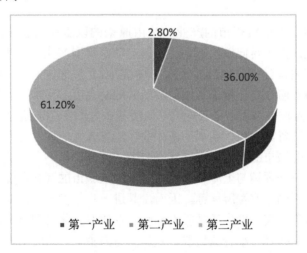

图 15-1　2016 年杭州市三次产业增加值占生产总值的比重（%）

资料来源：《2016 年杭州市国民经济和社会发展统计公报》。

截至 2016 年底，杭州市拥有 A 级景区 70 个，其中 5A 级 3 个，4A 级 34 个。2016 年杭州市旅游总收入 2571.84 亿元，其中旅游外汇收入 31.49 亿美元。近年来，杭州以其独特的自然与人文景观，吸引了愈来愈多的海内外游客，如表 15-2 所示。

表 15-2　2011—2016 年杭州市国际国内旅游人数

年份	入境旅游者 （万人次）	国内旅游者 （亿人次）
2011	306.31	0.72
2012	331.12	0.82
2013	316.01	0.94
2014	326.13	1.06
2015	342.00	1.20
2016	363.23	1.37

资料来源：《2016 年杭州市国民经济和社会发展统计公报》。

这些数据表明杭州市的产业结构由原来的以工业为主转向以服务业为主，以生产为主转向以消费为主，以劳动密集型产业为主转向以知识密集型产业为主。杭州市的工业化已经基本完成，正加速进入后工业化时代。

杭州市政府在充分考虑了城市发展的战略高度、现实要求和实际可能的基础上，定位城市发展的目标为"生活品质之城"。在此指引下，杭州利用自身独特的资源禀赋，重视创新创业、汇聚人才，并着力促进文化产业的发展，提升城市品牌、增进国际影响力。此外，作为上海的邻近城市，杭州市政府特别强调与上海和浙江中南部地区城市的互补发展。一直以来，杭州市都以崇尚务实发展著称。因而，其进一步的发展目标是，更加注重发挥民间力量，突出以生活品质为轴心，形成多元化与和谐协作、精尖与务实、大企业模式与小企业集群、开放型与内生型、政府主导与民间推动相结合的特色，在长江三角洲城市格局中形成了发展的制高点和独特优势。[①]

杭州市政府发展能力的综合得分为 84.92 分，在全部样本城市、东部

---

① 胡征宇，等. 一个生活的城市——杭州发展特色研究[M]. 杭州：浙江大学出版社，2005：9.

地区样本城市、副省级样本城市中均仅次于深圳，位列第二，在浙江省内地级市中排名第一位，如表 15-3 所示。

表 15-3 杭州市政府发展能力总得分与排名

	得分均值	最高分	最低分	标准差	样本容量	杭州排名
杭州标准化总得分	84.92					
样本城市	49.53	95.00	5.00	17.15	62	2
东部地区城市	56.87	95.00	30.75	17.58	25	2
副省级城市	56.09	95.00	30.55	19.84	13	2
浙江省内地级市	61.95	84.92	38.97	32.49	2	1

2. 杭州市政府核心发展能力分析

杭州市政府在经济发展、社会发展、服务提供、资源利用、科学履职、学习创新等六个方面的发展能力的表现分别为 78.92 分，90.86 分，92.59分，70.16 分，92.70 分和 73.59 分。这说明，总体而言杭州市政府的各项能力发展较为均衡且水平较高，如图 15-2 所示。

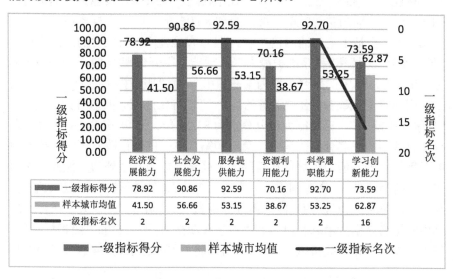

图 15-2 杭州市政府发展能力一级指标得分

在一级指标中，将杭州市政府发展的各项核心能力得分与最高分相比较发现，杭州市在经济发展、社会发展、服务提供、资源利用、科学履职五项能力指标上均仅次于深圳，位列第二；学习创新能力位列第十六位，处于62个样本城市的中上游水平。深圳市的快速发展和巨大变革，主要得益于改革开放以来我国的优先发展战略和其自身的地理位置优势。深圳于1979年设市，1980年成为我国建立的第一个经济特区，1988年成为国家副省级计划单列市，2008年成为国家创新型试点城市，2009年成为国家综合配套改革试验区。深圳在其成立至今的近40年来，在全国率先建立起比较完善的社会主义市场经济体制和运行机制，并且抓住经济全球化的机遇和毗邻香港的优势，利用国内、国际两个市场，引进资金、技术、人才和管理经验，在短时间内实现了跨越式发展。①杭州相较于深圳，在国家政策、引进外资程度和人口规模方面优势不足，这可能是其在综合得分和在经济发展、服务提供、资源利用、科学履职、学习创新五项政府发展能力得分上落后于深圳的主要原因。

3. 杭州市政府核心发展能力的分解分析

一级指标"经济发展能力"所包含的二级指标有"保证生产能力""促进消费能力""推动转型能力"，杭州市在这三项政府发展能力中的优势较明显，得分分别为72.99分、90.17分和80.05分，在62个样本城市中均位列第二名，且是平均值的两倍左右。"社会发展能力"所包含的二级指标有"推动发展能力"和"秩序维护能力"，两项能力得分分别为87.91分和95.00分，在样本总体中的排名分别为第三和第一名。"服务提供能力"所包含的二级指标有"保障基本公共服务的能力""均等化区域公共服务的能力"和"环境保护能力"，三项能力得分分别为83.28分、95.00分和69.53分，在样本总体中的排名分别为第三、第一和第八名；杭州市政府环境保护能力高于平均水平，但与该城市自身除"主动学习能力"之外的其他各项能力相比，排名略低。"资源利用能力"所包含的二级指标有"资源获取能力"和"资源整合能力"，两项能力得分分别为72.42分和65.75分，在样本总体中的排名分别为第二和第四名。"科学履职能力"所包含的二级指标有"政策制定能力"和"政策执行能力"，两项能力得分分别为94.14分和91.46

---

① 钟坚."深圳模式"与深圳经验[J].深圳大学学报（人文社会科学版），2010（3）：27-33.

分，在样本总体中的排名分别为第三和第二名。"学习创新能力"所包含的二级指标有"主动学习能力"和"管理和服务创新能力"，两项能力得分分别为 49.64 分和 76.73 分，其中，数据显示杭州市政府主动学习能力的水平低于 62 个样本城市的平均水平，以上两项政府发展能力在样本总体中的排名分别为第四十和第二名，如图 15-3 所示。主动学习能力的得分情况与课题组预期之间存在较大差异，其具体原因将在后续分析中加以说明。

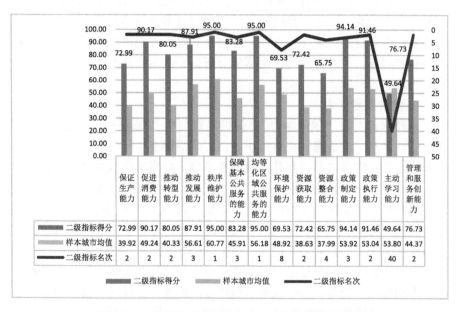

图 15-3　杭州市政府发展能力二级指标得分与排名

在二级指标中，杭州市在秩序维护和均等化地区公共服务两项政府发展能力上的得分位列第一；在促进消费、推动发展、政策制定和政策执行四项政府发展能力上位居前列，且其得分与最高分较为接近；在保证生产、推动转型、保障基本公共服务、资源获取、资源整合、管理和服务创新能力方面，虽排名位居样本总体的前列，但其得分相较于最高分（95 分）仍有较大差距（相差 10 分以上）。杭州市在环境保护这项政府发展能力上处于 62 个样本城市中的中上游水平，与最高分相差 25 分以上；主动学习能力得分情况不理想，与最高分相差 45 分以上，排名也居于 62 个样本城市的中下游水平。

（三）政府发展能力与政府运行

运用"地方政府发展能力指标体系"对各地方政府发展能力评价的结果，可为政府今后履职与政府的运行方向提供有益的参考。然而，不可否认，尽管课题组每年都会对政府发展能力的指标体系给予进一步科学化的论证、调整和完善，也仍不可能做到完全的客观、准确。以下将结合2016年杭州市典型案例，进一步解析六项一级指标得分与排名的形成和六项能力在实际中的发展情况。一方面，案例在一定程度上可为差异化的数据提供现实的解释；另一方面，使用案例分析也是试图弥补上述数据分析中的解释力不足等问题。

1. 经济发展能力

杭州市政府在"保证生产""促进消费"和"推动转型"能力方面均保持了较高水平。是因其在有效引导地方经济健康运行、改善当地基础设施建设、稳定物价水平、有效搭建消费平台、提高家庭消费水平、促进产业升级、促进民营企业发展、促进科技创新等方面表现良好，以上几项政府发展能力三级指标得分均在70分以上[①]，如图15-4所示。

杭州市的第三产业发展迅速，在移动支付打造智慧生活的同时也促进了消费水平的提高。如今的杭州，98%左右的出租车、超过95%的超市和便利店、超过80%的餐馆都可以使用移动支付。与此同时，杭州市政府积极推进智慧城市管理和电子政务平台建设，覆盖社会保障、公共安全、社会信用、市场监管、食品药品安全、医疗卫生、国民教育、劳动就业、养老服务等诸多领域。

阿里巴巴互联网技术有限公司的总部坐落于杭州，该集团主要是由支付宝"城市服务"团队所负责开展的诸多金融业务，为企业和个人提供了更加便捷的转账、理财、借贷等服务。支付宝"城市服务"团队于2014年底正式成立，在两年多的时间内，以"互联网+政务"为切入口，致力于联合各地政府机构共建便民市政服务平台。截至2016年底，支付宝城市

---

① 二级指标得分等于三级指标得分乘以权重。因此，严格而言，二级指标的得分高低由三级指标得分和其权重所共同影响。各级指标权重分析在前文已有所涉及，读者可借前文查阅参考。本章只分析影响二级指标得分高低的三级指标得分这一因素而不再赘述权重因素。

服务在全国 357 个城市上线，累计服务用户超过 1.5 亿。互联网金融使货币逐渐隐性化，这场变革就是从杭州出发的，正以其强势的姿态向全国和世界输出。①

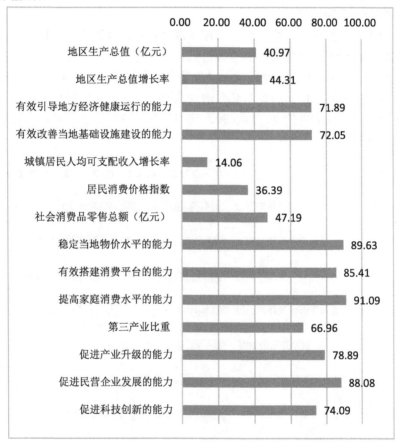

图 15-4　杭州市政府"经济发展能力"三级指标得分

以阿里巴巴集团为代表的企业的快速发展，受惠于政府相应制度和政策的支持，政府为企业发展、城市服务提供了良好的外部环境。与此同时，

---

① 杭州市政府在"经济发展、社会发展、服务提供、资源利用、科学履职、学习创新"发展能力方面的典型事件，主要参考了浙江在线. 杭州生活品质总点评发布十大现象[EB/OL]. 新华网. 2017 年 6 月 5 日。

可以看出杭州市政府特别注重与企业的合作，实现资金、技术与人才整合，从而可以有效地保证生产、促进消费、推动转型，进而促进城市经济整体更好更快发展。

2. 社会发展能力

如图 15-5 所示，杭州市人口预期寿命较长，公民生活幸福感较高，公民与社会组织可以愈来愈多地参与到公共事务中去，以上几项三级指标得分均在 75 分以上，这使得杭州"推动发展"这项政府发展能力位列 62 个样本城市的第三位。居民对社会治安状况和社会矛盾化解机制以及个人发展机会公平性的评价良好等因素，使得杭州在秩序维护这项政府发展能力上位列第一。

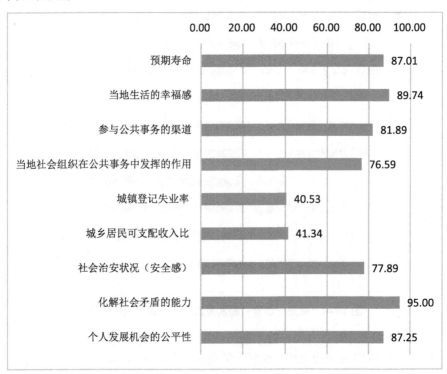

图 15-5　杭州市政府"社会发展能力"三级指标得分

如今，杭州是具有创新创业活力的代表性城市之一。在城市建设与城市治理过程中，杭州市政府尤其重视多元复合主体的参与。典型的复合主体参与城市治理的案例在杭州市有很多，诸如"杭网议事厅、我们圆桌会、湖滨晴雨工作室、决策咨询委员会、背街小巷改造、西溪湿地综合保护工程、公共自行车、杭州志愿者、西湖博览会、G20 峰会"，以及提出"共建共管共治共享生活品质之城"等。政府、企业、高校和智库、媒体、公民等各界力量形成联动机制，合力实现城市"良治"。

　　"我们"的理念，既可体现杭州市民的主人翁意识与责任意识，又可形成向心力与凝聚力。杭州市内的旅游景点、商业街区、文化场馆、交通枢纽，随处可见热心服务的志愿者。目前，全市志愿者人数有 152 万，注册志愿服务组织 13100 余家，服务时数达 2504 万余小时。志愿者队伍的组成人员职业多元化——以学生、教师、工人、企业白领员工、社区工作者为主体，也有一些热心的外国留学生和来杭创业人士。杭州市"元"治理的原则是，坚持复合共建与专业分工结合、党政引导与职能转变结合、社会事业与经营创业结合、价值认同与创业发展结合、项目带动与事业发展结合、以人为本与组织效能结合。"元"治理实践的特征是：架构多层复合，成分多元参与；功能特色互补，职能衔接融合；人员专兼结合，角色身份多样；事业项目带动，机制灵活规范；社会公益主导、持续经营运行。此次调查数据所显示的杭州在"社会发展"这项政府发展能力上位列 62 个样本城市的第一位，可以说是名副其实，其社会治理方式具有较强的示范性。

　　3. 服务提供能力

　　在"服务提供能力"的二级指标中，杭州市政府"保障基本公共服务"的能力较强，其中的三级指标得分较为均衡，而千人口医疗床位数一项得分有待提升，如图 15-6 所示。杭州市在二级指标"均等化区域公共服务能力"中表现最佳，这是由于杭州市在公共服务设施均等化、医疗服务均等化和教育方面保持了很高水平，分别为 95.00 分、92.19 分，而在教育资源均等化方面保持了较高水平，为 77.77 分。杭州作为一座工业化程度较高、已经迈入后工业化进程的城市，在城市建成绿地率、城市空气质量达二级以上的天数和城市污水处理率的得分上，高于 62 个样本城市的平均水平[①]，

---

　　① 62 个样本城市中，三级指标"建成绿地率"的均值得分为 53.13，"城市空气质量达二级以上的天数"的均值得分为 54.27，"城市污水处理率"的均值得分为 58.73。

但落后于一些西部、西南部地区的城市①；相应地，居民对环境质量（水、空气等）和对政府环境治理能力的评价也只处于中上游水平，如图15-6所示。因此，杭州市的"环境保护能力"一项虽居于总样本前列，但相较于其他方面的表现则稍显不足。二级指标"环境保护能力"对一级指标"服务提供能力"的贡献率仅为5.67%②，因此其得分结果并未显著影响到一级指标"服务提供能力"的最终排名。

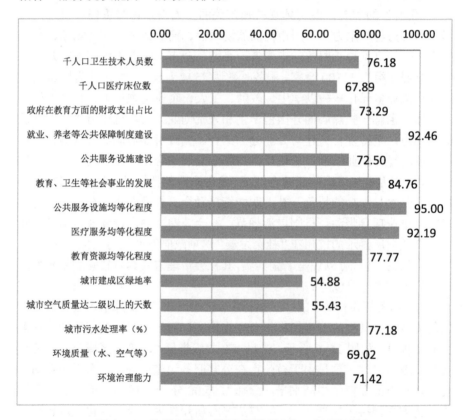

图15-6 杭州市政府"服务提供能力"三级指标得分

---

① "城市建成绿地率""城市空气质量达二级以上的天数"和"城市污水处理率"三项三级指标得分最高的城市分别是怒江傈僳族自治州、昆明市和雅安市。

② 二级指标"环境保护"的权重系数为0.0136，一级指标"服务提供"的权重系数为0.240，两者之比结果即为二级指标对一级指标的贡献率。

2016 年，杭州市区空气质量优良天数为 260 天，优良率 71.0%，PM2.5 年平均浓度为 48.8μg/m³，下降 14.5%。至年末，市区人均公园绿地面积达 14.3m²，建成区绿化覆盖率为 40.5%。①在环境保护能力方面，杭州市作为人口净流入地，在环境承载力与合理人口容量等自然条件上，落后于部分地广人稀的西南部城市，但杭州市政府仍采取许多措施努力提升环境治理能力。杭州市政府提出，实施美丽杭州、生态文明先行示范区建设"三年行动计划"，扎实推进国家生态文明先行示范区建设。一直以来，政府持续推动河道综保、湘湖综保工程和"三江两岸"生态景观保护与建设，三江沿线生态廊道基本成型。

4. 资源利用能力

杭州市在二级指标"资源获取""资源整合"两项政府发展能力上均保持在 62 个样本城市的前列。如图 15-7 所示，杭州市财政收入增长率较高、有效引进人才、引进项目的能力较强，与媒体构建良好关系的能力和与企业实施有效协作的能力均较为强劲。然而，从其得分来看，在一些特

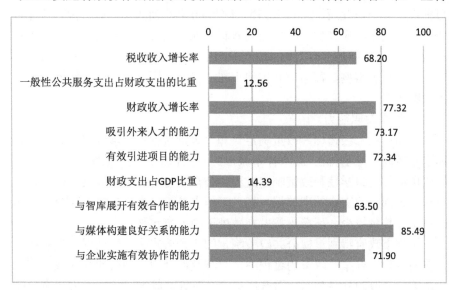

图 15-7　杭州市政府"资源利用能力"三级指标得分

---

① 2016 年杭州市环境状况公报[N]. 杭州日报，2017-6-5。

定方面仍有相当的继续提升的空间，如"一般性公共服务支出占财政支出的比重""财政支出占 GDP 的比重""与智库展开合作"的能力等。

杭州地处长江三角洲腹地，是人口的净流入地。受区位优势、资源禀赋和文化传统的影响，杭州市政府对城市发展的定位为"生活品质之城"，期望杭州在中国的城市角色类如瑞士的苏黎世、日内瓦，奥地利的维也纳，日本的京都，美国的波士顿，不是最大城市，但会成为魅力之都。政策优惠力度、自然环境与生活品质，是吸引外来人才的先决条件。杭州市政府从人才引进的实际出发，先后推出"人才新政 27 条""若干意见 22 条"等人才政策，这些政策引进力度较大、含金量较高、所覆盖的范围也较为广泛。目前，杭州市人才总量已达 210 万人，海外高层次人才达 2.3 万人，其中国家"千人计划"人才 307 名。2016 年杭州人才净流入高达 8.9%，排名全国第一位。

2016 年 12 月，浙江西湖高等研究院正式成立，坐落于杭州云栖小镇，建筑面积 106053 ㎡，这是中国首家由民间资本支持的高水平民办科研机构。目前拥有 4 个研究所，200 名教授，近 2000 名科研人员。该机构将首先以研究院名义招收研究生，随后面向本科。2017 年 3 月 19 日首批学术人员和教职工入驻西湖高研院，未来 5 到 10 年，力争成为世界一流的科研机构。

以上代表事例，都印证着杭州市在"资源利用"这项政府发展能力上的独特优势。

5. 科学履职能力

杭州市在二级指标"政策制定"和"政策执行"两项政府发展能力方面水平较高，分别排在 62 个样本城市的第三和第二位。如图 15-8 所示，杭州市决策的科学性和政策制定过程中公众参与的有效性较高，机构设置合理，各部门的工作效率首屈一指且工作人员服务态度良好；而全年发布政策文件数量较少，环境支持度指数处于中上游水平。

杭州市政府特别重视公共政策制定的"开放式决策"过程。政府在制定重要规划、方案、政策的过程中，对涉及群众切身利益的行政规章和公共决策，采取向社会公示、召开座谈会、听证会等方式征求人大代表、政协委员、民主党派以及市民群众的意见。2008 年 5 月起，普通市民参与市政府决策活动进入常态化。"开放式决策"创新了民主参与影响政府决策的形式，在人民群众的共同参与和监督下，很大程度上避免了权力寻租等现象的发生。①这种模式既调动了广大人民群众有序参与公共事务的积极性，又可进一步推进政府职能的转变、降低行政管理的成本。开放融合、兼容并包和群策群力的政策制定过程，不仅提高了政策制定的民主性与科学性，也有助于公共政策的执行与落实。

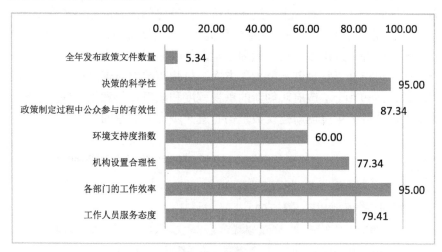

图 15-8　杭州市政府"科学履职能力"三级指标得分

6. 学习创新能力

杭州市政府学习创新能力在 62 个样本城市中位列第十六位，处于中上游水平。与其城市内部其他五项政府发展能力相比，名次较为落后。两个二级指标"主动学习"与"管理创新"能力发展也不均衡。调查数据显示，杭州市在二级指标"主动学习能力"一项上，名次为 62 个样本城市中的第四十名，落后于多数样本城市，且得分为 49.64 分，低于样本城市的得分平均值 53.80。具体而言，是因公务员年度参与培训次数、公务员每年用于学习提升的时间、组织内部信息共享机制等方面有待提升，如图 15-9 所示②。三级指标得分的量化结果，在一定程度上说明了二级指标"主动

---

① 郭道久. 民主参与促进地方政府管理创新——基于杭州实践的分析[J]. 探索，2014（5）：70-75.

② 通过对相关样本数据的计算得出，62 个样本城市在三级指标"公务员年度参加培训次数"，"公务员每年用于学习提升的时间"和"组织内部信息共享机制"上的均值分别为 34.79、31.05、57.05，杭州市在以上三项三级指标的得分均低于 62 个样本城市的均值。

学习能力"排名相对落后的原因。然而，作者认为其中更深层的可能的原因包括以下两方面：其一，"主动学习"指标之下三级指标的数据来源主要是依据公务员对相关问题的主观性回答和评价，而不是依靠查找统计资料。不同地方政府的公务员对所在单位或个人主动学习能力的评价不可避免地会产生偏差。其二，客观上，近年来杭州在政府创新方面始终走在全国前列，一些特定的管理和服务方式通常作为其他地方政府调研和学习的范本，而杭州市公务员外出参加培训和用于学习的时间就会变少。

在二级指标"管理创新能力"方面，杭州市政府表现良好，名列第二位。如图 15-9 所示，政府对创新的重视程度和政府创新意识都保持了较高的水平，公务员年度创新建议数量仍有进一步提升的空间。

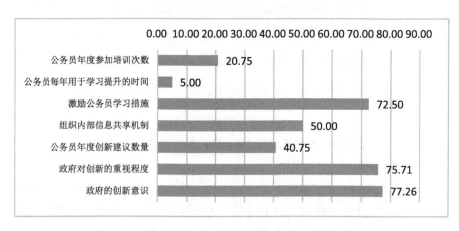

图 15-9　杭州市政府"学习创新能力"三级指标得分

杭州市政府在"管理创新"方面，善于把握时代先机，具有一定的战略眼光，其城市的发展目标也具有很强的连续性。曾提出"精致和谐、大气开放"的杭州城市人文精神，增强了杭州市户籍人口与外来人口之间的凝聚力；提出城市形态迈向以西湖为中心的"西湖时代"，向以钱塘江为轴线的"钱塘江时代"，确定了杭州城市发展的新格局；提出"和谐创业"，推进文化与经济相融合，鼓励创新文化产业，提升创业的档次和水平；提出"城市的有机更新"，把生物学中的"生命"概念引入城市建设，把城市作为一个有机的生命体来对待，在城市建设中集中体现以民为本、保护第一、生态优先、文化为要、系统综合、品质至上、集约节约、可持续发展等要求。①

三、提升路径：突出特色，进一步提升综合能力

总体上，杭州市的政府发展能力较为强劲，其总得分高于四大直辖市。并且，杭州市政府在经济发展、社会发展、服务提供、资源利用、科学履职、学习创新六个方面均衡发展，一级指标得分无显著劣势项。然而，通过更进一步对政府发展能力的分解分析发现，杭州市政府发展能力仍有继续提升的空间。具体而言，应主要遵循以下原则和路径。

（一）注重综合能力提升，弥补相对劣势

在指标体系的评价结果中，杭州市在"环境保护"和"主动学习"两项政府发展能力上，相较于其他方面的能力排名落后。一方面应认识到，排名落后的部分原因是在这两项二级指标下所包含的三级指标中，涉及主观性评价的内容得分相对较低。例如，在二级指标"环境保护"之下，所包含的"居民对环境质量（水、空气等）的评价"和"居民对政府环境治理能力的评价"，以及"主动学习能力"之下所包含的"激励公务员学习措施""组织内部信息共享机制"的得分相对较低。而另一方面，政府也确实应检视问题存在的客观性，切实提升其发展能力中的薄弱环节，弥补指标体系评价中所显示出的短板项。在环境保护方面，着力加强对垃圾的分类处理、提升饮用水质量和社区环境卫生等。在主动学习方面，增强对公务员的专业化培训，增加学习时间、提升学习效果，并改善激励学习的措施和组织内部的信息共享机制。

（二）完善政府在"元治理"中的引领作用

培育社会复合主体、促成"四界"联动，是杭州市政府实现"元治理"的有效实践探索。以政府为先导，搭建社会各界互动的平台，构建起广泛而深刻的伙伴关系，从而在一个更大的范围内形成社会资源与社会机会合

---

① 王国平，等. 培育社会复合主体研究与实践[M]. 杭州：杭州出版社，2009：1-2.

理而有效的配置机制，促进了社会公平与社会效率的双重提升。既往，复合主体在参与社会共治、改善民生、推进和谐社会发展等方面做出了诸多成绩。下一个阶段，政府应继续发挥比较优势，进一步推动政府职能转变，持续推动产业创新和转型，为中、小企业提供更好的创业与发展环境。在信息技术快速发展的时代背景下，积极推进"互联网＋"行动，实现城市在更大范围内的更加灵活的智慧治理。

（三）优化和降低政府成本

杭州市的政府发展能力和政府绩效在全国城市范围内保持在很高的水平。政府在推动社会从现代化向后现代化转型的过程中，也促进了自身职能的转变。以"成本—收益"的角度而言，政府发展能力的提高，要求政府在绩效提升的同时，注重优化和降低政府的成本。"高效社会要求政府低成本运行，控制政府成本与追求行政效率的良性互动关系有利于政令的贯彻和落实。"①在今后的发展中，杭州市政府还应特别将政府的制度性成本、决策成本、运行成本和公信力成本纳入考量的范围，继而进一步提升政府发展的综合能力。

四、结　论

运用"地方政府发展能力指标体系"对一个特定城市的政府发展能力予以评价，是一项兼具探索性、创新性和挑战性的任务，也是具有十足现实意义的工作。本研究通过初探杭州市的政府发展能力，有如下余论。

（一）政府发展的"杭州模式"获得数据支持

杭州市政府始终重视与社会各界的合作，不断努力实践"元治理"，其构建复合主体的社会治理形式，更是被称为"杭州模式"。如果说"培育社会复合主体"是"元治理"理论指导了实践，那么运用由诸多主客观要素、动静态指标所构成的"地方政府发展能力指标体系"来评价政府发展能力，则是在用数据来检验实践。

---

① 许正中，张更华. 降低和优化政府成本[M]. 北京：国家行政学院出版社，2008：1.

数据显示,杭州市在经济发展能力方面,市场主体活跃,民营资本发达。社会发展能力方面,复合主体合力共治,具有较强的"主人翁"意识与市民责任感。服务提供能力方面,城乡差距较小,整体城市环境优美,但居民对政府的环保能力具有更高的要求,需政府进一步加大环境保护力度。资源利用能力方面,杭州市对高端人才实施吸引力较强的优惠政策,且注重与媒体、企业等合作,资源汲取能力与整合能力都很突出。科学履职能力方面,杭州市较为注重公共政策决策的科学化与民主化,坚持吸纳专家学者的建议与尊重民意的统一,通过事前充分讨论的决策也往往更有助于政策的执行。学习创新能力方面,杭州市政府的锐意创新走在全国前列,其政策的连续性与创新性也较强,今后须继续加强对公务员的专业培训和组织内部的信息共享。

（二）应客观看待量化的政府发展能力得分

根据"地方政府发展能力指标体系"对杭州市的政府发展能力进行得分排名,是针对既往一年政府工作的阶段性数据显示。运用任何一套指标体系去衡量复杂的各项政府工作,都不可能做到完全的客观和准确。分散在不同区域的中国各城市都有着差异化的战略目标和发展任务,因此无需刻意追求在某一个指标中的排序。杭州市之所以取得良好成绩,正是因为其对自身城市角色的精准定位。杭州应继续发挥自身的比较优势,增强在国际舞台的影响力、在中国的创新创业产业竞争力和在长三角洲地区的区域经济带动力。

（三）研究展望

本章是量化分析杭州市政府发展能力的一个初步探索。以对所收集到的主、客观数据的统计,计算和描述性分析为主。下一步的研究,应继续加强对杭州市政府发展能力评价的全面性、客观性;针对一些不可获得的客观数据,应增加调查和访谈;在对某一特定地方政府发展能力的研究上,适当加入比较分析,进而运用更加科学化的统计方法寻求数据之间的关联性,以便更清晰准确地找到各指标之间的因果关系及其影响因素发挥作用的机制。

（作者单位:南开大学周恩来政府管理学院）

第十六章　成都市政府发展能力个案分析

朱昭娜　陈思羽

成都市作为四川省的省会、副省级城市，在 1993 年就被国务院定为西南地区的交通、通信枢纽和科技、商贸、金融中心；2015 年由国务院批复并升格为国家重要的高新技术产业基地、商贸物流中心和综合交通枢纽；2017 年《国务院关于印发中国（四川）自由贸易试验区总体方案的通知》提出了建立四川自贸试验区的总体方案，其实施范围主要集中在成都天府新区、成都青白江铁路港、川南临港三个片区。由此，成都作为我国西部地区中心城市的地位更加凸显。本章以成都市作为研究对象，对其政府发展能力的各项指标进行剖析，并尝试提出提高政府发展能力的具体路径。

一、问题提出：西部中心城市的政府发展能力的提升

据成都市国民经济和社会发展统计公报显示，截至 2016 年末，全市常住人口 1591.8 万人，实现地区生产总值（GDP）12170.2 亿元，按可比价格计算，比上年增长 7.7%；全市建成区绿化覆盖率 39.9%，全年空气质量达标天数（空气质量指数小于或等于 100 的天数）214 天①，实现了"十三五"规划的良好开局。

而最近发布的《2017 城市商业魅力排行榜》在对 338 个城市，就商业资源聚集度、城市枢纽性、城市人活跃度、生活方式多样性、未来可塑性这五大维度，进行专业测评后，成都最终以最高综合评分稳居 15 个新一线

---

① 成都市统计局. 2016 年成都市国民经济和社会发展统计公报[EB/OL]. http://www.cddrc.gov.cn/detail.action?id=850958，2017-05-24.

城市的首位。

随着经济技术开发区、国家综合配套改革实验区、自由贸易区的设立，以及成渝城市群的建设，目前成都市正处于重要的发展机遇期。在这样的历史机遇条件下，成都市政府更应提高对政府发展能力建设的关注，补短扬长，不仅为成都自身的长远发展奠定良好基础，同时还可以辐射带动周边发展，形成地区发展合力。

总的来说，成都市作为新一线城市和国务院重视的副省级城市，对于成渝城市群和整个西部地区的发展起到重要的辐射、带动作用，其政府发展能力的提升也显得尤为重要。

二、评估结果：成都市政府发展能力总体情况及具体分析

在本书获取的相关城市数据的基础上，鉴于成都市自身身份的多重性，在核心能力，即一级指标分析中，采取了成都市与其他省会城市、副省级城市、省内其他城市的比较分析的方法；在核心指标分解分析，即二级指标的分析中，主要以样本城市总体水平、同等人口规模城市即大城市平均水平、同等行政级别城市即副省级城市平均水平、同地区城市即西部地区城市平均水平四个维度与成都进行对比。

（一）成都市政府发展能力的总体评价

在所有 62 个样本城市中，成都市政府发展能力综合指数为 60.05 分，排名在第 18 位。在行政级别上，成都市属于副省级，在 13 个副省级样本城市中排名第 6 位；在人口规模上，成都市属于大城市，在所有大城市中排名第 13 位；在地理区域上，成都市属于西部城市，在所有西部城市中排名第 4 位。总体上来说，成都市政府发展能力排名在整体上处于中等偏上的区间，虽然不是第一但也相差不远。

（二）成都市政府核心发展能力分析

地方政府发展能力是动态变化的，它会受到自身运行水平及外部大环境的多重影响。多向比较不同城市政府的指标得分差异、分析发展的比较

优势与劣处短板，对于发挥长项、弥补不足具有重要的借鉴作用。

1. 成都市与各省内城市的对比分析

目前，四川省辖区内有 1 个副省级城市、17 个地级市、3 个自治州。本报告中涉及的四川省内城市是成都、广安、泸州、遂宁、雅安，各城市一级指标得分如图 16-1 所示。

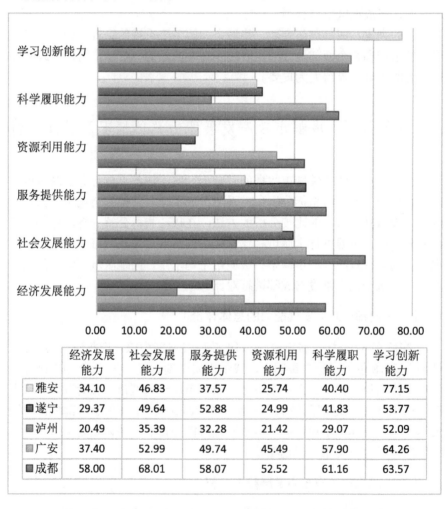

	经济发展能力	社会发展能力	服务提供能力	资源利用能力	科学履职能力	学习创新能力
雅安	34.10	46.83	37.57	25.74	40.40	77.15
遂宁	29.37	49.64	52.88	24.99	41.83	53.77
泸州	20.49	35.39	32.28	21.42	29.07	52.09
广安	37.40	52.99	49.74	45.49	57.90	64.26
成都	58.00	68.01	58.07	52.52	61.16	63.57

图 16-1　四川省内部分城市各地方政府一级指标得分雷达图

由图 16-1 可以看出，除学习创新能力外，成都市的各项指标得分均大于其他四个省内城市，尤其是经济发展、科学履职和社会发展能力。根据较高的经济发展能力可以推断，成都的保证生产、促进消费、推动转型的能力较为突出；与此同时，其社会发展能力也明显高于其他样本城市，说明其在维护社会秩序的基础上，促进社会进步的能力也较高。而对于其他三项，即服务提供、资源利用、学习创新能力，成都市较其他城市的优势并不十分突出，其中学习创新能力与资源利用能力是成都市政府发展能力中较弱的一项，也是该市未来需要进一步改善和提高的地方。雅安市虽然综合发展能力指数不高，但学习创新能力较强，说明其发展潜力还是比较乐观的。

除此之外，由表 16-1 成都市政府发展能力一级指标的总体评价与重要性评价可以看出，公众认为成都市政府发展能力各项指标的总体评价由高到低依次是经济发展能力、社会发展能力、服务提供能力、学习创新能力、资源利用能力及科学履职能力；对于各项指标的重要性评价由高到低依次为服务提供能力、社会发展能力、经济发展能力、资源利用能力、科学履职能力、学习创新能力。

表 16-1　成都市政府发展能力一级指标的总体评价与重要性评价

	经济发展能力	社会发展能力	服务提供能力	资源利用能力	科学履职能力	学习创新能力
总体评价	3.57	3.48	3.45	3.18	3.33	3.42
重要性	3.07	3.08	3.15	3.02	1.82	1.35

根据表 16-1，可得出成都市政府发展能力一级指标总体评价与重要性评价的四象限图，如图 16-2 所示。相对于服务提供能力和社会发展能力的重要性来说，其总体评价有待提高；对于经济发展能力来说，其总体评价超过了自身重要性，但是仍应继续维持以便为社会发展与公共服务提供必要的支持；对于资源利用、科学履职和学习创新能力，虽然重要性不比其他三项显著，但总体评价仍应有所提高，因为这对于政府发展能力来说是必不可少的维持因素。

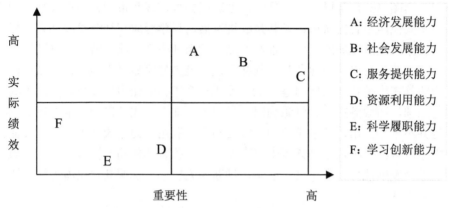

图 16-2　成都市政府发展能力一级指标总体评价与重要性评价四象限图

2. 成都市与其他省会城市的对比分析

在 62 个样本城市中包含的除成都以外的其他省会城市为长春、长沙、福州、广州、贵阳、哈尔滨、海口、杭州、合肥、呼和浩特、济南、昆明、拉萨、兰州、南京、沈阳、石家庄、太原、乌鲁木齐、武汉、西安、郑州，共 22 个城市。各地方政府发展能力综合指数，结果如图 16-3 所示。

由图 16-3 可以看出，杭州、南京、长沙位于各省会城市政府发展能力综合指数的前三位，而成都位于第 6 位。虽然成都市政府发展能力在四川省内居于一位，但就全国省会城市来说，其综合发展能力依然有待提高。

进而继续比较杭州、南京、长沙、成都四个省会城市的一级指标，可以发现，南京、长沙、成都三市的 6 项得分重合度较高，而杭州却遥遥领先，如图 16-4 所示。也就是说，在经济发展、社会发展、服务提供、资源利用、科学履职能力上，成都、长沙、南京的政府发展能力相差不多，但与杭州市有较大差距。并且三个市的各项能力发展比较均衡，除了南京市的学习创新能力较为突出以外，没有明显的"长项"或"短板"。但是需要注意的是，除杭州市以外，其他三市中，成都的经济发展能力处于较优位置，这与由图 16-1 得出的结论相同。

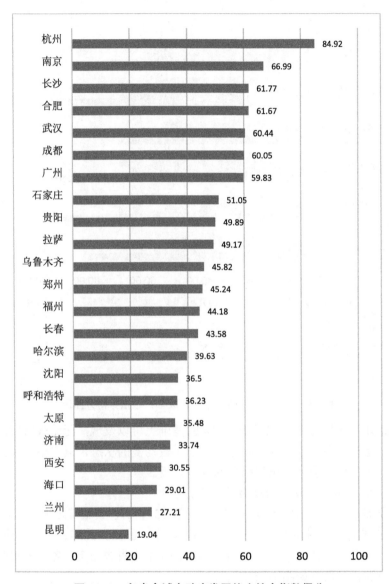

图 16-3　各省会城市政府发展能力综合指数得分

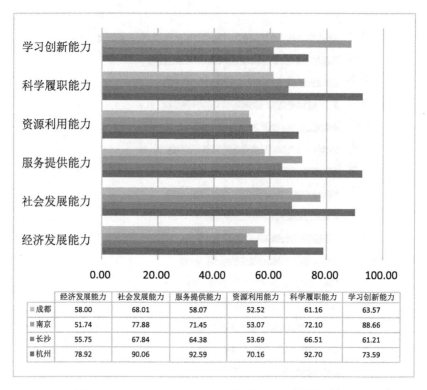

	经济发展能力	社会发展能力	服务提供能力	资源利用能力	科学履职能力	学习创新能力
■成都	58.00	68.01	58.07	52.52	61.16	63.57
■南京	51.74	77.88	71.45	53.07	72.10	88.66
■长沙	55.75	67.84	64.38	53.69	66.51	61.21
■杭州	78.92	90.06	92.59	70.16	92.70	73.59

图 16-4 杭州、长沙、南京、成都一级指标得分图示

此外，在综合图 16-1 和图 16-4 的基础上可以发现，无论政府发展能力高还是低，各城市的 6 项指标都处于比较均衡的状态，没有格外突出的能力存在，也不会允许出现极端的发展短板。

3. 成都市与各副省级城市的对比分析

成都不仅是四川省的省会城市，更是 15 个副省级城市之一。2017 年的 62 个样本城市中包含了广州、深圳、南京、武汉、沈阳、西安、成都、济南、杭州、哈尔滨、长春、大连、厦门 13 个副省级城市。各地方政府发展能力综合指数，如图 16-5 所示。

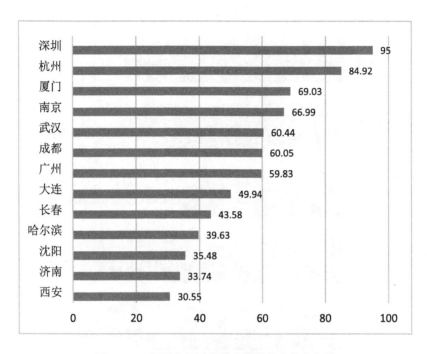

图 16-5　各副省级城市政府发展能力综合指数

由图 16-5 可以看出,成都市政府发展能力综合指数处于 13 个副省级城市中的第 6 位。也就是说,在副省级城市的对比中,成都市政府发展能力并不突出,处于中间水平。位于成都市之前的 5 个城市中,杭州、南京这两个城市在前文中已经进行过比较分析,在此,仅就成都与深圳、武汉、厦门之间的差异进行分析,如图 16-6 所示。

由图 16-6 可以看出,深圳市的各项指标都领先于其他城市,但相对于其他能力,学习创新能力仍需提升。厦门市的服务提供能力较好,可见其在推动公共服务水平提高、公共服务均等化等方面具有优势。而对于成都和武汉来说,虽然各项核心能力发展比较均衡,但总体尚有较大提升空间。

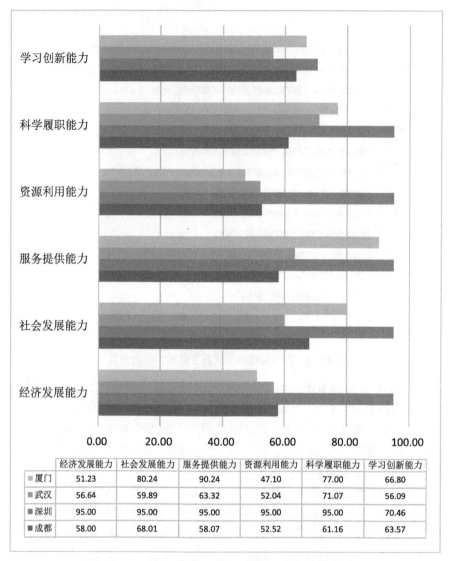

	经济发展能力	社会发展能力	服务提供能力	资源利用能力	科学履职能力	学习创新能力
■厦门	51.23	80.24	90.24	47.10	77.00	66.80
■武汉	56.64	59.89	63.32	52.04	71.07	56.09
■深圳	95.00	95.00	95.00	95.00	95.00	70.46
■成都	58.00	68.01	58.07	52.52	61.16	63.57

图16-6　成都、深圳、武汉、厦门一级指标得分图示

4. 成都市政府核心发展能力的总体分析

成都市作为四川省的省会城市及 15 个副省级城市之一，其经济发展能力、社会发展能力自然不可小觑。在本书所选取的 62 个城市中，成都市的经济发展能力居于第 7 位、社会发展能力为 13 位、服务提供能力为 24 位、资源利用能力为 16 位、科学履职能力和学习创新分别为 22 位和 34 位。

由此可见，成都市在西部大开发等系列政策的支持下，政府的经济发展能力相对较强，这对于推动生产、促进消费与社会转型发挥了重要的作用。就推动生产来说，政府首先要做的就是基础设施的建设与维护，相关的路网、电网的科学规划都必不可少。并且对于基础设施的建设，应当具有适当的超前性，能够满足在未来城市化进程中人口规模的扩大及资源需求；同时还应注意基础设施的经济效应与规模效应。其次，无论是推动生产还是促进消费，政府都需提供一个健康运行的市场环境，使得市场竞争接近完全状态、物价处于合理水平。政府应科学处理其与市场的关系，将"管不了""管不好""不该管"的事情交由市场或是社会组织，并帮助建立相应的承接机制。另外，还应健全相应法律法规，对于市场失灵和违法行为进行纠正与规范。最后，政府应当重视人才的引进、培养以及科技创新，只有这样，才能推动产业优化与升级，为经济发展提供源源不断的动力。除此之外，经济发展能力对于其他能力的提升也有重要的推动作用。就公共服务供给来说，需要相应财政资金的支持，只有经济发展，才能为公共服务水平的提高提供前提条件；只有经济发展，才能形成对资源合理利用的"倒逼机制"，加强政府对资源的科学规划与整合。

对于社会发展能力来说，成都市政府位列 13，也处于较优水平。由此可以推断，成都市为社会发展提供了稳定的环境，无论是社会治安的保障还是社会秩序的维护。对于社会秩序的维护，其表现不仅仅是大型社会治安案件的发生率，更应当注意的是公众之间的隐形的社会矛盾，如三级指标当中的个人对于发展机会的预期以及公众之间的收入差距。若是社会上升渠道被堵塞，个人收入差别较大，也易引发社会矛盾的堆积，需要政府多管齐下，但最重要的是加强对不同行业人才的重视及提供就业岗位，为社会发展提供良好的制度环境。此外，社会发展离不开公众参与。根据三级指标可以推断，成都市社会组织较为发达。公众参与程度高是公民意识的象征，也是民主社会的体现。为进一步加强公众参与，政府需要建设自身的"职责清单"，对于权责范围与公众的参与范围做出详细说明，并建立相关的公众参与规范，使得公民权利真正得到实现。同时，社会组织作为除政府和市场之外的第三股力量，能够有效填补二者之间的空白，成为聚合公众力量的平台，在公共服务及社会转型中发挥其应有的作用。

就服务提供能力而言，成都市排名为 24 位，处于众多城市的中间位置，优势并不突出。由图 16-4 和图 16-6 可以看出，无论是在与省会城市还是与副省级城市的对比中，成都市的服务供给能力都相对较弱。但成都市政府的经济发展能力较强，因此未来应当加强对基本公共服务的财政投入力度，提高公共服务水平，重视基本公共服务供给机制的建设与维护。除此之外，还应当促进基本公共服务的均等化，争取做到为所有公众提供与经济发展水平相适应的、与社会公平正义原则相符的、利于保障公众基本生活并在一定程度上促进个人发展的公共服务。由于多种原因，我国城乡公共服务供给水平一直存在较大的差距。而成都市作为以"城乡统筹"为特色的国家综合配套改革试验区，一直致力于弥合城乡差异，提供均等化的公共服务。2010 年成都市政府出台的《关于全域成都城乡统一户籍实现居民自由迁徙的意见》，就提出要在全域成都统一户籍，城乡居民自由迁徙，并在统一户籍的背景下享有平等的公共服务与社会福利。2014 年，成都进一步加大改革力度，各项进度已经在全国领先：推进农村产权制度改革，落实农民的财产权利，让农民的资源转化为资本；构建农村新型基层治理机制，建立健全现代社会治理的制度体系，让农民自己能够做主；完善新型城镇化健康发展的体制机制，让农民能够享受和城里市民一样的配套待遇①。这些都是对提供均等化公共服务的有益探索，但需要注意的是，弥补城乡差距是一个漫长的过程。

另外一项对成都市政府服务提供能力形成制约的因素是环境保护能力。虽然 2016 年成都市绿地覆盖率是 39.9%，但空气质量达标天数仅为214 天②，即一年当中有将近 40%的时间空气质量未达标，因此成都市在未来还应加强对环保工作的重视与相应的环境法律、法规的建设。

对于资源利用能力，成都市位居 16 位，同社会发展能力一样，也处于较优水平。即该市的资源整合能力与资源利用能力较强。然而，对于资

---

① 汤雷，栗新林. 成都加大统筹城乡改革力度 争当排头兵[EB/OL]. http://huigu.chengdu.gov.cn/ special/ template/detail.jsp?id=843423&ClassID=02120529，2015 年 01 月 16 日.

② 成都市统计局. 2016 年成都市国民经济和社会发展统计公报[EB/OL]. http://www.cddrc.gov.cn/ detail.action?id=850958，2017 年 5 月 24 日.

源的科学整合及循环利用离不开技术的进步与合理的规划，成都市在未来提高资源利用能力的过程中要进一步拓宽资源获得渠道，并加强与高校、智库的联系，以获得合理建议。

成都市的科学履职能力和学习创新能力排在 22 位和 34 位，相较于其他城市，优势同样不明显。就科学履职能力的建设而言，政府要科学合理制定公共政策并推动执行。在制定政策的过程中积极听取多方意见、平衡各方利益，加强公众参与，这对于公众理解政策、促进政策实施也有益处。同时，在公共政策的制定与推行过程中，都离不开政府机构、政府工作人员的参与。通过公务员素养的提升与政府机构的合理规划以提高决策的科学性和明晰权责，避免"九龙治水"，这些均有助于进一步提升政府的科学履职能力。

就学习创新能力的建设而言，政府要加强公务人员的培训与管理，转变服务方式。政府的行政行为离不开公务人员，其素养的提高自然对政府建设具有重要的影响。成都市在加强政府学习创新能力的过程中，要提高对各级公务人员的培训时间及培训次数，以增强其公共服务的能力。同时，政府应当适应社会、经济的发展，积极开展社会管理和公共服务等创新，并通过制度建设为创新提供保障。

（三）成都市政府核心发展能力分解分析

在对成都市政府发展能力开展总体分析和核心能力分析的基础上，本节将进一步深化、细化研究。以成都市各项政府发展能力的二级指标为主要研究对象，通过成都市自身情况认识和多维度横向比较相结合的方式，探究各项核心能力的关键作用因素，从而更加细致地探究成都市与同类型的其他城市相比的主要差距与优势。

1. 成都市政府发展能力的二级指标表现

根据 2017 年确定的指标体系，二级指标共计 14 个。图 16-7 是成都市政府在二级指标上的具体得分及分布。

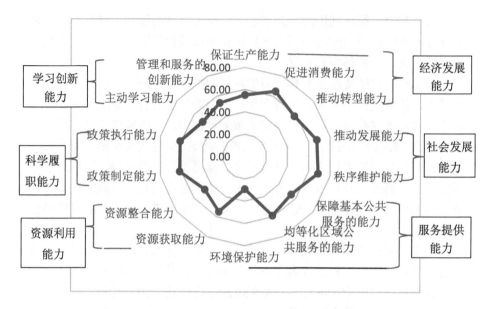

图16-7　成都市政府发展能力二级指标得分雷达图

可以发现，目前成都市政府的各项细分能力并不均衡。就得分来看，成都市政府具有较强的秩序维护能力、推动社会发展能力、促进消费能力和政策制定与执行能力，但在环境保护能力、管理和服务创新能力、资源整合能力等方面还有较大不足。

结合图 16-1 可以发现，成都市政府发展能力二级指标的分布特征可以粗略体现在其对应的一级指标上，比如从一级指标上来看，成都市政府的科学履职能力较强，相应的，其内部细分指标即政策制定能力和政策执行能力得分也比较高，而成都市政府在学习创新能力上得分较低，其内部主动学习能力和管理与鼓舞创新能力得分也都不高。

成都市政府应当对二级指标得分上落后较为明显的环境保护能力、管理和服务创新能力、资源整合能力等提高关注，并加大相关方面的建设力度和投入，尽快补齐短板。

这一发展建议的提出并不意味着认为政府发展能力中的各项指标必须均衡才是好的，或者只有全面均衡才是最佳的或是最有利于城市发展的政府发展能力结构。政府发展能力应当在适度均衡、剔除短板的基础上有所侧重，从而更适应其在当前阶段的发展需要，在提升策略上也应以前瞻未来进一步发展为基本原则。

2. 成都市政府发展能力的二级指标横向比较

本节将采用均值比较的方法，就各项二级指标对成都市与同类型其他城市进行横向比较，主要包括样本城市的总体水平、同等人口规模城市即大城市的平均水平、同等行政级别城市即副省级城市平均水平、同地区城市即西部地区城市平均水平四个维度和比较对象。一方面，四个维度的城市政府能力结构可以为成都市政府发展能力建设方向提供参考，另一方面，在比较的基础上也能更明确具体是哪一项二级指标在较大程度上影响了成都市的政府发展能力（这种影响作用既包括推动也包括制约），从而深化对成都市政府发展能力现状的认识，并为成都市进一步提升政府发展能力奠定基础。

（1）经济发展能力

经济发展能力包含保证生产、促进消费和推动转型三个二级指标。无论从成都市政府自身，还是从样本总体，或是人口规模、行政级别和地区等三个不同维度的总体水平来看，各地方政府在促进消费能力的得分都明显高于其他两项，如图16-8所示。可见，在经济发展方面，地方政府存在普遍一致的侧重和偏好：促进消费、拉动内需是政府推动经济发展的主要途径，这一方面的能力发展得到了政府最高的关注并表现出较好的成效。

从成都与其所属类别均值的比较情况来看，成都市政府的经济发展能力在各项二级指标上都明显超过其所属类别城市样本的平均值，说明成都市政府对于经济发展更为关注，该项政府能力建设成果突出，政府可以通过其方针、政策等手段有效保证生产、促进消费和推动经济转型。换句话说，成都市政府在经济发展方面的政策投入向经济发展产出的转化效率较高。

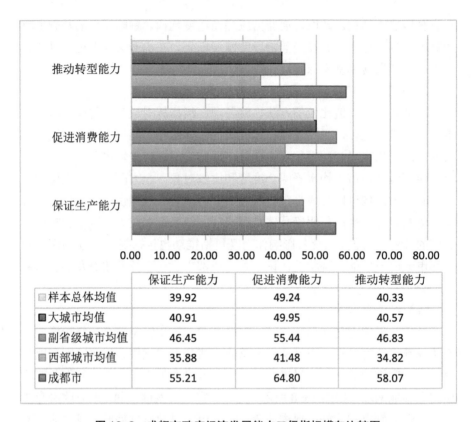

	保证生产能力	促进消费能力	推动转型能力
▢ 样本总体均值	39.92	49.24	40.33
▉ 大城市均值	40.91	49.95	40.57
▨ 副省级城市均值	46.45	55.44	46.83
▢ 西部城市均值	35.88	41.48	34.82
▨ 成都市	55.21	64.80	58.07

图 16-8　成都市政府经济发展能力二级指标横向比较图

（2）社会发展能力

社会发展能力可以进一步分解为推动发展和秩序维护两个二级指标，通过四个维度的分析可以发现各地方政府在社会发展能力的两项指标上发展较为平均，一般秩序维护能力略强于推动发展能力，如图 16-9 所示。

根据数据的横向比较，成都市政府在推动发展能力和秩序维护能力上均明显超出其所属类别样本城市的平均水平，尤其在秩序维护方面优势更加明显。成都市政府在秩序维护能力上的突出表现可能与其为多民族散居城市有关，成都市境内除汉族外，有 54 个少数民族，复杂的民族情况和风俗习惯、宗教信仰带来了潜在的各类社会冲突，"维稳"成为政府的重要任务。成都市较早设立了民族宗教事务管理局而非一般城市政府所设立的民族宗教事务委员会，实现了管理上的专业性和集中性。

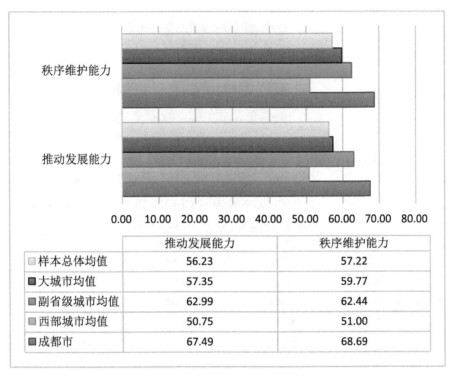

	推动发展能力	秩序维护能力
☐ 样本总体均值	56.23	57.22
■ 大城市均值	57.35	59.77
▨ 副省级城市均值	62.99	62.44
☐ 西部城市均值	50.75	51.00
■ 成都市	67.49	68.69

图 16-9　成都市政府社会发展能力二级指标横向比较图

　　处于重要的历史发展转型期，在成都市政府发展能力的进一步提升过程中，推动发展能力将成为其社会发展能力的建设重点，应当继续提高居民的生活幸福感，丰富参与公共事务的渠道，推动当地社会组织在公共事务中发挥作用。

　　（3）服务提供能力

　　服务提供能力包括保障基本公共服务的能力、均等化区域公共服务的能力和环境保护能力三个二级指标。通过对二级指标得分分析可以发现，各地方政府在均等化区域公共服务的能力，均有突出表现，并且在该项得分上明显高于其他两项指标，成都市也不例外，如图 16-10 所示。

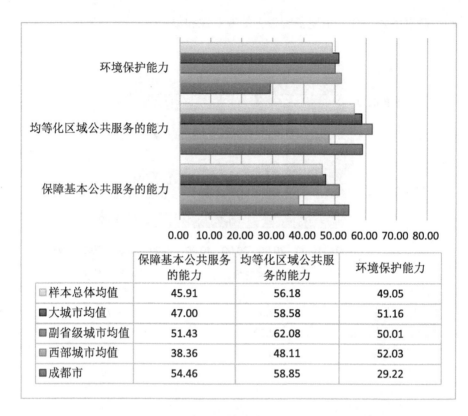

图 16-10　成都市政府服务提供能力二级指标横向比较图

成都市自 2003 年起即开始实施以推进城乡一体化为核心、以规范化服务型政府建设和基层民主政治建设为保障的城乡统筹、"四位一体"科学发展总体战略,并在 2007 年与重庆市一道正式设立全国统筹城乡综合配套改革试验区。2011 年,根据国务院批复,国家发展改革委印发《成渝经济区区域规划》（发改地区〔2011〕1124 号）文件,再次强调要将成渝经济区建设成为统筹城乡发展的示范区,在带动西部地区发展和促进全国区域协调发展中发挥更重要的作用。在国家顶层设计的指引带动下,成都市政府在均等化区域公共服务能力上有大幅度提高。

相比于服务提供能力中均等化区域公共服务的能力以及保障基本公共服务的能力两项指标,成都市在环境保护能力上明显发展较差,且明显落后于成都市所属类别样本城市的平均水平，成为成都市在服务提供能力上的明显短板。因此，成都市在能力进一步提升的过程中，应当更加关注环境生态质量，推动实现经济发展结构的绿色转型，打造适宜居住的生态城市。

（4）资源利用能力

资源利用能力可以进一步分解为资源获取能力和资源整合能力。整体上各地方政府普遍呈现出"资源获取能力>资源整合能力"的特征。从平均水平上来看，成都市政府的两项指标得分均高于其所属类别样本城市的平均水平，在资源获取能力上超出尤其明显，如图16-11所示。

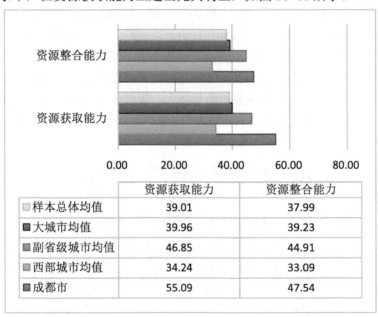

	资源获取能力	资源整合能力
▫ 样本总体均值	39.01	37.99
▪ 大城市均值	39.96	39.23
▪ 副省级城市均值	46.85	44.91
▫ 西部城市均值	34.24	33.09
▪ 成都市	55.09	47.54

图 16-11　成都市政府资源利用能力二级指标横向比较图

资源整合能力的提升是成都市未来资源利用能力提高的重要突破口。作为西部中心城市，成都拥有着较雄厚的发展基础，凭借其建立经济开发区、综合配套改革试验区、自由贸易区的政策机遇，不应仅满足于当前水平，而是应当抓住机遇加速提升，以提高资源获取能力为基础，进一步巩固和强化整合优势，全面提高政府资源利用能力，为未来的长远发展积蓄力量。

　　具体到三级指标，成都市在吸引外来人才和有效引进项目这两项能力指标上表现较好，是其资源获取能力的长项，而税收收入增长率较低则是其短板。但同时数据表明，成都市政府的财政收入增长率并不低，甚至在所有样本城市中名列前茅，这说明税收收入在成都市政府总财政收入中占比较低，财政收入质量不佳，需要进行结构调整。因此从更细致的提升策略上来说，进行财政结构调整、提高税收收入在财政总收入中的比重是成都市提高资源获取能力进而提高资源利用能力的关键环节。

　　（5）科学履职能力

　　科学履职能力可以进一步分解为政策制定能力和政策执行能力。成都市政府的政策制定能力和政策执行能力发展较为均衡，且在两项得分上均超出样本总体、大城市和西部城市的平均水平，但同时略低于副省级城市的平均水平，如图16-12所示。通过差值分析可以发现，成都市与副省级城市在科学履职能力上的主要差距体现在政策制定能力上，因此政策制定能力是制约成都市政府科学履职能力的关键因素，也是其进一步提升的重点。

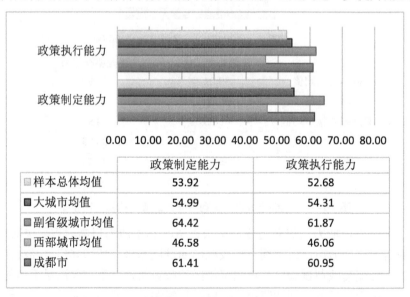

	政策制定能力	政策执行能力
样本总体均值	53.92	52.68
大城市均值	54.99	54.31
副省级城市均值	64.42	61.87
西部城市均值	46.58	46.06
成都市	61.41	60.95

图16-12　成都市政府科学履职能力二级指标横向比较图

就政策制定能力的三级指标来看，成都市政府尤其应当重视政策制定过程中公众参与的有效性，进一步提高决策的科学性。成都市需要形成公众参与政策制定的长效机制，推动实现公众参与常态化，使其成为政策制定的必要环节，并且建立激励与保护公众参与的政策支持体系，搭建并丰富公众参与的平台和渠道，提高政府协调与整合公众意见的能力，使政策深刻反映人民的需要，以政策制定为基础提高科学履职能力，通过政策实践提高人民的幸福感和获得感。

（6）学习创新能力

学习创新能力可以进一步分解为主动学习能力以及管理和服务的创新能力。一般来看，地方政府的主动学习能力往往高于其管理和服务的创新能力。成都在两项指标得分上都比较优秀，但相对来说，其在主动学习能力上还较为薄弱，落后于其所属类别城市的平均水平，如图 16-13 所示。

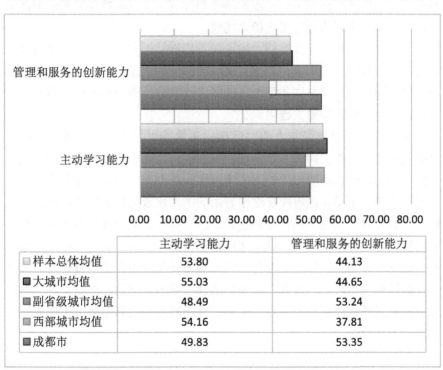

	主动学习能力	管理和服务的创新能力
样本总体均值	53.80	44.13
大城市均值	55.03	44.65
副省级城市均值	48.49	53.24
西部城市均值	54.16	37.81
成都市	49.83	53.35

图 16-13　成都市政府学习创新能力二级指标横向比较图

就三级指标得分来看，在主动学习能力方面，成都市公务员年度参加培训次数和每年用于学习提升的时间得分较高，是其主动学习能力得到发展的重要优势，但其在组织内部信息共享机制的建设上还有较大的提升空间。而在管理和服务的创新能力方面，成都市公务员年度创新建议数量相对较少，政府对创新的重视程度和创新意识还有可提升的空间。

3. 成都市政府发展能力二级指标得分总体分析

对成都市政府各项能力的二级指标与样本总体平均水平、同等人口规模城市平均水平、同等行政级别城市平均水平以及同地区城市平均水平进行比较之后可以发现，从总体上来看，成都市在其所属类别的样本城市中处于较为领先的地位，在总体能力状况上表现尚佳，但在细分指标和细分能力建设上仍存在缺陷。在目前成都市政府发展能力建设整体水平较高的情况下，如果想要再谋求进一步的提升和冲刺，就只能愈加着眼于细微之处，将精细化治理思想应用于能力建设。

为实现成都市政府发展能力的进一步建设与提升，一方面应当通过自我认识找出发展的长短板，对能力欠缺的部分加大投入，实现相对均衡发展。另一方面是通过与同类型城市的横向比较分析进一步明确发展和追赶方向，分析导致差距的关键因素。

从成都市政府发展能力的二级指标雷达图可以粗略判断成都市政府具有较强的秩序维护能力、推动社会发展能力、促进消费能力和政策制定与执行能力，但在环境保护能力、管理和服务创新能力、资源整合能力等方面还有较大不足，政府应在这些方面的能力建设上加大投入，尽快补足短板。另外可以发现，这种粗略判断中的一部分，例如成都市政府在学习创新能力方面有所欠缺，在横向比较中也得到了证实。而另外一部分则在横向比较中得到了认识上的深化，例如推动转型能力和资源整合能力的欠缺，通过横向比较可以发现并非仅是成都市政府的问题，而是一种普遍的现象，并且就这两项得分而言，成都在其所属类别的样本城市中排名还算靠前，表现较好。

三、提升路径：补短扬长、联动发展

通过地方政府核心发展能力及其分解分析，可以对于成都市政府发展能力的建设与提升给出以下建议。

（一）补短：完善政府发展能力结构，实现基本均衡

成都市政府在一级指标下的六项核心发展能力上发展相对均衡，唯独资源利用能力相对较差，成为能力结构的短板。另外，成都市政府发展能力各项核心能力在全部样本城市中的排名显示，其服务提供能力、科学履职能力和学习创新能力排名相对靠后，因此将是其主要的建设重点。

在资源利用能力方面，应当重视资源获取能力和资源利用能力的全面提升。成都市需要通过出台优惠政策、构建配套支持体系等方式进一步吸引外来人才和有效引进项目，同时积极进行财政收入结构调整，优化财政收入质量，在强化资源获取能力的基础上优化整合，与智库、媒体和企业构建良好的关系和加强协作。在服务提供能力方面，应当以环境保护能力的提升为重点。成都市应当在加速发展的过程中更加重视发展的质量而非片面着眼于发展速度，要更加关注环境生态质量，实现产业经济结构的调整与升级，推动实现绿色转型，打造适宜人居住的生态城市。在科学履职能力方面，应当重点强化政策制定能力，尤其应当重视政策制定过程中公众参与的有效性，进一步提高决策科学性。通过建立健全公众参与政策制定的长效机制，构建激励与保护公众参与的政策支持体系，搭建并丰富公众参与的平台和渠道，推动实现公众参与常态化，从而使政策深刻反映人民的需要，通过政策实践提高人民的幸福感和获得感。在学习创新能力方面，应当侧重于提高主动学习能力，尤其是在组织内部信息共享机制的建设上还有较大提升空间。成都市政府需要提高对创新的重视程度，提高公务员的学习意识和创新意识，并对公务员提出创新建议进行鼓励和奖励，结合成都市发展实际情况和需要对先进发展经验和政策成果进行本土化和在地化。

（二）扬长：在能力结构中突出地方特色和发展重点

成都市是四川省的省会，是我国西部地区重要的副省级城市和中心城市，同时还是人口规模上的大城市和发展迅速的新一线城市，目前正处于发展机遇期。在将成都市与其同类型城市进行比较的过程中发现，成都市目前总体发展水平处于中等偏上的位置，在总体水平较高的条件下，想要谋求进一步发展与提升就需要坚持精细化的思想，进一步突出城市发展优势，强调发展定位和重点，推动城市发展目标的实现。

从一级指标得分上来看，成都市政府的核心发展能力结构比较均衡，这为其进一步的发展奠定了良好的基础，但同时也揭示了其政府发展能力没有明显的特色和目标指向的问题，在各项能力中还缺少能够带动其他能力发展的"火车头"。因此，成都市未来的政府发展能力建设在"补短"的基础上还要做到"扬长"，找准自己的发展定位与地方特色，在发展中有所侧重。

政府发展能力结构并非越均衡越好，而是应该在大体均衡的基础上体现地方发展情况和需要，彰显地方特色。成都市在我国较早地推进城乡一体化建设，重视实现城乡基本公共服务均等化发展。在国家顶层设计的指引带动下，成都市政府在服务提供能力上迅速提升，尤其是在均等化区域公共服务能力上相比于其他城市有较为突出的表现。另外，《国务院关于成都市城市总体规划的批复》（国函〔2015〕199 号）中也将城乡融合和生态良好作为成都市未来发展的重要方向。可以考虑进一步强化成都市保障基本公共服务的能力，并重点提高其环境保护能力，在补全能力短板、强化能力长板的基础上，推动实现服务提供能力的全面提升，将其进一步建设成为成都市政府发展能力结构中的亮点和主要优势。

（三）重视能力联动发展

本书将政府发展能力分解为经济发展能力、社会发展能力、服务提供能力、资源利用能力、科学履职能力和学习创新能力共六项一级指标，同时每个一级指标又下设二到三项二级指标。这些指标虽然相互独立，并体现出不同的侧重，但却统一于政府发展和能力建设与提升的整体过程中。政府发展能力的各级各项指标之间存在普遍的关联关系。以一级指标为例，经济发展能力的发展：一方面是其他方面能力，尤其是政府资源利用能力和社会发展能力提升的直接体现和结果；另一方面也反过来作用于其他各项能力的提高，为公共服务提供等能力建设提供物质基础。从二级指标上来看，政策制定能力可以通过主动学习能力和管理与服务的创新能力提升得到发展，同时通过提升政策制定能力，出台更加科学、合理、符合发展需要的政策，可以实现其他方面能力的全面提升。

因此，在成都市政府发展能力的提升过程中，需要关注不同能力之间的关联影响，从而实现政府各项发展能力的联动提升。

（四）强化辐射带动作用

2016 年，国务院印发《关于成渝城市群发展规划的批复》（国函〔2016〕68 号），批复同意《成渝城市群发展规划》，成渝城市群成为我国第五个国家级城市群，成都成为其中心城市之一，同时其城市定位再次升格，成为国家中心城市。

但就目前成都市政府发展能力建设情况来看，还很难较好地承担起中心城市的责任。一方面是其自身建设还不够完善，尤其是在资源利用等方面的能力上还存在较大的欠缺。另一方面，从四川省内城市的横向比较结果来看，成都市在省内的样本城市中表现十分突出，与其他样本城市差距明显，但这也恰恰说明成都市的辐射带动作用还不够强或者并没有很好的带动其他样本城市政府发展能力的同步提升。因此，成都需要进一步增强其自身辐射带动作用。

成都市应当更加深刻认识自身在城市发展中的定位，通过增强府际沟通、积极开展协同合作等方式带动周围地区政府发展能力的提升，进而加速区域一体化的进程，形成地区发展的合力。

四、结论

通过对成都市政府发展能力以及提升路径的分析可以发现，成都市受到地理、政策、环境等因素的共同影响，其政府发展能力与其他城市相比具有较强的特殊性。主要分析结论可以归纳为以下三点。

第一，总体发展能力较强且核心发展能力相对均衡。在 62 个样本城市中，成都市政府发展能力总分排名在第 18 位，在所有 13 个副省级城市中排名第 6 位，在所有 41 个大城市中排名第 13 位，在所有 18 个西部城市中排名第 4 位。研究发现，成都市政府发展能力在总体上处于全部样本城市的中等偏上水平，总体表现较好。成都市政府在核心发展能力，即一级指标上的得分所构成的雷达图较为规则和对称，整体发展较为均衡，能力结构质量较好。但深入分析，其各项核心发展能力仍存在细微差异，其在社会发展能力和科学履职能力两项表现突出，经济发展能力也尚可，学习创新能力、服务提供能力相对稍弱，而资源利用能力与其他方面相比相差较大，是成都市政府发展能力的短板。

第二，二级指标的不均衡现象更为明显。成都市政府具有较强的秩序维护能力、推动社会发展能力、促进消费能力和政策制定与执行能力，但在环境保护能力、管理和服务创新能力、资源整合能力等方面还有较大不足。尤其是在学习创新能力上，成都市政府在该指标下设的两项细分指标即主动学习能力和管理和服务创新能力上得分都比较低，需要进行全面提升。同时成都市政府在环境保护能力上落后明显，政府应当在重视发展速度的同时强调发展质量，推动实现产业经济结构的转型与升级，加速绿色转型，打造生态宜居城市。

第三，成都市政府应抓住机遇，通过扬长补短、联动发展的方式实现与周边地区的协同发展。成都市目前正处于重要的发展机遇期，在当前阶段关注政府发展能力建设，按照扬长补短、联动发展的思路进一步提升政府发展能力，不但有利于成都市自身发展的长远利益，而且有利于带动周边地区及其所处城市群实现共同发展，提高区域一体化水平，形成地区发展合力。

（作者单位：南开大学周恩来政府管理学院）